우리는 미국을 모른다

우리는 미국을 모른다

초판 1쇄 발행 2023년 12월 15일 | 초판 14쇄 발행 2024년 5월 22일

지은이 김동현
발행인 박윤우
편집 김송은 김유진 박영서 성한경 장미숙
마케팅 박서연 이건희 정미진
디자인 서혜진 이세연
저작권 백은영 유은지
경영지원 이지영 주진호
발행처 부키(주)
출판신고 2012년 9월 27일
주소 서울시 마포구 양화로 125 경남관광빌딩 7층
전화 02-325-0846 | 팩스 02-325-0841
이메일 webmaster@bookie.co.kr
ISBN 979-11-93528-01-3 03340

만든 사람들
편집 성한경 | 디자인 표지 서혜진 본문 이세연

우리는 미국을 모른다

WE STILL DON'T KNOW ABOUT AMERICA

펜타곤 출입기자가 파헤친
미국의 본심

김동현 지음

부·키

지은이 김동현

2006년 한국 다산부대 8진 영어통역병으로서 아프가니스탄 파병길에 올랐다. 임무 수행 도중 폭탄 테러로 인해 동료였던 고 윤장호 하사의 죽음을 현장에서 직접 목도한 뒤 인생의 큰 전환점을 맞이했다. '타인'의 이야기를 '우리'의 이야기로 승화시키기 위해 지난 11년 동안 억척스럽게 기자의 길을 걸었다. 미국 국영 방송 VOA(미국의 소리)에서 2019년부터 4년여간 펜타곤(미국 국방부) 담당 취재 기자로 재직했다. 미국의 대북 정책, 인도태평양 전략 등을 취재하면서 빈센트 브룩스 주한미군사령관, 로버트 아인혼 국무부 특별보좌관 등 미국의 전현직 관리, 랜드연구소 선임연구위원 브루스 베넷 박사 등 민간 전문가와 두터운 네트워크를 구축했다. 워싱턴D.C.에 발을 딛기 전에는 국내 방송국 기자로서 7년간 청와대, 국방부, 외교부, 통일부 등을 거치며 다수의 특종 기사를 썼다. 2018년 싱가포르 북미 정상회담을 직접 현장에서 취재했고, 2016년 일본 구마모토 지진 현장팀장을 맡기도 했다.

일본 와세다대학교 국제교양학부를 졸업하고, KDI(한국개발연구원) 국제정책대학원에서 정책학 석사를, 국내 최초 저널리즘스쿨인 세명대학교 저널리즘대학원에서 언론학 석사를 각각 취득했다. 2023년 미국 미주리주립대학교 국방안보대학원에서 국방전략학 과정을 수료했다.

이메일 mementomori070227@gmail.com
페이스북 http://www.facebook.com/KDIschool

누군가에게는 아직 잊히지 않은
아프가니스탄 전우 고 윤장호 하사께
이 책을 바칩니다.

추천의 글

한국 안보를 바라보는 미국의 달라진 시선 이해하기

브루스 베넷
미국 랜드연구소
국제/국방분야 선임연구위원

때론 한 나라가 다른 나라의 관점을 이해하기 어려운 순간이 있다. 설사 동맹국이라 할지라도 마찬가지다. 그렇기에 미국은 지난 수년간 여론 조사에서 한국민 대다수가 자체 핵무기 개발을 지지하는 결과가 나온 이유를 이해하기 어려워했다. 어쨌거나 미국은 이른바 '핵우산'을 포함해 수십 년간 한국에 확장 억제력을 제공해왔다. 이 덕분에 한국은 자체 핵무기가 필요 없고 핵무기 비용을 지불하지 않아도 된다는 것이 미국의 관점이었다. 이 사안은 미국에 중요하다. 만일 한국이 자체 핵무장을 강행하게 되면 다른 국가들이 따라 할 수 있는 선례를 남기기 때문이다. 그럴 경우 미국이 핵 확산을 방지하기 위해 공들여온 핵확산방지조약NPT이 송두리째 흔들릴 수 있다.

한편 2023년 1월 윤석열 한국 대통령은 여러 차례 공개 발언을 통해 한국의 우려를 미국에 피력했다. 가령 그는 "북한이 핵무기와 이를 운반할 수 있는 다양한 미사일을 개발한 상황에서 기존 핵우산이나 확장 억제력 전략으로는 더 이상 국민을 안심시킬 수 없다"라고 말했다. 미국의 많은 이들은 이런 한국 대통령의 발언을 여전히 이해하기 어려워했다. 그러나 미국 정부는 즉각 미한 정상회담을 개최해 '워싱턴 선언'이라는 한국 국민을 안심시키기 위한 결과물을 이끌어 냈다.

　그러므로 같은 맥락에서 한국 국민이 한국 국가 안보를 대하는 미국의 관점을 이해하는 데 어려움이 따른다는 사실은 놀라운 일이 아니다. 이 책은 급변하는 세계 정세 속에서 미국이 어떤 관점을 지니고 있는지 제시하고자 한다. 나는 저자가 VOA(미국의 소리) 방송에서 기자로 재직한 약 4년 동안 북한의 군사적 위협과 도발, 핵전력 현대화와 합동전영역지휘통제JADC2 같은 미국 군사력의 진화, 핵과 재래식 억제력 문제, 동맹과의 부담 분담burden sharing 문제 등 이 책에서 다루는 다양한 주제에 관해 심층 인터뷰를 진행했다. 저자는 미국의 안보관을 이해하기 위해 수많은 미국 내 전문가를 인터뷰했고 나는 그 가운데 한 사람이었을 뿐이다.

　분명한 점은 안보에 대한 미국의 관점이 바뀌었다는 사실이다. 2차 세계대전 이후 미국은 자국과 동맹, 우방을 향한 적대적 위협을 억제하는 데서 중대한 역할을 수행해왔다. 이를 통해 역사적으로 많은 분쟁이 존재했던 세계에서 평화를 지킬 수 있었다. 미국은 핵무기가 억제력 확보에서 중요한 요소가 되리라 기대했다. 물론 냉전 시대를 거치면서 막대한 비용과 희생을 치른 한국전쟁이나 베트남전쟁과 같은 억제력 실패 사례에서 좌절을 맛보기도 했다. 그러나 이런 상황 속에서도 미국은 자국과 동맹, 우방에 대한 위협을 억제하고 필요할 경우 방어하기 위해 상당한 군사적·재정적 자원을 투입할 준비가 되어 있었다. 이런 노력 덕분에 소련과 직접적으로 벌어질 수 있었던 파괴적 전쟁을 막는 데 성공했다.

30년 전 냉전이 종식된 후에도 미국은 자국과 동맹, 우방을 위한 평화를 다시 한 번 지켜나갈 수 있기를 희망했다. 그러나 테러리스트와 반군을 상대로 한 저강도 전쟁에서 분쟁 지역들에 완전한 갈등 해결과 평화를 거의 가져다주지 못한 것으로 드러났다. 장기간의 전쟁에 따른 비용과 병력 손실을 감수하면서 전쟁 피로도 또한 커져갔다. 이에 따라 다툼의 끝이 보이지 않거나 의미 있는 동맹으로 발돋움할 가능성이 없다고 판단한 여러 분쟁 지역에서 미국은 발을 뺐다. 한편 적대국 또는 주요 경쟁국으로 떠오른 러시아와 중국은 미국의 부담을 더욱 가중시켰다(러시아의 우크라이나 침공이 대표적이다). 이러한 실패와 피로도, 부담의 증가로 인해 이제 미국은 동맹과 우방에 세계 평화(그들이 지금껏 수혜를 누려온 평화)를 지키는 데 일조하라고 갈수록 강하게 요구할 수밖에 없는 처지에 놓이게 되었다.

　이 책에서 저자는 미국의 이러한 인식 전환을 설명하고, 미국이 현재 추진하고 있는 국가 안보와 국제 안보 정책의 명확한 그림을 독자에게 제시한다. 특히 관련 내용을 한국의 안보 상황에 적용해 미국의 동북아시아 안보 전략의 전모를 밝히는 놀라운 통찰을 보여준다.

모른다는 것부터 인정해야 길이 보인다

고명현
한국 아산정책연구원
선임연구위원

"미국의 외교 안보 전략에 대한 전문성을 갖춘 외교 안보 기자가 되고 싶습니다."

4년 전, 저자가 나를 찾아왔다. 서울에서 워싱턴D.C.로 활동 무대를 옮기게 됐다는 소식이었다. 미국의 본심을 알고 싶다고 그는 말했다. 외교 안보 특종이 쏟아지고 세계 전략이 수립되는 워싱턴D.C.로 활동 무대를 옮기겠다는 그를 나는 적극 지지했다.

서울에서도 타의 추종을 불허하는 취재력과 분석력으로 빛났던 그였다. 얼마 뒤 저자가 보도한 굵직한 워싱턴D.C.발 특종들을 국내 언론뿐 아니라 국책 연구 기관까지 인용하기 시작한 것은 전혀 놀랍지 않았다. 심지어 일부 기사는 정부 고위 당국자들까지 주목할 정도로 순도가 높은 내용이었다. 저자는 우리에게는 동떨어져 보일 수 있는 미국발 정책을 한반도와 연계해 어떤 의미가 있는지 풀어 쓰는 데 탁월한 재주를 지녔다.

한번은 어떻게 의미 있는 기사들을 쓸 수 있느냐고 물었다. 되돌아온 대답은 "상대의 관점에서 사안을 보고, 독자의 입장에서 스스로에게 되묻는다"였다. 이 책은 저자가 특종을 쓸 때마다 보인 열정과 치열함의 결정체이다.

'우리는 미국을 모른다.' 그렇다. 미국과의 왕래가 일상화되고, 유학은 물론이고 취직도 자연스러워진 오늘날 우리는 미국을 모른다고 말하는 것은 도발적이다. 그만큼 '미국통'을 자처하는 이들도 많다. 그러나 여전히 우리는 미국발 뉴스에 놀랄 때가 많다. 그뿐 아니라 이제 뉴스에서 나타나는 미국은 우리가 몰랐던, 생소한 미국이다. 자유 무역이 아닌 보호 무역을 하고, 자국이 아닌 타국 기업에 대한 수출 통제 조치를 강제하는 모습을 본다.

이 책의 시발점은 이에 대한 저자의 자문이다. 과연 우리는 상대방의 관점에서 사안을 보려고 노력해본 적이 있는가. 지금껏 우리가 믿고 싶은 미국의 모습만 바라보려고 하지는 않았는가. 그리고 그런 그릇된 인식 때문에 미국의 예상치 못한 행동에 낭패를 본 사례가 어제오늘의 일은 아니다.

한미 동맹이 결성된 지도 70년이 지났다. 그동안 우리는 한국전쟁에서 희생된 미군을 내세우며 '혈맹'임을 강조해왔다. 그러나 참전 유공자들은 이제 이 세상에 거의 남아 계시지 않다. 두 나라 모두 세대 교체가 이뤄졌다. 하지만 여전히 대한민국에서 바라보는 시각은 크게 변하지 않은 것 같다. 반면 미국은 극심한 셈법 변화를 이미 겪었다. 세계 경찰과 세계 최종 소비자라는 두 지위는 더 이상 양립하지 못한다는 것을 아는 미국은 한국이 더 많은 역할을 맡기를 원하고 있다.

"Freedom is Not Free(자유는 공짜가 아니다)"라는 옛 구호는 이제 다른 의미로 다가온다. 이념적 동질성을 넘어서는 강력한 한미 동맹을 미국은 이제 원한다. 미국의 바뀐 셈법을 직시해야 할 때다.

나는 저자의 책 집필 과정을 지켜봤다. 주제는 미국의 국방 정책에 국한된 것처럼 보일 수 있다. 하지만 저자가 겨냥한 미국의 셈법은 경제, 산업, 사회 전반을 아우른다. 지금까지 우리가 기억하는 미국은 이제 없다. 중국, 러시아와의 거대 패권 경쟁 시대를 맞이해 미국은 더 이상 여유가 없어졌다. 오늘날 미국이 지향하는 세계 전략 안에서 한국의 역할은 '혈맹'이라는 레토릭(수사)만으로 정의되기에는 다면적이고 중대해졌다. 설사 미국 내 정권 교체가 일어나도 이런 기조는 계속 유지될 것이다.

러시아, 중국, 북한 그리고 일본 모두 영향권에 있는 한국으로서는 미국의 셈법 변화가 생존에 직결되는 사안이다. 우선 미국에 대해 모른다는 전제를 깔고 다시 철두철미하게 연구해야 한다. 우리가 몰랐던 미국의 단면을 이 책이 풀어내줄 것이다.

들어가며

중국인민해방군 창군 100주년을 맞이한 2027년 8월 1일, 중국은 재통일 목표를 달성하기 위해 타이완 침공을 기어코 단행한다.

첫 몇 시간은 아주 조용히 그리고 은밀하게 진행된다. 타이베이 근교로 침투한 특수부대는 총통부를 시작으로 관공서와 언론기관을 점거해나간다. 주요 통신망은 중화인민공화국 사이버부대에 의해 무력화된다. 타이완의 해저 케이블은 절단되고, 위성은 전파 두절 상태에 놓인다. 인터넷상에는 총통 사망설 등 유언비어가 넘쳐흐른다. '타이완지방인민정부'라고 자처하는 무장 단체가 갑자기 튀어나와 타이완 군부대에 항복을 권고한다. '하나의 중국'을 외치며 '외세 배격'을 강조한다. 중국 정부는 타이완 내 합법적인 정부 단체로부터 지원 요청을 받았다고 발표한다. 그러면서 치안 유지를 위해 파병을 결정했다고 강조한다. 이내 본토로부터 대규모 부대가 상륙하고, 타이완 영공과 영해의 위아래로 핵무기 탑재가 가능한 H-20 스텔스 전략폭격기와

094형 핵추진잠수함(원자력잠수함, 핵잠수함)이 대거 투입된다.

　허를 찔린 미국은 즉각 불복을 선언하고, 타이완 자주권 수호를 위한 행동에 착수한다. 일본 요코스카항에 상주하고 있는 미 제7함대, 오키나와에 주둔하고 있는 제3해병원정군, 오산 공군 기지에 있는 주한미군 제7공군에 비상 출동 대기령을 내린다. 미 전략사령부도 핵무기 탑재가 가능한 전략폭격기 B-1B를 타이완 주변 공역에 전개하기 시작한다. 미 본토에 있는 병력에도 동원령이 내려지지만, 1만 킬로미터 이상 떨어진 타이완해협까지의 거리를 고려하면 병력 동원에 필요한 시간이 촉박하다. 병력 공백을 메꾸기 위해 역내 핵심 동맹국인 한국과 일본에 해군, 공군, 해병대 위주의 전력 동원을 요청한다. 비상 동원 태세가 발령된 지 수일 만에 타이완섬을 미국과 한국, 일본이 동원한 잠수함과 군함이 역포위한다. 1962년 쿠바 미사일 위기 이래 사상 최대 규모의 해상 봉쇄다. 유엔안전보장이사회는 타이완 침공의 불법성을 규탄하는 성토의 장이 된다. 그러나 당사국인 중국은 물론, 또 다른 상임이사국인 러시아의 거부권 행사로 어떤 결의안도 채택되지 못한다.

　세계 시선이 타이완해협에 고정될 무렵, 더욱 충격적인 소식이 미 백악관 대통령 집무실에 보고된다. "북한의 전술핵미사일 강타. 한국 내 주요 기지 초토화." 북한군이 재래식 미사일과 함께 섞어 쏜 전술핵미사일이 미사일 방어 체계를 뚫고 한국 내 주요 기지에 떨어졌다는 청천벽력 같은 위급 전보였다. 한국군 육해공군 수뇌부가 모여 있는 계룡대, 경기도 용인 소재 지상작전사령부, 그리고 평택 주한미군 기지가 모두 핵 공격에 쓸려나갔다. "핵을 사용하면 북한 정권은 멸망"이라는 분명한 금지선(레드라인)을 공표해온 미국. 그러나 미국 대통령은 막상 한반도에서의 핵 보복을 앞두고 백척간두에 놓인 타이완섬의 상황이 계속 눈에 밟힌다. '평양을 핵으로 때리면 혹여 중국이 오판해 핵무기를 사용하지 않을까?' 타이완까지 핵 불바다가 될지 예단할 수 없는 상황. 그 누구도 가보지 않은 미지의 영역 앞에서 미국 대통령은 문지방에 발을 걸친 채 고개를 떨군다.

삼류영화 각본처럼 읽히는가? 아니다. 당장 내일 일어날 수 있는 일이다. 한국전쟁 당시 맥아더 원수의 극동사령부와 워싱턴D.C.의 백악관 참모진 사이에서 만주 폭격을 두고 벌어진 의견 충돌 경험의 역사적 편린이다. 최근 워싱턴D.C. 조야에서는 타이완 침공과 제2의 한국전쟁 상황을 동시에 연동해서 고민하는 시각이 많아졌다. 앞서 냉전 시절 핵 경쟁 주요 무대는 언제나 미국 주도의 북대서양조약기구(나토NATO)와 소련 주도의 바르샤바조약기구가 대치한 유럽이었다. 그러나 중국이 가세한 신냉전 시대를 맞이한 오늘날, 동북아시아는 이전과는 전혀 딴판인 환경에 직면해 있다.

2022년 2월 러시아의 우크라이나 침공. 평상시라면 머나먼 나라의 일처럼 여겨져야 할 사건이 극동아시아에도 공포의 그림자를 뻗쳤다. 블라디미르 푸틴 러시아 대통령은 핵무기가 탑재 가능한 전략폭격기, 핵추진잠수함을 동해와 일본 근해에 전개하면서 위협 수위를 높이고 있다. 같은 해 10월 중국 역사상 처음으로 '총서기 3연임'을 확정한 시진핑 주석은 타이완 재통일을 공식 표명했다. 불과 2개월 뒤 핵무기 탑재가 가능한 중국의 전략폭격기 18대가 타이완해협

방공식별구역 안으로 비행했다. 역대 최대 규모다. 북한은 2023년 3월 모의 핵탄두를 단거리 미사일에 장착한 채 공중에서 폭발시키는 이른바 핵 습격 훈련을 실시했다. 미국을 겨냥한 고체연료 대륙간탄도미사일ICBM 발사 실험도 감행했다. 김정은 위원장은 "언제, 어디에서든 핵무기를 사용할 수 있게 완벽하게 준비해야 한다"라고 강조했다. 북핵 공포만 눈에 아른거리던 시절을 넘어서 이제는 그보다 훨씬 큰 핵 단추를 가진 중국과 러시아가 휘두르는 공포의 그림자까지 어느새 슬그머니 덮쳐왔다.

　머리 위로 드리운 거대한 먹구름 2개와 작은 먹구름 하나. 이 먹구름들은 서로 밀접하게 붙어 있다. 작은 불꽃 하나만 튀어도 천둥과 번개가 연쇄적으로 칠 수 있는 복합 장마전선이 동북아시아에 발달한 셈이다. 두 거대 핵보유국 러시아와 중국(2). 그보다 작지만 전체 장마전선을 거대한 뇌운 덩어리로 단숨에 바꿀 수 있는 소형 핵보유국 북한(0.5). 이들이 같은 공간에 존재하는 상황(2+0.5)을 나는 동북아시아 '핵 2.5 시대'라고 정의한다.

　한편 조 바이든 미국 대통령은 2021년 8월 중국과의 패권 경쟁을 본격적으로 준비한다는 명분 아래 아프가니스탄에서 미군 철수를 단행했다. '동맹 버리기' 비난을 감수하면서까지. 이와 더불어 일본, 호주, 인도와 맺은 역내 4개국 안보 협의체 쿼드Quadrilateral Security Dialogue, Quad(4자안보대화)의 연대를 더욱 강화했고, 영국, 호주와는 새로운 군사 동맹인 오커스AUKUS를 발족했다. 러시아-우크라이나전쟁의 경우 미국이 직접 참전하지는 않았다. 그러나 바이든 대통령은 2차 세계대전 이후 80여 년 만에 대규모 전쟁 물자를 행정 절차 없이

1964년 10월 16일 중국의 첫 핵폭탄 실험 장면. 두 거대 핵보유국 러시아와 중국(2), 소형 핵보유국 북한(0.5). 이들이 같은 공간에 존재하는 상황(2+0.5)을 나는 동북아시아 '핵 2.5 시대'라고 정의한다.

출처: 《사우스차이나모닝포스트》

신속하게 제공하도록 하는 무기대여법(렌드-리스Lend-Lease)에 서명했다. 지금까지 우크라이나에 지원한 규모는 750억 달러(약 86조 원)가 넘는다. 미국이 제공한 무기 중 대전차미사일 재블린Javelin과 고기동 포병로켓체계(다연장로켓) 하이마스HIMARS는 러시아군의 진격을 막고 전선을 교착시키는 데 큰 역할을 했다. 이런 가운데 미국은 바이

든 정부가 들어선 이후 북한과 어떤 유의미한 대화도 재개하지 않고
있다.

이 책은 미국의 핵전략이나 무기를 소개하는 책이 아니다. 오히
려 중국, 러시아 그리고 북한의 진화하는 위협에 고심하는 미국의 셈
법과 한반도에 미칠 수 있는 영향을 논의하기 위해 마련했다. 나는
지난 10여 년간 한국, 일본, 미국, 중국, 남북 정상회담, 싱가포르 북
미 정상회담 등 정치 외교 현장을 직접 발로 뛰었다. 미국의 전현직
관리들에게 항상 듣는 말이 있다. "고립된 북한마저 어떤 의미에서는
한국보다 더 넓은 시야를 갖고 전략을 짠다. 동북아 국가 가운데 한
국만 인도태평양 전체를 관통하는 판세 읽기에 무관심한 것 같다."

'한반도 천동설'에 매몰돼 있는 국내 시야와 외신을 통해 전해
듣는 미국의 전략 변화 소식 사이의 간극은 점점 커져만 갔다. 물론
최근 들어 국내에도 타이완과 한반도 유사시 상황을 연계해서 보는
시각이 조금 늘기는 했다. 그러나 한국이 이 문제에 적극 관여하느냐
마느냐 양자택일 결론에 치중하고 있을 뿐 정작 당사자인 미국의 본
심이 무엇인지를 면밀히 분석한 책은 부족한 실정이다. 나는 이런 현
실이 무척 안타까웠다. 국내 언론인이던 내가 미국 연방정부 소속 방
송국 'VOA'(미국의 소리)로 이직 제의를 받아들인 것도 '남이 전해주
는 것이 아닌' 미국의 셈법을 직접 확인해보고 싶은 강한 호기심이
작용했기 때문이다. 지난 4년간 주로 펜타곤(미국 국방부)을 출입하
며, 전통적인 대북 문제를 넘어 미국의 인도태평양 전략, 미중 패권
경쟁, 미군의 역내 배치 셈법 전환과 방위비 분담금 협상 등을 집중
취재했다. 이 과정에서 한국인 출신 언론인 가운데서는 그 누구보다

가까운 거리에서 미국 외교 안보 정책의 진화 과정을 지켜봤다.

혹자는 이 책이 미국의 시야에만 경도된 것은 아닌가 하는 편견을 갖고 볼 수도 있을 것이다. 그러나 상대방은 게임의 룰 자체를 바꿀 수 있는 깁 중의 갑. 상내가 들고 있는 패를 모르고서 우리 주장만 고수할 수 있는 세상은 이미 끝났다. 손바닥으로 눈을 가리고 있는 사이 한국의 전략적 입지는 더욱 좁아져만 간다. 좌우 진영 모두로부터 각자 바라보고 싶은 것만 일방적으로 주장하는 이른바 '가짜뉴스'나 '국뽕뉴스'가 넘쳐흐르고, 아집과 타성에서 한 걸음도 나아가지 못한 채 현실과 간극은 더 벌어지고 있다. 나는 한국인으로서 미국 연방정부 기관인 VOA에 근무하는 특수성 덕분에 한국을 더 객관적으로 바라볼 수 있는 시야를 기를 수 있게 되었다고 확신한다.

돌이켜보면 워싱턴 조야에서는 2022년 2월 러시아의 우크라이나 침공이 일어나기 1년 전부터 경제에 미칠 영향에 대한 우려와 대책 마련을 위한 논의로 뜨거웠다. 가령 신종 코로나바이러스 팬데믹 때는 그 여파로 중국산 수입 의약품 의존 위험성에 대한 우려가 증폭되었다. 이를 계기로 미국은 반도체 등 핵심 전략 부품의 세계 공급 사슬망 재편이라는 결과를 만들어냈다. 오늘날 한 국가의 전략적 선택이 초래하는 정책 파급 효과가 군사 영역뿐 아니라 경제, 사회, 문화 등 전 영역에 영향을 미치는 시대가 된 것이다. 이러한 미국의 외교 안보 정책 변화, 신냉전(미국 대 중국, 러시아)과 동북아 핵 위협 2.5(러시아, 중국, 북한) 시대에 직면한 한국이 나아가야 할 길을 함께 고민해보고자 하는 것, 이것이 이 책을 집필한 목적이다.

책 내용은 내가 직접 취재한 800편이 넘는 현장 분석 기사와

200명을 웃도는 미국 내 전현직 관리와 진행한 인터뷰를 바탕으로 한다. 신원을 특정하지 않는 이들의 경우 본인들의 요청에 따라 익명 처리했음을 밝혀둔다. 본격적으로 이야기를 시작하기 전에 지난 10여 년간 품었던 질문을 공유한다. 영어 표현 중에 "Show me the money(내게 돈을 내놔봐)"라는 관용구가 있다. "그래서 나에게 얼마나 이득을 줄 수 있는데"라는 뜻이다. 비용 대 효과를 철저하게 따지기 시작한 미국을 상대하려면 우리는 어떻게 해야 할까? 역내에서 3개 핵 악당을 동시에 상대해야 하는 미국이 한국에 바라는 것은 과연 무엇일까?

차례

추천의 글

한국 안보를 바라보는 미국의 달라진 시선 이해하기   006
_ 브루스 베넷 랜드연구소 선임연구위원

모른다는 것부터 인정해야 길이 보인다   010
_ 고명현 아산정책연구원 선임연구위원

들어가며   014

1장 ★ 미국의 잃어버린 20년과 신냉전

"더 이상 홀로 세계 경찰 노릇은 안 한다"   027
분담금 갈등 일단락? 압박은 이제부터 시작!   046
중국의 제한 없는 전쟁 '초한전'   062
21세기 해상 만리장성: 반접근/지역거부 전략   075
킬체인에서 킬웹으로: 진화하는 미국의 군사 전략   083

2장 ★ 동북아 핵 2.5 시대 가중되는 미국의 부담

미국 전략사령관의 경고: "역사상 처음 직면한 현실"   097
뒷전으로 밀려난 북핵 위협   111
'돈 먹는 하마' 핵무기 예산   126
나토식 핵공유제의 환상과 현실   136
한국 핵무장, 과연 눈감아줄까?   147

3장 ★ 극초음속미사일 시대 한일 관계의 함의

여전히 지소미아 망령에 사로잡힌 여의도 문법　　　169
주한미군사령관이 말하는 지소미아의 진실　　　182
각광받는 공세적 억제력: "주먹 먼저 내질러야 승리"　　　202
트럼프식 '화염과 분노'에서 나타난 지표들　　　225
도쿄발 미사일에 서울이 불바다가 된다?　　　233
맷집 승부 난타전의 관건은 '회복탄력성'　　　242

4장 ★ 우크라이나, 타이완 그리고 한반도

북한이 쏘아 올린 최신식 미사일과 "외부 도움"　　　257
미국은 왜 한국 미사일 사거리 제한을 없앴나?　　　272
펜타곤이 타이완 유사시 한국을 언급한 이유　　　279
전작권 전환을 오히려 반기는 미국의 셈법　　　286
탄력받는 미일연합사 창설 안　　　304

5장 ★ 미중 패권 경쟁과 대한민국의 선택지

미국은 동맹에 선택을 강요하지 않는다?　　　317
'한반도 천동설'에 갇힌 대한민국　　　325
언론이 국격: 일본에도 밀리는 한국 정보력　　　334
파이브아이즈 가입 설레발　　　343
제갈공명과 방구석 여포　　　352

글을 마치며　　　360
감사의 글　　　366
미주　　　369

1장

미국의 잃어버린 20년과 신냉전

"더 이상 홀로
세계 경찰 노릇은 안 한다"

구름 한 점 없는 새파란 하늘 아래 가시처럼 삐죽삐죽 솟은 돌산이 눈앞에 펼쳐져 있는 아프가니스탄 바그람 공군 기지. 갑자기 귀를 찢는 폭발음과 더불어 경고 사이렌이 기지 전체로 울려 퍼졌다. 그때까지만 해도 몰랐다. 남의 이야기가 '우리' 이야기가 될 줄은.

나는 17년 전 주아프가니스탄 제100건설공병대 다산부대 소속 영어통역병으로서 사건 현장에 있었다. 이날 같은 영어통역병 전우였던 고 윤장호 하사의 죽음을 무기력하게 지켜볼 수밖에 없었다. 장호 형은 2007년 2월 27일, 귀국을 불과 한 달도 채 남기지 않고 탈레반 요원의 자살 폭탄 테러로 생을 마감했다. 그의 나이 향년 26세. 베트남전쟁 이후 최초의 해외 전사자였다. 나는 당시 테러 현장을 둘러본 미군 관계자와 나누었던 대화를 아직도 잊지 못한다. 그는 한국군 병사의 죽음이 안타깝다며 위로의 말을 건넸다. 동시에 자신들(미군)은 일주일 새 여럿 죽어 나가고 있다는 점을 상기시켰다. 같은 날 급

윤장호 병장(하사로 추서)은 다산부대 8진 영어통역병으로서 아프가니스탄 파병 임무 수행 중 탈레반의 자살 폭탄 테러로 전사했다. 나는 운구병 9명 중 한 명으로 장호 형의 마지막을 지켜봤다. 전우를 지키지 못한 부채 의식은 17년이 지난 지금도 여전하다.

조 폭발물IED(사제 폭탄)에 망가진 미군 차량이 헬기에 처량히 매달린 채 기지로 들어오는 장면을 멍하게 바라봤다. 미군 관계자는 같이 싸운다고 외치기만 했지 정말로 동맹군이 공정한 몫을 맡고 있느냐고 반문했다. "우리가 전장에서 죽어 나가는 동안 대다수 동맹은 후방에서 생색만 내고 있지 않냐?"라는 본심을 담은 직설적인 물음이었다.

미국의 공정한 '부담 분담burden sharing' 요구는 장호 형의 죽음에만 적용된 논리가 아니었다. 미군 중부사령부는 한국군 부대에 6개월 파병 기간 동안의 전쟁 수행 분담 비용 인상을 요구했다. 유류세 등 한국군이 주둔한 기지 사용료를 1000퍼센트 인상하겠다고 일방 통보를 한 것이다. 전투부대를 파병하지 않는 동맹에 보낸 무언의 압박이었다. 돌이켜보면 미국의 이 같은 일방적 태도 뒤에는 가중되는 전쟁 비용에 휘청대는 속사정이 숨어 있었다. 당시 미국은 아프가니스탄뿐 아니라 이라크에서도 막대한 인적·물적 피해가 발생하고 있었다. 동맹이 미국의 방위 노력에 무임승차하고 있다는 시각은 이미 이때부터 싹트고 있었던 셈이다. 당시 나는 한국 국방부와 미군 중부사령부 사이 팽팽한 신경전에 쌍코피가 터졌다. 한국 국방부는 정식으로 한미연합사령부를 거쳐 논의할 것을 요구했다. 그러나 미군 중부사령부는 한국군 부대가 자신들의 작전권 아래 있는 예하 부대이기 때문에 무조건 따라야 한다며 요지부동이었다. 실랑이는 한국군 부대를 대리해서 변호를 맡았던 미군 법무참모가 한국군의 전면적 철수로 이어질 수 있다는 보고서를 올리고 나서야 일단락되었다. 그러나 약 10년 뒤 이와 똑같은 부담 분담 논리가 주한미군 주둔 비용을 놓고 다시 청구서로 돌아온다.

한반도 천동설의 위험성

윤장호 하사의 전사 직후 한국에서는 아프가니스탄 철수론이 거세게 일었다. 그러나 어떤 언론사도 미국 등 다국적군의 전사 소식에는 관심을 보이지 않았다. 전쟁 기간 최다 전사자 배출 국가는 미국(2465명), 영국(455명), 캐나다(158명), 프랑스(86명), 독일(54명) 순이었다. 모두 전투병을 보낸 나라들이다. 한국군 전사자는 단 1명이지만, 전사자가 발생한 직후 한국은 아프가니스탄에서 모든 비전투 병력을 뺐다. 미국이 지고 있는 부담 따위는 아무 관심도 없었다. '미국은 세계 최고 국방력을 가진 나라니까 우리 하나쯤 빠져도 대세에 지장 없다'는 생각이었다.

　세상이 한국을 중심으로 돌아가는 세계관, 이른바 '한반도 천동설'은 아프가니스탄 철군 과정에 깊이 작용했다. 따지고 보면 한국전쟁 이후 한미 관계에서는 '한반도 천동설'이 항상 작용해왔다. 우리 외교 전략은 줄곧 세계가 북한 문제에 더 관심 기울여줄 것을 촉구하는 데 있었다. 그러나 상대가 원하는 반대급부에 대해서는 일말의 고민조차 없었다. 예컨대 미국, 일본 등은 러시아-우크라이나전쟁 초기부터 국제적 대응에 적극 나섰지만 한국은 먼발치에 떨어져 있었다. 일부 국내 정치가는 우크라이나 대통령을 희화화하거나 러시아의 침공을 정당화하는 발언까지 쏟아냈다. 부담은 최소로 지면서 혜택은 최대한 받아먹겠다는 심보가 한반도 천동설을 키운 계기다.

　지금까지 미국은 한국의 이런 행동을 알면서도 눈감아주었다. 그러나 한국의 경제 규모가 세계에서 10번째로 커지고, 중국이 미국의 최대 위협으로 부상하면서 미국의 셈법이 달라지고 있다. 미국은 한국이 더 이상 어린아이처럼 굴지 말고 어엿한 성인으로서 행동해주기를 압박하고 있다. 특히 중국과 가까운 지정학적 위치는 한국을 그냥 내버려둘 수 없게 만든다. 거대한 중국을 막아서는 와중에 미국이 모든 것을 하나하나 설득하거나 지시하는 것도 힘에 부친다. 그래서 한국이 스스로 알아서 생각하고 능동적으로 처신하기를 바라고 있다. 지금까지는 미국이 막후에서 따로 조정한 한일 관계 역시 이제 두 당사국이 스스로 대화하기를 원하고 있다. 중국이라는 거대한 적성국을 상대하기 위해서다. 이런 상황 속에서 한반도 천동설에 입각한 전략을 세우다가는 큰 낭패를 당하기 쉽다. 이전까지는 한국이 이런 행동을 취하더라도 미국 중심 세계 질서를 유지하는 데서 대세에 큰 지장이 없었다. 그러나 중국이 미국의 패권을 넘보기 시작하면서 한반도는 신냉전의 최전선이 되었다. 한국의 '독불장군'식 외교 안보 전략은 미국이 세계 경영 전략을 수행하는 데 거북한 장애가 된다. 이런 인식 변화가 '한반도 천동설'을 더 이상 용납할 수 없는 이유다.

미국의 속내를 가장 정확히 파악할 수 있는 곳이 펜타곤이다. 미국에 대한 모든 위협에 대처하는 부처인 동시에, 최근 안보가 경제, 기술 분야를 넘나드는 상황에서 부처 간 협업의 중심축을 맡고 있기 때문이다. 가령 반도체 공급망 문제나 5G 통신 장비의 정보 보안 문제에 펜타곤의 입김은 매우 강하게 작용한다. 그렇다면 펜타곤이 바라보는 위협은 어떤 모습일까?

《국방 전략서》를 알아야 속내가 보인다

미국 정부는 지난 2018년 펜타곤의 중장기 계획을 명시한 《국방 전략서National Defense Strategy, NDS》◆에서 위협을 우선순위에 따라 나눴다. 1순위 위협으로 중국과 러시아, 2순위 위협으로 북한과 이란, 3순위 위협으로 테러·극단주의 단체를 열거했다. 우선순위에 따라 자원과 집중력을 배분하겠다는 뜻이다.

◆ 도널드 트럼프 정권에서 2018년 처음 발간한 국방 백서다. 이전까지 펜타곤이 발간해온 《4개년 국방 검토 보고서Quadrennial Defense Review, QDR》를 완전히 대체한 국방부 최상위 지침이다. 향후 국방 정책, 군사 배치, 기획, 현대화 등 광범위한 주제를 다룬다. 이전 《4개년 국방 검토 보고서》들이 역내 적성국 위협을 대상으로 했다면, 《국방 전략서》는 중국과 러시아 두 적성국과의 경쟁에 초점을 맞추고 있다.

미국은 왜 위협을 우선순위에 따라 나누었을까? 이 질문에 답하기 위해서는 근본 원인이 된 22년 전 9.11 테러(2001년 9월 11일) 사태부터 돌아봐야 한다.

이 본토 데러 공격을 계기로 아프가니스탄전쟁(2001년 10월 7일 ~2021년 8월 30일)과 이라크전쟁(2003년 3월 20일~2011년 12월 15일)을 일으킨 미국은 탈레반과 후세인 정권을 한 달 만에 끝장냈다. 미국은 절대 홀로 싸우지 않는다는 기조에 따라 북대서양조약기구 회원국뿐 아니라 한국도 군대를 파병했다. 그러나 점령 이후 미국은 무려 20년에 걸친 기간 동안 엄청난 전쟁 비용과 젊은이들의 피를 대가로 치러야 했다. 미국이 20년간 아프가니스탄과 이라크에서 벌인 '테러와의 전쟁'에 사용한 경비는 약 8조 달러(약 8800조 원)로 추산된다.[1] 트럼프 행정부가 2018년 처음으로 발간한 《국방 전략서》에서는 이같은 비용 때문에 초래된 준비 태세 악화에 대해 명시해놓고 있다.

> 오늘날 우리의 경쟁력 있는 군사적 우위가 약화되어왔다는 사실을 인지하고 있으며, 전략적으로 취약한 시기에서 우리는 빠져나오고 있다.…
> 지금부터는 테러가 아닌 국가 간 전략 경쟁이 미국 국가 안보의 최우선 고려 사안이다.
> — 펜타곤, 《2018 국방 전략서》[2]

특히 중국과 러시아와의 경쟁을 최우선 과제로 명시했다. 그 이유를 현재 미국의 안보와 번영에 위협이 될 뿐 아니라, 미래에도 그런 위협이 증가할 것이기 때문이라고 강조했다. 또 우선순위 기반 국방 전략을 제대로 이행하지 않을 경우 생길 수 있는 암울한 미래에 대해서도 경고했다.

> 이 전략을 이행하지 않을 경우 발생할 수 있는 비용은 명확하다. 우리의 국방 목표를 달성하는 데 실패한다면 세계 무대에서 미국의 영향력 감소, 동맹과 우방 간 결속력 약화, 그리고 우리의 번영과 생활양식 수준의 저하로 이어지게 될 것이다. 우리 군대의 준비 태세 회복과 시대에 부응하는 현대화를 위한 지속적이고 예측 가능한 투자 없이는 군사적 우위를 빠르게 잃어버리게 될 것이다.
> — 펜타곤,《2018 국방 전략서》

《국방 전략서》의 전제는 명확하다. 앞으로 중국과 러시아와의 경쟁에 대비하기 위해 세계 곳곳에 무분별하게 관여했던 미군들을 불러들여 재편과 재무장을 단행하는 것. 그렇다면 미군이 물러난 자리에 생기는 병력 공백은? 동맹과 우방이 메꿔야 한다는 취지다. 앞으로 세계 분쟁 관여에서 그만큼 '기회비용'을 따지겠다는 의미다. 동맹이 갈취하고 있다는 도널드 트럼프 대통령 주장의 본질은 이 문제의식에서 출발한다. 나아가 최우선 위협인 중국과 러시아와의 경쟁에 전적으로 미국 홀로 대응하지는 않겠다는 의미도 포함하고 있다. 이 문제 역시 동맹과 우방의 참여를 압박해야 한다고 강조하고 있다.

2018년《국방 전략서》작성을 주도한 인물은 엘브리지 콜비Elbridge Colby 국방부 전략군사 부차관보였다. 그는 퇴임 이후인 이듬해 1월 29

일 《국방 전략서》 이행을 점검하는 상원 군사위원회에 증인으로 출석했다. 콜비 전 부차관보는 그 자리에서 "미국 군사 우위의 시대는 끝났다"라고 단언했다.

우리는 중국과 러시아가 야기하는 높은 수준의 위협뿐 아니라 북한, 이란, 테러 단체의 심각한 위협에도 직면하고 있습니다. 미국이 홀로 모든 것에 대처할 수는 없습니다. 동맹 관계를 재조정하고 우방들에 새로운 권한을 부여하는 것은 단순히 형평성 문제에만 국한된 것이 아닌 전략적 필요성에 따른 중요한 문제입니다. 동맹과 우방은 중국과 러시아를 직접 억제하는 동시에 2차 위협(북한, 이란)에도 대처할 수 있는 실질적 군사 역량에서 기여해야 합니다.[3]

콜비 전 부차관보의 증언은 미국이 더 이상 냉전 시대처럼 세계 경찰 국가의 책무를 홀로 떠안아서는 안 되고, 동맹과 우방에 역할 확대를 압박해야 한다는 속내를 재확인할 수 있는 대목이다.

미군의 준비 태세가 지난 20년간 얼마나 악화되었길래 이 같은 급진적인 정책 지침을 내놓은 것일까? 미국 내 유명 싱크탱크인 헤리티지재단은 매년 미국의 군사력을 평가하는 보고서인 《미국 군사력 지수Index of U.S. Military Strength》를 발행한다. 2023년 발간한 보고서에 따르면 미국의 군사력은 '약함'에 해당한다고 결론 내리고 있다.[4] 이는 5단계 척도(매우 강함/강함/보통/약함/매우 약함) 중 두 번째로 낮은 단계다. 합동군이 2개 전장에서 동시에 수행할 수 있는 역량이 현저히 떨어진다고 지적했다. 가령 2개 이상의 전장에서 동시에 임무를

2개 이상 적성국 대처에 필요한 미군 병력

	현재 병력	필요 병력
미 육군	31개 여단전투단	최소 50개 여단전투단 완비 필요
미 공군	전투기 2099대 폭격기 140대 공중급유기 483대	최소 1200대 전투기/공격기 추가 필요
미 해군	유인 함선 298척	최소 400척 함선과 624대 공격항공기 유지 필요
미 해병대	22개 대대	최소 30개 대대 완비 필요

출처: 헤리티지재단,《2023 미군 군사력 지수》

수행하기 위해서는 미 육군은 최소 50개 여단전투단BCT 완비, 해군은 최소 400척의 함선과 624대의 공격항공기 유지, 공군은 1200대의 전투기/공격기 추가, 해병대는 30개 대대 완비가 필요하다고 분석했다.

그러나 현재 육군은 기준에 한참 못 미치는 31개 여단전투단, 해군은 372척의 함선을 배치해놓고 있다고 밝혔다. 또 해병대의 경우 22개 대대를 편성하고 있다고 지적했다. 공군의 경우 준비 태세에서 최하위 평가인 '매우 약함'을 기록했다. 특히 전략폭격기의 노후화를 가장 심각한 문제로 꼽았다. 1961년부터 운용한 가장 오래된 전략폭격기 B-52 76대와 1986년부터 운용한 B-1B 45대의 교체가 시급하다고 밝혔다. 또 만성적인 조종사 부족과 불충분한 비행 시간 역시 준비 태세 하락의 주요 원인으로 꼽았다. 보고서는 미 공군이 단일 군사 갈등 지역에서 승리할 가능성은 있지만, 미국과 대등한 수준의 적성국(중국 또는 러시아)과 싸움이 붙을 경우 고전할 것으로 전망했다.

2023 헤리티지재단 미군 군종별 군사력 분석표

I. 미 육군				
	매우 약함	약함	보통	강함	매우 강함
수용력		O			
역량			O		
준비 태세					O
총평			O		

II. 미 공군				
	매우 약함	약함	보통	강함	매우 강함
수용력			O		
역량			O		
준비 태세	O				
총평	O				

III. 미 해군				
	매우 약함	약함	보통	강함	매우 강함
수용력	O				
역량			O		
준비 태세		O			
총평		O			

IV. 미 해병대				
	매우 약함	약함	보통	강함	매우 강함
수용력		O			
역량				O	
준비 태세				O	
총평				O	

세계 1위 군사 대국의 실상: 미래를 갉아먹는 물가상승률

바이든 정부가 2023년 배정한 국방 예산은 8167억 달러다. 1100원대 환율로 환산해도 900조 원 가까이 되는 엄청난 수치다. 스톡홀름국제평화연구소Stockholm International Peace Research Institute, SIPRI가 매년 발표하는 군사 지출비에서도 속칭 '천조국' 미국은 항상 최선두를 유지해 왔다. 2위인 중국을 포함해 상위 9개 나라의 지출 규모를 합친 것보다 더 많은 돈을 군사비에 투자한다. 이런 미국이 준비 태세 약화를 겪고 있다는 사실은 쉽게 수긍하기 어려운 부분이 있다. 미군이 처한 실상을 더 정확히 진단하려면 국가 간 군사비 총액 비교보다 경제학적 시각이 필요하다.

미국이 편성하는 국방 예산은 크게 '오늘'을 싸우기 위해 필요한 제반 비용(인건비, 장비 관리, 보급 등)과 '미래'에 대한 투자 비용(무기, 기술 개발비 등)으로 나뉜다. 미국이 '오늘' 북한이 쏘는 대륙간탄도미사일을 막을 수 있는 기술을 갖추고 있다고 치자. 진화하는 위협에 대한 미래 투자에 소홀히 하면 어떤 일이 발생할까? 가령 북한이 5년 뒤 극초음속미사일 등에 대한 역량을 실전 배치했는데, 미국은 이를 막아낼 수 있는 지향성 에너지 무기(레이저)를 아직 개발 중이라면? '미래' 안전은 보장할 수 없다. 무기 개발의 특성상 문제가 확인되고 대처 수단을 확보하는 데까지 상당한 소요 시간lead time은 필연적이다. 또한 한번 역전된 기술 수준을 재역전시키는 데는 엄청난 추가 투자가 필요하거나 심지어는 투자를 해도 재역전이 불가능할 수 있다. 미국 내 국방 커뮤니티에서는 미래 기술에 대한 투자가 부족할 경우 발생할 수 있는 이런 위험성을 전문 용어로 '취약성의 창문Windows of

Vulnerability'이라고 부른다.

펜타곤은 향후 국방 예산 증가율 전망을 담은 잠정 보고서인 《국방 예산 추정National Defense Budget Estimates》이란 '그린 북Green Book'을 매년 공개한다. 이 자료는 통상 해당 시점의 명목상 화폐 가치를 나타내는 '경상 달러current dollar'와 해마다 상이한 인플레이션 변수를 제거한 실질 화폐 가치인 '불변 달러constant dollar'를 기준으로 분류한다. 매년 인플레이션율은 다르기 때문에 '불변 달러'를 적용한 예산액이 실제적인 국방 예산 규모인 셈이다. 2022년 7월 펜타곤이 공개한 《2023 회계 연도 국방 예산 추정》을 사례로 들어보자.[5] 물가상승률을 반영한 '경상 달러'를 적용한 2023년 회기 국방 예산 예상액은 8085억 6500만 달러다. 이는 전년 대비 약 3.7퍼센트 증가한 수치다. 이렇게 보면 꽤 선방한 것처럼 보일 수 있다. 그러나 똑같은 예상액을 실질 화폐 가치인 '불변 달러'로 적용할 경우 2023년 국방 예산 예상액은 전년 대비 1.49퍼센트 성장한 데 그친다. 명목상의 국방 예산 증액이 반드시 실질 국방 예산 증액으로 이어지지 않는다는 의미다. 인플레이션이 만든 신기루 때문에 대폭 증액한 것처럼 보일 뿐이다.

향후 5년간 추이도 이런 경향이 뚜렷이 나타난다. '불변 달러'로 계산한 실질 국방 예산 예상액은 2024년도에는 전년 대비 0.014퍼센트 증가를 찍은 뒤 2025년도를 기점으로는 마이너스 성장을 기록한다. 2025년도는 전년 대비 -0.003퍼센트, 2026년도는 -0.012퍼센트, 2027년도는 -0.008퍼센트다. 결국 실질적인 국방 예산이 급격한 인플레이션에 잡아 먹힌다는 이야기다. 특히 2021년 말 미국의 물가상승률은 7퍼센트 가까이 기록했다. 40년 만에 최고치다. 이에 따라 연료

비, 인건비 등이 비약적으로 올랐다.

모병제인 미국은 물가상승률을 반영한 인력 유지비가 많이 든다. 세계에서 가장 비싼 군대다. 지난 10여 년간 실질 인건비는 5퍼센트 증가해 평균 2퍼센트 안팎인 다른 비용보다 2배 이상 증가한 것으로 추정된다. 높은 물가상승률로 이런 제반 비용이 증가해 국방 예산의 총액 증가가 제한되면 미래를 위해 투자할 연구개발 비용도 삭감될 수밖에 없다. 거대 패권 경쟁에서 승리하기 위해 펜타곤이 제시한 실질 국방 예산 증가율은 3~5퍼센트다. 그러나 여기에 턱없이 못 미치는 1퍼센트 중반대의 증가율로는 재무장은 차치하고 현상 유지에도 급급한 것이 현실이다.

위협 셈법 계승한 바이든 정권

"정권이 바뀌면 국방 기조 또한 바뀌지 않을까요?" 2016년부터 2018년까지 주한미군사령관으로 재직한 빈센트 브룩스Vincent Brooks 대장. 나는 바이든 정권이 들어선 뒤 이 질문을 그에게 던졌다. 돌아온 답변은 "큰 틀에서는 바뀌지 않습니다"였다. 《국방 전략서》 자체가 작성 단계부터 '정부의 연속성'을 띠는 최상위 문서라는 것이 이유였다. 특히 중국과의 패권 경쟁은 초당적 공감대를 이루고 있다고 지적했다. 그는 중국과의 신냉전 대치 양상은 적어도 20년은 지속될 것으로 전망했다. 실제로 바이든 정권에서 펜타곤의 2인자인 캐서린 힉스Cathleen Hicks도 2021년 국방부 부장관 인준 청문회에서 그와 같은 기조를 계속 유지할 것이라고 예고했다. 힉스 부장관 지명자는 전임 정부의 《2018 국방 전략서》가 중국의 군사력 팽창에 대한 초당적 합의를 이끌어내는 데 도움이 되었다고 증언했다. 다만 3년 전과 비교해 위협이 더 진화했기 때문에 내용의 갱신이 필수적이라고 했다. 그는 "바이든 행정부의《국방 전략서》는 1순위 위협 가운데 조금 더 중국에 무게를 두게 될 것"이라고 말했다.

이후 2022년 발표된《국방 전략서》에서 바이든 행정부는 기후 변화와 신종 코로나바이러스처럼 국경을 넘나드는 위협을 새로 추가했지만, 최우선 위협 순위는 바뀌지 않았다. 중국을 미국의 가장 종합적이고 심각한 도전으로, 러시아를 급성 위협으로 명시했다. 반면에 기존 2순위에 위치했던 북한과 이란은 3순위인 테러 단체와 뭉뚱그려져 '기타 위협'으로 재분류되었다. 명목상 분류 순위로만 본다면 오히려 북한 문제는 전임 트럼프 정부보다 가중치가 더욱 떨어진 듯한 인상마저 든다.

《국방 전략서》 설계자의 경고: "중립 노선, 한반도 전쟁터 만들 것"

그렇다면 '기회비용'을 따지기 시작한 미국의 셈법이 한국에는 구체적으로 어떤 의미를 내포하고 있을까? 그들의 속내를 알기 위해서는 위협을 중요도에 따라 나눈 당사자에게 직접 물을 필요가 있다. 나는 2023년 7월《2018 국방 전략서》의 설계자였던 엘브리지 콜비 전 국방부 전략군사 부차관보와 인터뷰를 진행했다.

단도직입적으로 물었다. 북한을 2순위로 분류한다는 것은 미국이 그만큼 이전보다 한반도 문제에 덜 집중해야 한다는 의미로 해석될 여지가 있는 것 아니냐고. 솔직히 펜타곤 고위 관리였던 만큼 한

엘브리지 콜비 전 미국 국방부 전략군사 부차관보(왼쪽)는 우선순위 위협 기반 인식의 틀을 마련한《2018 국방 전략서》작성을 책임졌다. 그는 한국이 더 이상 중립 지대에 머물러서는 안 된다고 경고했다.

국과의 관계를 의식해 "그건 아니지만…" 식의 본심을 숨기는 화법을 쓸 것으로 예상했다. 그러나 "당연히"라는 너무나 투박하고 직설적인 답변이 돌아와 적잖게 당황했다.

> 북한은 당연히 [미국의] 최우선 사안이 아닙니다. 따라서 미군의 작전 계획 역시 중국에 한층 더 큰 무게를 실어야 할 것입니다. 한국은 한반도에서 일어날 수 있는 재래식 전쟁에 한해서는 더 많은 책임을 이양받아야 합니다.

그의 발언에는 주한미군 배치 태세, 한국군 전작권 전환 문제 등 많은 의미가 내포돼 있었다. 콜비 전 부차관보는 미국은 중국과의 경쟁에서 확실히 뒤져 있다고 말했다. 그러면서 북한보다는 중국에 모든 것을 집중해야 할 때라고 강조했다. 한반도 유사시 미국은 핵 억제력 등의 지원 역할을 맡고 대부분의 지상전은 한국이 전적으로 분담해야 한다고 밝혔다. 이는 미국이 북한과 전면전에 관여할 경우 중국과 유사시에 대비하기 위한 전력 손실로 이어질 수 있기 때문이라고 말했다.

하지만 최근 북중러 연대가 밀착되고 있는 상황인데 북한이냐 중국이냐로 '양자택일'할 수 있는 사안이냐고 따져 물었다. 콜비 전 부차관보는 이 질문에 대해서도 예상 밖의 답변을 내놨다.

네. 당연히 양자택일의 문제입니다. 가령 미사일은 표적 한 곳만 때릴 수 있습니다. 전투기 또는 함정도 동시에 여러 곳에 전개할 수는 없습니다. 군사 정책에 관한 한 제로섬zero-sum 셈법은 당연한 겁니다. 한반도 유사시를 대비한 군사 배치 태세가 타이완 사태 등 우리의 최우선〔중국〕 시나리오에 최적일 수는 없으니까요.

콜비 전 부차관보는 많은 사람이 탄약을 두 번 이상 사용할 수 없다는 사실을 망각하고 있다며, 특히 중국, 러시아와의 패권 경쟁 관점에서 미국의 방위 산업 기반은 심각하게 뒤떨어진 상태라고 지적했다. 그는 미국이 모든 갈등 현장에 동시에 개입할 수 있다고 믿는 것은 판타지(환상)에 불과하며, 매우 위험한 생각이라고 경고했다.

나는 미국과 중국 간 갈등에서 벗어나 '중립 지대'로 한국의 위치를 설정해야 한다고 주장하는 국내 시각에 대한 그의 생각이 궁금해졌다.

한국이 미국과 중국 사이의 충돌 상황에서 개입하지 않고 빠져나갈 수 있다고 생각하는 것은 망상delusion입니다. 한국이 이룩한 놀라운 성장을 부정하는 것은 아닙니다. 그러나 지정학적으로 강대국에 둘러싸여 있고, 북한의 경우 유사시 심각한 피해를 야기할 수 있습니다. 하나님께 왜 이런 환경을 물려받았는지 원망할 수도 있겠습니다만, 내 결론은 중간 지대no man's land로 설정하기에 한국만큼 최악의 장소도 없다는 것입니다.

또한 콜비 전 부차관보는 우선 한국은 지정학적으로 미국과 중국뿐 아니라 일본에도 매우 중요하다고 말했다. 세계 10번째 규모의 경제도 간과할 수 없는 중요한 요소라고 밝혔다. 이런 상황에서 한국이 중립 노선을 취한다면, 어느 당사국도 믿지 않고 보호해주지 않는 자유 지대이기 때문에 오히려 한반도가 전쟁터로 변질될 수 있다고 지적했다.

만일 중국과 전쟁이 일어나고 한국이 참여를 거부한다고 상상해보십시오. 미국이 한국을 보호하기 위해 한반도에 올 것 같습니까? 우리는 정당하게 매우 분노할 것입니다. 최선의 방책은 한국이 미국에 거는 겁니다. 미국이라고 완벽하지는 않지만 다른 차선책보다 덜 나쁘고 지리상 멀리 떨어져 있습니다. 한국은 어느 편에 설지 확실히 하는 것이 매우 중요하다고 생각합니다. 미국이 이런 한국의 태도에 의구심을 갖지 않게 하는 것이 한국의 국익을 위해서도 중요합니다.

콜비 전 부차관보는 한국 '중립론'의 기원에 대해서는 이해할 만하다면서도, 한반도 중심의 미시적인 시각에서 벗어날 필요가 있다고 강조했다. (중국 등과) 3차 세계대전급 재앙에 대비해야 하는 미국민의 관점에서 한국민의 시각은 매우 부정적으로 보인다고 말했다. 그는 한국이 중국에 대해 급진적인 반중 정책을 취하라고 권고하는 것은 아니라고 덧붙였다. 다만 한국이 지닌 국력의 크기에서 할 수 있는 것과 없는 것을 확실하게 분별하는 것이 중요하다고 지적했다.

자국의 국방력 강화가 미국의 책임 방기로 이어질 수 있다는 한국 일각의 우려에 대한 입장도 물었다. 실제로 이와 같은 논리는 타이완에서도 제기되고 있는 실정이다. 타이완이 국방력을 강화한다면, '알아서 할 수 있으니 지원을 줄여도 되겠지'라는 반응이 미국에서 나올 수 있다는 우려다. 콜비 전 부차관보는 미국민은 "스스로를 돕는 자를 돕는다"라는 신념을 갖고 있다고 말했다. 대표적인 사례로 러시아의 우크라이나 침공을 들었다. 그는 미국 정부가 침공 초기에는 우크라이나를 버릴 준비가 돼 있었다고 지적했다. 무엇이 태도 변화를 이끌어냈는지 반문했다. 우크라이나인이 내세우는 방위 명분 때문이 아니라 그들이 잘 싸웠기 때문이었다고 말했다. 그 결과 개입비용을 줄이면서 대러시아 압박 전략을 강화할 수 있다는 계산이 나왔기 때문에 미국이 계속 우크라이나를 지원할 수 있게 된 것이라고 설명했다.

콜비 전 부차관보는 내가 만난 전현직 미국 관리 가운데 가장 직설적인 인물이었다. 하지만 접근 방식에서 차이는 있어도 문제 인식 자체는 워싱턴D.C. 내 주류 시각을 반영하고 있다. 특히 그의 답변을 곱씹어보면 공화당·민주당을 불문하고 미국이 추진하고 있는 정책의 주요 동기가 엿보인다.

앞서 조 바이든 대통령은 "미국이 돌아왔다"라며 동맹과의 공조를 강화하겠다고 선언했다. 이 때문에 한국의 일부 국민은 이제 도널드 트럼프 시대의 '동맹 압박'은 끝났다고 믿기까지 했다. 그러나 대중국 공급망 탈피 등 압박 정책은 더욱 강화되고 있다. '공조'와 '압박'은 방법론의 차이일 뿐이다. 트럼프와 바이든 정부 모두《국방 전략서》에서 일관되게 거대 패권 경쟁을 효과적으로 수행할 수 있도록 하는 '기회비용'을 강조하고 있다. 이 목표를 달성하기 위해 동맹의 '부담 분담' 확대는 필연적이다.

분담금 갈등 일단락?
압박은 이제부터 시작!

"도대체 우리가 왜 한국을 지켜줘야 돼? 우리는 엄청난 손실을 입고 있어. 한국은 부자 나라잖아."
— 밥 우드워드Bob Woodward, 《분노Rage》[6]

2020년 도널드 트럼프 대통령이 밥 우드워드 《워싱턴포스트》 편집국장과 나눈 통화 내용의 일부다. 트럼프 대통령은 공화당 대통령 후보 경선 과정에서부터 미군이 주둔하고 있는 '한국, 일본, 독일'이 미국의 세계 경찰 국가 역할에 편승해 무임승차하고 있다고 맹비난했다. 2020년 미국 육군사관학교 졸업식. 하얀 띠를 어깨에 멘 육사 생도들 앞에서 트럼프 대통령은 강조했다. "미군의 임무는 많은 사람이 듣도 못한 멀리 떨어진 나라들 사이의 오랜 분쟁을 해결하는 것이 아닙니다. 우리는 세계를 위한 경찰이 아닙니다."

마크 에스퍼Mark Esper 국방장관은 트럼프 대통령이 여러 차례 "한

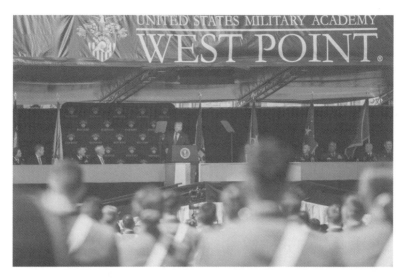

도널드 트럼프 대통령은 2020년 6월 13일 미 육사 졸업생 1113명 앞에서 미군은 더 이상 세계 경찰 역할을 하지 않을 것이라고 강조했다.

출처: 펜타곤 국방영상정보배포서비스Defense Visual Information Distribution Service, DVIDS

국에서 미군을 빼겠다"라는 말을 하고 다녔다고 자신의 회고록에서 밝혔다. 또 "그들이 삼성 TV를 파는 동안 우리가 대신 보호해주는 것은 말이 되지 않는다"라고 여러 차례 밝혔다고 소개했다. 다만 에스퍼 국방장관은 주한미군을 빼야 한다는 대통령의 의견에는 동의하지 않았다며, 앞으로 중국과 경쟁하는 관점에서도 한국과 일본에 위치한 미군 기지는 좋은 장소라고 지적했다. 그러면서 대통령이 주한미군을 완전히 한국에서 철수시켜야 한다고 할 때마다 불편했다고 회고했다.[7]

트럼프 대통령의 동맹 무임승차 인식이 최고조에 이른 것은 주한미군 주둔 비용을 둘러싼 한미방위비분담특별협정Special Measures Agreement,

SMA 협상 때였다. 1991년 이 협정을 맺기 전까지 미국은 주한미군지위협정Status of Forces Agreement, SOFA 5조 1항에 근거해 대부분의 한반도 주둔 비용을 부담해왔다. 그러다가 미국의 재정 악화와 한국의 경제 성장을 이유로 한미방위비분담특별협정을 체결하게 된다. 주둔 비용은 크게 인건비, 군사 시설 건설비, 군수 지원비로 나뉜다. 한미 분담금 협정은 지금까지 총 11차례 갱신되었다. 특히 2020년부터 5년간 유효한 11차 협정의 지지부진한 협상은 바이든 행정부에 들어와서야 타결될 정도로 진통이 컸다. 미국과 한국 모두 대선 시기를 앞두고 있었기 때문에 액수를 놓고 쉽게 양보할 수 없었던 탓도 크다.

미국은 50억 달러(약 6조 원)로 방위비 분담금 증액, 주한미군 수당과 한반도 순환 배치 비용 신설을 요구했고 한국은 과도한 요구라며 수성전에 들어갔다. 지난한 협상 과정에서 미국은 주한미군에 근무하는 한국인 근로자에 대해 무급 휴직을 실시하겠다고 엄포를 놨다. 주둔 비용 가운데 50퍼센트 이상 차지하는 것이 인건비였고 한국인 근로자는 4000여 명이었다. 한국 측은 우선 인건비라도 협상하자고 제의했지만 미국은 거부했다. 2020년 4월 1일부터 예고했던 대로 무급 휴직이 시행되었다. 두 달 가까이 지속된 한국인 근로자 공백은 운용자인 미군의 입장에서도 큰 차질이었다. 결국 그해 6월 3일 펜타곤은 한국의 '인건비 선타결' 안을 수용하겠다고 발표했다.[8] 펜타곤은 성명을 내고 미국이 상당한 유연성을 보인 만큼 한국도 똑같은 태도를 취할 것을 기대한다고 강조했다. 하지만 그 이상의 진전은 없었다. 미국이 대선 기간에 돌입했기 때문이다.

이듬해 바이든 정권이 들어선 뒤에야 협상은 재개되었고, 2021

년 4월 26일이 돼서야 서명함으로써 정식 합의에 이른다. 양국은 방위비 분담금 총액을 1조 389억 원으로 동결하고 이듬해인 2021년 전년 대비 13.9퍼센트 증가한 1조 1833억 원을 내기로 했다. 또 2022년부터 3년간은 대한민국 국방비 증가율을 적용해 액수를 정하기로 했다. 마크 에스퍼 국방장관은 당시 방위비 분담금 협상 교착 상태와 관련해 트럼프 대통령의 분노로 실제 주한미군 철수로까지 이어질 수 있었던 아찔한 상황을 자신의 회고록에 담았다.

> 그런 조치(주한미군 완전 철수)에 맞서 우선 세계 미군 배치 태세 검토가 진행 중이라는 사실을 언급하면서 시간을 벌 수 있었다. 마이크 폼페이오 국무장관이 "그것(주한미군 완전 철수)은 두 번째 임기에 취하는 것이 좋을 듯합니다"라며 중간에 지원 사격을 해주었다. 트럼프 대통령은 폼페이오의 말을 듣고서야 진정이 되었다. 그는 "그래요, 두 번째 임기에…"라고 답했지만, 그런 조치는 내가 이행할 수 없는 사안이었다.
> — 마크 에스퍼, 《성스러운 맹세A Sacred Oath》[9]

그러나 트럼프 대통령의 과도한 비용 요구에 가려졌을 뿐, 에스퍼 국방장관도 자신의 저서에서 "나는 여전히 한국이 더 공정한 부담 분담을 하도록 압박할 필요가 있다고 믿는다"라고 밝혔다.

비용 분담, 부담 분담의 한 종류일 뿐

비용 분담은 부담 분담의 일부에 지나지 않는다. 이 미묘한 차이를 분간하는 것은 향후 미국 속내를 읽는 데도 중요하다. 부담 분담 확대는 대통령 개인의 생각이 아니라 초당파적 속내이기 때문이다. 미국 전현직 관리들은 한국의 안보 기여가 적절하다고 보지 않는다.

11차 방위비 분담금 협상이 사실상 타결된 직후인 2021년 3월, 조지 W. 부시(아들 부시) 정권 당시 국무부 정책기획실장을 지낸 미첼 리스Mitchell Reiss를 만났다. 우선 그는 협상 타결로 한미 관계에 주의를 분산시키는 요소가 사라졌다는 점은 긍정적으로 평가했다. 다만 트럼프 행정부가 동맹의 부담 분담 문제를 제기했다는 측면 역시 긍정적으로 평가받아야만 한다고 밝혔다.

많은 미국민은 트럼프 대통령이 제기한 동맹의 무임승차 문제가 정당하다고 느끼고 있습니다. 트럼프 정부의 압박 때문에 오히려 바이든 정부가 쉽게 한국의 분담금 인상을 이끌어낼 수 있었습니다.

리스 전 실장은 한국의 실질적 분담금 증액을 도출할 수 있도록 트럼프 행정부가 산파 역할을 했다고 평가했다. 그는 부담 분담 문제는 북대서양조약기구NATO에 한해서는 1950년대부터 인식된 오랜 문제라고 밝혔다. 독일 등 서유럽 나라는 미국의 안보에 기대어 오히려 국방비를 줄여왔다고 지적했다. 한국 역시 서유럽 국가 수준의 경제력으로 발돋움한 만큼 국력에 맞게 부담을 늘려야 한다고 주장했다.

트럼프 정부 시절 미국 국방부 정책 담당 부차관을 지낸 데이비드 트라첸버그David Trachtenberg. 그는 이전에는 하원 군사위 전문위원 PSM을 지낸 의회 통이다. 바이든 집권 3년 차인 2023년 6월, 나는 그에게 트럼프 정권 시절 동맹에 대한 부담 분담 압박 정책에 대한 소

데이비드 트라첸버그는 미 국방부 정책차관을 보좌하는 부차관을 지냈다. 그는 트럼프 정부의 동맹 압박 방식이 거칠기는 했지만 의도한 효과를 거두었다고 옹호했다.

회를 물어본 적이 있다. 그는 돈을 더 많이 내라는 트럼프 대통령의 거친 수사가 동맹들에 반발심을 불러일으켰다는 점을 부정하지 않았다. 그러나 결과만 놓고 보면 역대 어느 정부보다 부담 분담이 증가했다고 밝혔다. 북대서양조약기구 사무총장조차 동맹의 부담 분담률이 상당히 증가했다는 것을 인정했다고 말했다. 그는 주한미군 주둔 비용을 둘러싼 분담금 협상에 대해서는 '협박'과 '의도하는 정책 결과' 사이에 희미한 경계선이 그어져 있었다고 말했다. 그러면서도 한국 측이 분명히 알아둬야 하는 대목이 있다고 강조했다.

미국은 한국을 위해 한반도에 주둔하고 있습니다. 그러나 그렇다고 한국이 아무것도 하지 않아도 된다는 것은 절대로 아닙니다.

부담 분담의 뜻은 말 그대로 미국이 지고 있는 짐burden을 나누는 것sharing이다. 미군 주둔비 분담도 짐을 더는 한 가지 형태로, 비용 분담cost sharing으로 분류할 수 있다. 하지만 비용만 지불한다면 미군은 용병일 뿐이다. 트럼프 대통령의 과도한 비용 분담금 인상 요구 당시 워싱턴 조야의 군 출신들이 "우리는 용병이 아니다"라며 비판한 맥락도 이 때문이다. 다만 펜타곤이 강조하는 부담 분담의 본질은 따로 있다. 동맹의 '자체 국방력 강화'와 '거대 패권 경쟁의 참여'다.

펜타곤 내 싱크탱크인 총괄평가국Office of Net Assessment 분석관을 지낸 다코타 우드Dakota Wood 헤리티지재단 선임연구원은 나에게 미국이 동맹의 부담 분담을 강조하는 배경에 대해 상세히 설명했다.

우리는 20년 전보다 훨씬 약화된 전력을 갖고 있고 병력 또한 인도태평양부터 중동, 미국, 유럽까지 얇게 산개돼 있습니다. 이 때문에 동맹과 우방이 국방 지출을 더 해야 합니다.

우드 선임연구원은 냉전 종식 이후 20여 년간 미국이 병력 감축과 전력 현대화에 소홀한 사이 러시아와 중국이 상당한 군사적 역량을 키우고 있다고 지적했다. 이런 상황에서 미국은 러시아와 중국 등 초강대국에 대처하기 위한 준비에 전념해야 한다고 강조했다. 북한, 이란 등의 2순위 위협까지 손보기에는 더 이상 여유가 없다고 말했다. 그러면서 이런 2순위 위협에 대처하기 위한 부담은 동맹의 기여 증대를 통해 충당해야 한다고 말했다.

그는 미국이 자국과 동맹의 이익을 지키기 위해 과거 GDP(국내 총생산) 대비 5퍼센트 이상을 국방비에 지출했다고 소개했다. 그러나 현재는 3퍼센트대로 떨어졌다며,《국방 전략서》가 제시하는 5퍼센트 이상으로 회귀해야 한다고 강조했다. 반면에 독일, 일본 등 주요 동맹 역시 그동안 1퍼센트 미만의 지출만 해왔다고 지적했다. 한국이 지출하는 GDP 대비 2퍼센트대는 흥미로운 수치지만 이조차 부족하다고 밝혔다.

바이든 정부, 오히려 요구 전방위 확대

그렇다면 전임 정부와 차별화를 내세운 바이든 정부는 어떤 기조를 취하고 있을까? 명목상으로는 트럼프 정부 당시의 거친 수사는 사라졌다. 그러나 수면 아래서는 단순한 비용 분담보다 더 큰 역할 확대를 요구하고 있다. 이런 기조는 바이든 정권 펜타곤 2인자인 캐서린 힉스의 2021년 부장관 인준 청문회 때 이미 예고되었다. 힉스 지명자는 동맹의 부담 분담 확대를 요구했던 전임 정부의 인식 자체는 "틀리지 않았다"라고 의회에 증언했다. 미국은 거대 패권 경쟁에 돌입하기 위해 GDP의 5퍼센트 이상을 국방비에 투자해야 하고, 동맹 역시 부담 분담을 늘려야 한다고 말했다. 다만 힉스 지명자는 동맹의 '기여'에 대해 더 제대로 된 정의를 세울 필요가 있다고 말했다.

기여를 이야기할 때 동맹이 우리와 같은 선상에서 안보 관계에 관여하

펜타곤 2인자인 캐서린 힉스 부장관 지명자는 상원 인준 청문회에서 동맹의 역할과 부담 분담 확대를 예고했다.

출처: 펜타곤 국방영상정보배포서비스

고 있는지를 확실히 해야 합니다. 때로는 그 기여의 형태가 국방비 지출이 될 수 있겠지만, 다른 방식으로도 표출될 수 있습니다. 이런 기여를 고려할 때 우리는 더 전략적인 자세를 취할 필요가 있습니다.
― 캐서린 힉스 국방부 부장관 지명자 상원 군사위 인준 청문회, 2021년 2월 2일

힉스의 발언은 이제는 압박을 미군 주둔 비용에서 국방, 경제, 외교 등 전방위 분야로 확대할 것임을 시사한다. 가장 먼저 착수한 사안은 중국을 견제하기 위한 역내 군사 동맹 오커스AUKUS의 발족이다. 바이든 정부는 2021년 9월 5일 미국, 영국, 호주 3개국이 결성한 인도태평양 지역에서의 군사 동맹인 오커스를 창설한다. 단순히 상

징적인 동맹이 아니다. 일례로 세 나라는 호주 해군의 원자력잠수함 도입 추진에 합의했다. 국내 일각에서는 이런 혜택을 부러워하는 시각이 있었다. 문재인 정부도 한국형 핵추진잠수함 확보를 추진했지만 번번이 미국에 거부당했기 때문이다. 그러나 정말 던져야 할 질문은 이것이다. "왜 호주에는 핵잠수함 보유를 허용했는가?" 인도태평양 바다는 광범위하다. 유사시 미 해군이 동원할 수 있는 전력에 한계가 있다. 호주도 인도태평양 국가이긴 하지만 중국과 갈등의 진원지가 되고 있는 남중국해에서 상당히 멀리 떨어져 있다. 미국이 연료 재보급 없이 장기 운항할 수 있는 핵잠수함 기술을 호주와 공유하겠다는 것은 거대 패권 경쟁에서 호주의 적극적인 역내 참여를 기대하기 때문이다.

바이든 정부는 오커스 출범 한 달 뒤인 2021년 10월 27일 인도태평양경제프레임워크Indian-Pacific Economic Framework, IPEF 구상을 발표했다(공식 출범일은 2022년 5월 23일이다). 미국, 한국, 일본, 인도, 호주, 인도네시아, 말레이시아, 베트남 등 14개 나라가 참여했다. 한국은 미국의 끈질긴 설득으로 2021년 11월 가입을 결정했다. 표면적으로 누구나 참여할 수 있는 포괄적 경제 협력체를 표방하지만 실상은 중국을 겨냥한 블록 경제 협력체다. 미국은 이 경제 협력체를 통해 디지털 경제와 기술 표준 정립, 공급망 회복력 달성 등을 추진하고자 한다. 중국이 배제된 기술 표준과 공급망 재편 논의는 반도체 등 첨단 산업의 중국 내 현지 공장 철수, 중국산 5G 통신 장비 배제 등의 의미를 내포하고 있다.

바이든 정부의 동맹 부담 분담의 본질은 국방과 경제의 경계선을 허무는 데 있다. 실제로 재닛 옐런Janet Yellen 미 재무장관은 2023년 4월 중국과의 관계에서 국가를 위한 고려 사안을 경제적 이익보다 우선하겠다고 예고했다. 특히 이미 시행 중인 대중국 반도체 수출 통제로 경제적 불이익이 발생해도 대중국 견제 조치를 계속 취할 것이라고 강조했다.

청구서로 돌아온 '혈맹'

한 펜타곤 당국자는 익명을 전제로 나에게 "더 이상 한국이 양다리를 걸칠 수 있는 중간 지대는 존재하지 않는다"라고 밝혔다. 그는 "동맹은 상호적"이라며 한국이 말로만 '피로 맺어진 동맹'(혈맹)이라고 외칠 것이 아니라, 행동으로 보여줄 필요가 있다고 말했다. 또 동맹인 미국과 동맹이 아닌 중국 사이에서 중립을 외친다면, 미국의 관점에서 중국 편에 붙는 것이나 다름없다고 했다.

한국은 그동안 한국전쟁 당시 미국의 참전과 희생을 기리며 '피로 맺어진 동맹'이라고 강조해왔다. 워싱턴D.C.에서 주한미군 철수론이 일 때마다 우리는 한반도에서 불귀의 객이 된 미군 장병 3만 6634명을 거론했다. 듣도 보도 못한 가난한 나라일지라도 이국땅에서 목숨을 바친 이들의 희생을 헛되게 해서는 안 된다는 감성의 논리로 줄곧 설득해왔다. 그러나 반세기가 지난 지금 노병은 거의 사라지고, 한국전은 '잊힌 전쟁'으로 불린다. 그동안 한국은 세계에서 10번째로 큰 규모의 경제, 9번째로 많은 군사비를 지출하는 나라로 발돋움했다. 미국은 이제 입장을 바꿔 우리가 지금까지 강조해온 '한국전 희생'을 빌미로 청구서를 들이밀기 시작했다. 전적으로 미국의 지원을 받던 응석받이에서 '어른'으로 성장한 만큼 알아서 집안일에 동참하라는 취지다.

한미상호방위조약의 인식 방향 또한 일방적에서 상호적으로 바뀌었다. 이전까지 미국은 북한의 침공에 대해 전적으로 보호해주는 수호자 역할을 자임했다. 반면에 이제는 미국이 아시아에서 공격받을 경우 한국이 당연히 방어전에 참여하는 쌍무적인 관계로 바뀐 것이다. 중국이 타이완을 침공해 미국이 참전할 경우 한국이 빠지기 어려운 이유다. 익명의 펜타곤 당국자는 나의 아프가니스탄 파병 경력을 평가하면서도 속내를 감추지 않았다. "영국, 캐나다의 경우 미국이 참전하는 전쟁마다 많은 희생이 따랐습니다. 피를 값으로 매기는 것은 매정해 보일 수 있지만 동맹의 기여에 따른 대우에는 분명 차이를 둘 수밖에 없습니다."

취재 메모   VOA 2021. 2. 5. 기사

바이든시대 동맹 부담분담 초점은?…
"전방위 역할 확대"

미국의 바이든 행정부가 동맹의 부담 분담과 관련해 보다 포괄적인 접근법을 취할 것으로 미국의 전문가들은 전망하고 있습니다. 이에 따라 어떤 정책변화가 예상되는지 김동현 기자가 취재했습니다.

미국의 안보전문가들은 미국이 강조하는 동맹부담 분담Burden Sharing과

관련해 비용 분담Cost Sharing은 세부항목에 해당한다며, 바이든 행정부는 보다 포괄적인 정의에 따른 접근법을 취할 것으로 보고 있습니다.

실제로 지난 2일 캐서린 힉스 국방부 부장관 지명자의 상원 군사위 인준 청문회 답변에서도 이 같은 기조를 엿볼 수 있습니다.

힉스 부장관 지명자 "동맹 부담 분담 강조하되 전략적 고려"

힉스 지명자는 미국의 국방 예산 지출을 실질 국내총생산(GDP) 대비 5퍼센트 이상 지출해야 한다는 2018년 《국방 전략서NDS·National Defense Strategy Report》의 분석은 여전히 유효하다고 본다며, 안보부담 분담문제도 동맹의 기여를 보장하기 위한 수단으로 계속 강조할 것이라고 답변했습니다.

앞서 《국방 전략서》는 중국, 러시아와의 단일전 대비에 초점을 맞춰 미국의 국방 지출을 늘리는 동시에 기존에 미국이 관여했던 북한, 이란, 테러 등 2, 3차적 위협대처는 동맹의 부담 분담 확대를 통해 보완해야 한다고 제시한 바 있습니다.

다만 힉스 지명자는 비용문제와 같은 전술적 차원의 문제가 동맹의 전략적 가치보다 우위에 놓여서는 안 된다며, 향후 동맹의 안보부담 분담 문제를 전략적인 측면에서 고려할 것이라고 밝혔습니다.

안보 기여가 정확히 어떤 의미인지, 동맹들이 미국이 취하고 있는 안보관계와 같은 선상에 있는지를 명확히 하기 위해 전략적 접근법을 취하겠다는 겁니다.

〔녹취: 힉스 지명자〕 "I think we need to make sure that we're taking a strategic approach to what 'commitment' means. I think we need to make sure that allies are into the security relationship as we are. Sometimes, it's through spending, sometimes it's through defense spending and sometimes that commitment is expressed in other ways and I think we should be strategic about how we consider those commitments."

힉스 지명자는 그와 같은 기여가 때론 동맹의 국방 예산 지출이 될 수도 있지만 다른 형태로 나타날 수도 있다며, 모든 형태의 기여들을 종합적으로 고려하겠다고 설명했습니다.

그렉슨 전 차관보 "본질로 회귀… 향후 포괄적 셈법 반영"

월러스 그렉슨 전 국방부 아시아태평양 담당 차관보는 4일 VOA에 "힉스 지명자의 발언은 국방안보전략 보고서가 당초 제시한 기준에 부합하는 탁월한 답변이었고, 올바른 방향이라고 생각한다"라고 평가했습니다.

그러면서 향후 미국 정부의 안보부담 분담에 대한 기대는 중국산 기술통신 공급망에 대한 차단 참여, 지향성 에너지 무기개발 등의 기술제휴, 역내 병력파견 등 군사, 경제, 외교 등 전방위로 확대될 것으로 전망했습니다.

특히 한국과 관련해서는 연합군의 상호운용성 확대, 한일 관계개선도 포괄적인 동맹부담 분담 의제에 포함될 수 있다고 전망했습니다.

그렉슨 전 차관보는 상호운용성 강화의 경우, 동맹의 주권을 침해하지 않는 범위에서 양국의 미사일방어 감지센서와 요격기 통합 문제가 거론될 수 있다고 지적했습니다.

또 한일 관계개선 역시 안보관점에서 제2의 한국전쟁 발발 시 일본의 참여를 배제할 수 없는 만큼, 방위부담 분담 의제에 해당한다고 설명했습니다.

[녹취: 그렉슨 전 차관보] "The future that looks like 1950, it's not going to remain on the peninsula. So it means other nations are going to be involved which means Japan. But right now getting Japan Korea and the United States in the same room to work on anything, as you know, is awkward. And we need to fix that. That's part of the burden sharing."

그렉슨 전 차관보는 안보부담 분담 문제가 한국에 비용을 요구하는 성격에서 상호 안보방위 관점으로 전환된 만큼 미한일 공조는 반드시 개선해야만 하는 분야라고 지적했습니다.

네이선 프레이어 "유연한 배치 셈법 계승…
동맹군 역할 확대 필연적"

네이선 프레이어 미국육군참모대학교 교수는 개인의견을 전제로 전 세계 전구에 미군을 유연하고 시기 적절하게 배치할 수 있는 구조개혁은 부담 분담 문제와 밀접히 연계돼 있다며, 바이든 행정부에 들어서도 최우선 의제가 될 것이라고 전망했습니다.

[녹취: 프레이어 교수] "There's still going to be constraints on that force. They can't be everywhere at one time. They can't do everything that you want them to do…Maybe the most important consideration for the new administration, as they go into looking at how we develop and structure and array military forces around the world, I think having the ability to flex the force to different priorities at different times is going to be extremely, extremely important."

냉전 시절과 비교해 미군은 병력 부족에 시달리는 만큼 미군의 유연한 배치셈법과 연계해 역내 동맹군의 지역방위에 대한 역할 확대는 필연적이라는 설명입니다.

브루스 베넷 "한국군 병력감축 쟁점화 가능성"

이와 관련해 브루스 베넷 랜드연구소 선임연구위원은 바이든 정권이 들어섰다고 해서 공정한 부담 분담에 대한 미국민의 인식이 사라진 것은 아니라며, 한국군 병력감축 상황도 향후 미한 간 부담 분담 문제의 쟁점이 될 수 있다고 지적했습니다.

[녹취: 베넷 선임연구위원] "But be careful. The Congress perspective exists because Congress doesn't know what the ROK is doing…I think if that became an issue and discussed before Congress, I think the American congressman would say, you know, 'This isn't fair'…'Why should we send our American soldiers to Korea to defend Korea when the Koreans aren't prepared to make the effort themselves?'"

베넷 선임연구위원은 한국 국방부가 인구감소를 이유로 복무기간을 단축하고 군 현대화를 추진하고 있는 논리는 대내적 정치셈법에 따른 움직임이라고 평가하며, 공정성 측면에서 미 국민에게 쉽게 납득되지 않는 사안이라고 설명했습니다. 특히 한국군의 군현대화 역시 북한의 위협에 충분히 대처할 수준에 미치지 못한 상태지만, 지금까지 주한미군의 감축 또는철수를 반대해온 미 의회 내에서는 구체적인 상황을 알지 못한다고 분석했습니다. 베넷 선임연구위원은 그러면서 향후 이 문제가 공론화될 경우, 주한미군의 병력 유지를 옹호해왔던 의회의 기류에도 큰 변화가 일어날 수 있다며, 한국이 자국 방어에 소홀한 상황에서 미국의 안보 부담이 공정한 것인지에 대한 담론이 격화될 수 있다고 전망했습니다.

VOA 뉴스 김동현입니다.

중국의 제한 없는 전쟁
'초한전'

작년에만 9명! 다시 한 번 반복합니다. 9명의 통합전투사령관이 중국과 러시아가 유포하는 허위 정보에 따른 파괴적 영향 때문에 국가정보장 Director of National Intelligence, DNI* 에게 긴급 지원 요청을 했습니다.

— 미국 하원 군사위 정보 · 특수전 소위 청문회, 2021년 3월 16일

미군 통합전투사령관은 인도태평양사령관을 포함해 11명이다. 따라서 루벤 가예고Ruben Gallego 소위원장(민주당)이 지목한 숫자 9는 사실상 전체 미군의 80퍼센트 이상을 의미한다. 잔뜩 흥분한 가예고 소위원장은 펜타곤이 어떻게 이 문제에 대처할 것이냐고 쏘아붙였다.

◆　9.11 테러 이후 미국 정보기관 간 원활한 조율 필요성이 제기됨에 따라 2005년 4월 22일 신설된 보직이다. 미국 대통령 직속 기관장으로 국가정보장실ODNI를 통해 미국 중앙정보국CIA, 연방수사국FBI, 국방정보국DIA 등 16개 정보기관을 감독하고 관장한다.

하원에서는 이날 처음으로 신설된 군사위 정보·특수전 소위원회가 열렸다. 주제는 '회색 지대grey zone에서의 허위 정보.' 회색 지대란 적성국들이 전면전을 유발하지 않는 수위에서 도발을 일삼는 범위를 지칭하며, 대표적인 공간으로 '사이버'가 있다. 증인으로는 크리스토퍼 메이어Christopher Maier 국방부 특수전저강도분쟁 담당 차관보 대행, 닐 팁턴Neill Tipton 국방차관실 직속 수집·특수목적체계 담당 국방정보국장DDI, 제임스 설리번James Sullivan 국방정보국DIA 사이버 담당관이 참석했다.

팁턴 국방정보국장은 가예고 소위원장이 언급한 통합전투사령관(대장) 9명의 긴급 요청을 '36개 별이 보낸 서신'으로 불렀다. 서신 내용은 거대 패권 경쟁 맥락에서 허위 정보에 대처할 수 있도록 정보기관에 지원 강화를 요청한 것이었다고 소개했다. 이런 요청에 부응해 전 세계에 분포해 있는 미군 통합전투사령부Unified Combatant Command, UCC◆가 기밀 정보에 쉽게 접근할 수 있도록 보안 등급을 낮췄다고 밝혔다. '36개 별이 보낸 서신'은 단순히 여당인 민주당만 문제 삼은 것은 아니었다. 마이크 켈리Mike kelly 공화당 간사는 신종 코로나바이러스 확산 기간에 중국이 유포한 유해한 허위 정보로 국내

◆ 통합전투사령부는 전 세계를 지역별, 기능별 사령부로 나눈 11개 군령 기관이다. 미국의 6개 군대(육군, 해군, 공군, 해병대, 우주군, 해안경비대)가 통합 지휘 아래 놓여 있다. 지역별 사령부로는 인도태평양사령부U.S. INDO-Pacific Command, 아프리카사령부 U.S. Africa Command, 중부사령부U.S. Central Command, 유럽사령부U.S. European Command, 북부사령부U.S. Northern Command, 남부사령부U.S. Southern Command, 우주사령부U.S Space Command 등 7개 사령부가 있다. 또 기능별 사령부로는 핵을 관장하는 전략사령부U.S Strategic Command, 사이버사령부U.S Cyber Command, 수송사령부U.S Transportation Command, 특수전사령부U.S Special Operational Command 등 4개 사령부가 있다.

전 세계 7개 지역별 미군 통합전투사령부를 보여주는 지도. 북한과 중국 문제는 인도태평양 사령부 관할 아래에 있다. 주한미군사령부는 준통합전투사령부로 인도태평양사령부 예하에 속해 있다.

뿐 아니라 동맹국 사이에서도 불신을 조장했다고 지적했다. 미 육군이 신종 코로나바이러스 확산의 주범이라는 거짓말까지 하고 있다고 맹비난했다. 그러면서 9명의 통합전투사령관이 보낸 서신은 이 사안이 얼마나 중요한 문제인지를 상기시키고 있다고 강조했다.

　마이크 켈리 공화당 간사는 특히 중국과 러시아의 '회색 지대' 전략은 신종 코로나바이러스 팬데믹 이전부터 만연해온 것이라고 지적했다. 이날 함께 출석한 제임스 설리번 국방정보국 사이버 담당관은 중국의 경우 심리전, 여론전, 법률전으로 구성된 3개 전쟁, 이른바 '삼전三戰, three warfares' 군사 교리military doctrine를 바탕으로 상대국의 사기 저하와 국내 외 여론에 대한 영향력 확대에 초점을 맞추고 있다고 증언했다. 특히 공자학원* 등 문화 교류 센터와 중국어로 출판하는 활자 매체를 통한 지배력 강화, 사이버 기술 적용을 통한 상대국의 사회 통합성, 경제력, 분위기, 행정력 저하에 초점을 두고 있다고 말했다. 또 중국의 악의적 활동은 무력 충돌이 발생할 수 있는 유사시 훨씬 증폭될 것이라며, 자국에 유리하도록 조작된 여론을 형성하는 데 초점을 맞출 것이라고 전망했다. 이어 이란과 북한도 회색 지대에서 전쟁을 수행하고 있다며, 군이 서열을 따지자면 "러시아와 중국을 1, 2위로 이란과 북한을 각각 3, 4위로 간주하고 있다"라고 밝혔다. 다만 현재 러시아가 1위라면, 향후 IT 분야와 산업 기반이 비약적으로 발전하고 있는 중국이 기계학습machine learning과 인공지능AI을 활용해 러시아를 추월할 것이라고 전망했다.

허위 정보 유포나 선전 선동은 냉전 시절에도 있었다. 왜 미국은 지금에서야 중국과 러시아의 회색 지대 전쟁 수행 역량에 이토록 긴장하는 것일까? 설리번 담당관이 평가한 회색 지대 전쟁 역량 순위는 《2018 국방 전략서》의 적성국 분류 순서와 정확히 일치한다. 또 1순위 위협 가운데 중국에 더 초점을 둘 것이라는 바이든 정부의 방침과도 일맥상통한다. 중국이 경제 성장을 바탕으로 군비 경쟁을 벌이고 있기 때문이다. 인공지능 등 첨단 기술 분야는 결국 자금력에 좌우된다. 주목할 대목은 중국의 회색 지대 전쟁 수행 역량이 실제 무력 충돌 발생 시 더욱 증폭될 것이라고 분석한 점이다. 가령 평시에도 심각한 악영향을 끼치는 사이버전 역량이 전시 상황에서 함께 사

◆   중국 정부가 중국어 교육과 중국의 사상, 체제, 문화를 전파하기 위해 세계 각지에 설립한 기관. 미국 정부에서는 단순 교육 시설이 아닌 중국 정부의 해외 임무 기관으로 분류하고 있다.

용된다면 어떻게 될까? 실제로 러시아는 2022년 2월 우크라이나 침공에 앞서 대대적인 사이버 공격을 감행해 정부 기관 망과 위성 통신망 등을 무력화시켰다. 2008년 조지아 침공과 2014년 크림반도 합병때도 재래식 군사 작전과 사이버전, 심리전 등을 결합한 '하이브리드hybrid' 전술을 구사한 바 있다.

이 같은 전술에 타이완도 잔뜩 긴장했다. 차이잉원蔡英文 총통이 직접 우크라이나 사태를 반면교사로 삼아 적성국의 인지전에 대비하라는 지시를 내렸을 정도다. 설리번 담당관이 지목한 중국의 이른바 '삼전' 교리가 타이완 유사시에 사용될 것으로 보기 때문이다. 그러나 설리번 담당관의 분석은 정보전에 국한돼 있다. 미국이 경계하는 중국 군사 교리의 적용 범위는 훨씬 광범위하고 포괄적이다.

《초한전》, 미 육해군사관학교 필독서

미국 육군사관학교와 해군사관학교에는 필독서로 지정해놓은 책이 있다. 《초한전超限戰》이 바로 그것이다. '초한전'은 중국 고대사 속 영웅 항우와 유방 간 쟁투를 다룬 《초한지楚漢志》에서 이야기하는 땅따먹기 전략 전술이 아니다. 21세기 중국이 채택하고 있는 영역 간 경계를 허무는 이른바 '제한 없는 전쟁unrestricted warfare'을 뜻한다. 《초한전》은 1999년 차오량乔良과 왕샹수이王湘穗라는 중국 공군 소속 대령 2명이 공동 저술한 군사 전략서다. 펜타곤은 이 책 내용이 중국군 교리의 핵심 근간을 이루고 있다고 판단한다. 책 주제 자체가 상당히 논쟁적이다. 중국이 미국과 붙어서 이기는 방법을 제시하고 있기 때문이다.

두 저자는 초한전을 수행하기 위한 24가지 전법을 제시했다.[10] 종래의 군사 전법으로 핵전쟁을 의미하는 원자전, 재래전, 생화학전, 우주전, 전자전, 유격전, 테러전, 생태전♦을 열거했다. 또 비군사非軍事 분야의 전쟁 수행 방식으로는 금융전, 무역전, 자원전, 경제원조전, 법률전, 제재전, 언론전, 이념전을 들었다. 마지막으로 군사 영역을 초월한 초군사超軍事 분야의 전쟁 수행 방식으로는 외교전, 인터넷전, 정보전, 심리전, 기술전, 밀수전, 마약전, 사이버전을 명시했다.

비군사 방식 중 언론전(여론전)과 법률전, 초군사 방식 중 심리전이 앞서 미국 하원 군사위원회에서 설리번 담당관이 거론한 '삼전' 교리다. 실제로 이 교리는 2003년 12월 중국 중앙군사위원회에서 인민해방군 정치 공작 조례 개정안을 발표하면서 처음 등장했다. 특히 법률전은 자국 법률의 제정이나 국제법의 해석과 적용을 유리한 방향으로 유도하는 데 초점을 맞추고 있다. 공해인 남중국해에 인공섬을 조성해 영유권을 주장하는 행위 등이 대표적인 사례다.

이 책의 핵심 전제는 앞으로의 전쟁이 어느 특정 영역에 국한해서 수행해서는 안 된다는 데 있다. 가령 기술적으로 우월한 미국의 재래식 전력을 고려할 때 그들이 우위에 있는 영역에서 싸워봤자 필패라는 소리다. 두 저자는 CNN이 소말리아 모가디슈 거리에 방치된 미군 병사의 시신을 보도한 것(언론전), 금융 수단을 이용해 특정 국

♦ 두 저자는 현대 기술로 하류, 해양, 지각, 극지의 빙하, 대기와 오존층의 자연 상태에 영향을 줄 수 있다고 지적했다. 가령 인공적인 엘니뇨 또는 라니냐를 일으키는 것처럼 자연을 무기로 쓰는 전쟁 수행 방식을 '생태전'으로 명명했다.

초한전 24전법

군사 분야	비군사 분야	초군사 분야
원자전	금융전	외교전
재래전	무역전	인터넷전
생화학전	자원전	정보전
생태전	경제원조전	심리전
우주전	법률전	기술전
전자전	제재전	밀수전
유격전	언론전	마약전
테러전	이념전	사이버전

가의 경제를 파괴하는 행위(금융전) 등 기존에 상상하지 못했던 영역을 활용해야 한다고 주장했다.

> 우리는 모든 비非전쟁 행위가 미래 전쟁의 새로운 구성 요소가 될 수 있다고 인식할 때, 이런 전쟁의 새로운 형태에 대해 새로운 이름을 붙일 수 있을 것이다. 이는 바로 모든 경계와 한계를 초월한 전쟁, 간단히 말하자면 '초한전'이라 할 수 있다.
>
> ─《초한전》, 1부 새로운 전쟁[11]

흥미로운 대목은 24가지 각각 다른 영역의 전쟁 방식을 조합해서 구사할 것을 제시한 데 있다. 가령 두 저자는 9.11 테러의 주범인 알카에다의 수장 빈 라덴에 대해 미국이 적용한 조치가 테러전과 정보전, 금융전, 인터넷전, 법률전의 조합이었다고 분석했다. 또 같은 시간대에 서로 다른 공간에서 각각 다른 영역의 조합식 공격을 전개해야 기습과 은폐 그리고 효과를 달성할 수 있다고 강조했다. 쉽게 풀이하자면, 이전의 전쟁은 병력을 국경에 보내 밀어붙여 상대의 수도를 장악하는 단순한 단계별 특성이 있었다면, 현대전에서는 단계별 목표를 동일한 시간대에 각각 공략할 수 있을 정도로 역량이 확장했다는 설명이다. 저자들은 이런 능력에 가장 가까이 근접한 군대가 미군이라고 지적했다. 미군의 정보전 체계는 1분 안에 1200대의 항공기에 4000개 표적의 데이터를 제공할 수 있다고 지적했다. 나아가 다른 원거리 공격 무기 체계도 이 정보를 활용해 같은 작전 시간대에 표적을 타격할 수 있도록 한다고 덧붙였다.

다만 두 저자는 미군이 이런 역량을 여전히 군사 작전 이외의 전장에는 활용할 생각을 하지 않고 있다고 당시 지적했다. 이 논리대로라면 중국은 유사시 군사적 방식과 더불어 비군사적 방식과 초군사적 방식을, 가령 재래식 수단과 사이버전, 언론전, 자원전 등을 같은 시간대에 조합해 활용하겠다는 의미다.

미국, 유사시 중국의 초한전 활용 우려

《초한전》은 여전히 미국 국방 당국에서 주목하고 있는 책이다. 그러나 이 책이 나온 시점은 1999년으로 무려 25년이라는 세월이 흘렀다. 그동안 이 책을 분석한 많은 비평가들은 중국이 군사력 부문에서는 미국에 상대가 되지 않기 때문에 비군사(사이버전, 언론전) 또는 초군사(외교전) 영역에서 승부를 걸었다고 봤다. 그러나 중국은 덩샤

오핑이 향후 100년간은 재능과 명성을 드러내지 않고 때를 기다리라고 한 '도광양회韜光養晦'의 유훈을 어겼다.

시진핑 시대 들어 이른바 '중국굴기中國屈起'의 기치 아래 군사 영역인 재래전, 원자전, 우주전 등에서도 미국의 아성을 넘보고 있다. 그동안 갈고 닦은 회색 지대에서의 비군사, 초군사 역량을 이제는 군사 영역과 적극적으로 조합해 활용하겠다는 의도다. 일례로 중국군은 2015년 12월 31일 우주와 항공 사이버전, 전자전과 심리전 등을 주 임무로 하는 전략지원부대를 제6군으로 창설했다. 또 같은 날 핵미사일과 재래식 미사일 운용을 총괄하는 제2포병부대를 로켓군으로 확대 재편했다.◆

단순히 이름만 바꾼 것이 아니다. 2022년 미국 공군 산하 싱크탱크인 중국항공우주연구소China Aerospace Studies Institute, CASI가 발표한 보고서에 따르면 창설 당시 29개 여단이었던 로켓군은 10개 여단이 추가되어 39개 여단으로 확대된 것이라고 한다.[12] 특히 타이완과 남중국해뿐 아니라 오키나와까지 사거리에 둔 중·단거리 미사일 기지 2곳과 미국을 겨냥한 장거리 핵미사일 기지 4곳 등 총 6개 기지를 운영하고 있다고 밝혔다. 타이완 침공 시 초한전 교리를 그대로 투영하면, 중국군은 사이버전과 우주전을 통해 타이완의 통신을 끊을 수 있다. 동시에 다양한 미사일을 동원해 주요 방어 기지를 동일한 시간대에 타격할 수 있다. 게다가 핵(원자전)은 로켓군만 보유하고 있는 것

◆　중국인민해방군은 현재 육군, 해군, 공군 외에 핵 투사를 관장하는 로켓군, 전략지원부대, 인민무장경찰부대 등 6군 체제로 구성되어 있다.

이 아니다. 중국 공군은 H-20 전략폭격기를 전개해 유사시 핵을 투사할 수 있다는 심리전도 구사할 수 있다. 이는 미국의 개입뿐 아니라 한국, 일본 등 주변국의 지원까지 차단하는 효과를 기대할 수 있다. 또 이런 조합 공격이 진행되는 동안 유엔 안전보장이사회에서 거부권을 행사해(외교전) 국제 사회의 지원도 차단할 수 있다

펜타곤 당국자는 냉전 시대와 오늘날의 차이는 여러 영역에 걸친 동시다발적 전쟁 수행 역량에 있다고 말했다. 그는 "중국이 이런 역량을 점점 손에 넣고 있다"라고 강조했다. 한편 미국도 중국과 비슷한 교리를 추구하고 있다고 밝혔다. 흔히들 미국의 국력은 군사력 일변도가 아닌 'DIME'에 기초한다고 표현한다고 설명했다. DIME이란 외교diplomacy, 정보intelligence, 군사military, 경제economy의 영문 첫 글자를 딴 용어다. 이 4가지 요소를 조합해 국력을 확대하는 데 목적을 두고 있다. 그러나 이 당국자는 중국이 중앙 통제식 정치 구조인 반면 미국은 분권화되어 있기 때문에 4개 요소를 통합해 적용하는 데 큰 어려움이 있다고 호소했다. 에이브릴 헤인스Avril Haines 미 국가정보장DNI도 2021년 3월 29일 정치 전문 신문 《더힐The Hill》이 주최한 화상 대담에서 중국이 구사하는 초한전의 위험성을 언급했다.[13] 그는 적성국들이 군사 분야를 넘어 기술 등 다양한 요소를 융합해 급속도로 위협을 늘리고 있다고 지적했다. 그러면서 이런 위협에 대처하기 위해서는 정부 부처 간 기능 통합이 절실하다고 말했다. 한 가지 분명한 점은 중국이 초한전으로 이미 서방 세계를 흔들기 시작했다는 점이다. 허위 정보를 가짜뉴스로 뿌려도 민주주의 국가에서는 자칫 언론 탄압으로 비칠 수 있어 검열이 쉽지 않다. 중국과 같은 중앙 통제식 국

가보다 대처가 훨씬 어려운 이유다.

서방 세계의 일원인 한국도 이 공격에서 자유롭지 못하다. 한국은 2016년 1월 6일 북한의 제4차 핵 실험 강행을 계기로 6개월 뒤 미군의 고고도 미사일 방어 체계인 사드Terminal High Altitude Area Defense. THAAD(종말 고고도 지역 방어)의 배치 장소를 경북 성주군으로 확정 지었다. 그러자 중국은 이 무기 체계가 자신들을 겨냥하고 있다고 문제 삼으면서 한국 기업에 대한 대대적인 경제 보복(무역전)을 가했다. 이어 중국인 관광객의 한국 여행 제한(제재전)뿐 아니라《환구시보環球時報》등 관영 언론을 동원한 압박(언론전, 심리전)과 외교전을 동시에 구사했다. 이 같은 '가스라이팅' 결과 국내 일부 여론과 정치인이 중국의 주장을 사실로 받아들이면서 정쟁의 핵심 화두로 떠올랐다. 또 사드가 방출하는 전자파로 인한 주민 건강 악화 음모론이 확산되면서 사드의 완전한 운용은 제한되었다. 사드 기지에 대한 환경 영향 평가는 윤석열 정부가 들어선 2023년 6월 21일 완료된 가운데, 전자파에 대한 논란은 문제가 없다는 결론이 나왔다. 그러나 기지 건설을 위한 행정 절차에만 6년이라는 세월을 허비했다. 이것이 '초한전'이 민주주의 국가에 끼칠 수 있는 피해의 대표적 사례다.

동맹의 부담 분담 논리로 직결되는 초한전

한편 '제한을 두지 않는 전장 영역unlimited warfare'은 미국이 짊어져야 하는 부담이 그만큼 커진다는 것을 의미한다. 2차 세계대전부터 미국은 하늘과 바다만 장악하면 전쟁을 자신들이 유리한 쪽으로 이끌 수 있다고 믿어왔다. 그런데 중국이 시전하는 초한전 교리로 이제 미국은 전혀 예상하지 못한 영역들을 방어해야 한다. 가령 전투기나 군함은 사이버전이나 전파 방해로 정밀한 표적 타격이 어려워지게 되었다. 또 천연자원의 우위를 활용한 적성국의 금수 조치(자원전), 자국민에게 전쟁의 정당성에 의문을 품게 만드는 정보전 등의 영역도 함께 대처해 나가야 한다. 이런 전쟁 양상의 변화 때문에 미국 유권자 사이에서 더 이상 홀로 세계 경찰 국가 역할을 맡아서는 안 된다는 목소리가 커지게 되었다.

전장을 한정 짓지 않는 공격 측의 셈법과는 달리 수비 측의 자원과 예산은 제한돼 있다. 공격 측은 유린할 영역을 취사선택해 소수의 병력을 거느리고 치고 빠질 수 있다. 반면 수비 측은 적이 어디를 기습할지 모르기 때문에 광범위한 영역에 요새를 구축해야 한다. 비싼 돈과 인력을 들여 요새를 구축하면 상대는 요새를 구축하지 않은 다른 영역을 노려 공략한다. 한마디로 공격 측과 수비 측 간 비용의 비대칭성이 발생하는 것이다. 초한전 교리의 등장으로 미국으로서는 땅, 하늘, 바다, 우주, 사이버 등 모든 영역을 방어해야 한다. 그러나 홀로 만리장성을 구축하기에는 천문학적인 비용이 발생한다. 적성국이 영역을 한정 짓지 않기 때문에 싸워야 할 전장이 늘어날수록 방어하는 측의 비용 또한 기하급수적으로 증가한다. 모두 온전히 미국민의 혈세로 말이다. 미국이 세계 경찰 국가 역할에 피로도를 느끼는 이유다.

미국이 동맹의 부담 분담을 강조하는 이유도 무한에 가까운 공터에 더 이상 홀로 요새를 세우지 않겠다는 의지의 반영이다. 특히 바이든 행정부 들어서 자주 등장하는 '가치를 공유한 동맹 또는 우방'이라는 표현에 주목할 필요가 있다. 단순히 군사적인 영역뿐 아니라 비군사, 초군사 영역에서도 동맹의 부담 분담을 끌어내겠다는 취지다. 방어에만 국한된 것이 아니다. 가령 미국은 중국 내부의 '인권 유린 문제'에 대해 제제를 가하고 있다. 2022년 6월 발효된 미국의 위구르강제노동방지법은 신장위구르자치구에서 생산된 제품은 물론, 법에서 특정하는 단체와 기업이 만든 모든 제품을 강제 노동에 의해 제작된 것으로 간주하고 미국 내 수입을 금지했다. 특히 신장위구르자치구 내 강제 노동과 관련된 업체로부터 소재를 조달받은 제3국 기업의 생산품도 규제 대상이다. 가치를 공유한 민주주의 국가라면 인권을 유린하는 중국과 같은 나라는 좌시하지 말라는 무언의 압박인 셈이다. 나아가 인권 문제를 시정하기 위한 국제 제재에도 참여하도록 유도한다. 실제로 유럽연합EU, 영국, 캐나다도 유사한 제재를 취하고 있다.

미국이 최근 사이버, 우주, 바다 영역에서 동맹과 우방의 참여를 강조하는 이유도 궤를 같이한다. 이 세 영역의 공통점은 무한히 넓으면서 주인이 따로 없다는 것이다. 경제학에서 언급되는 '공유지의 비극The Tragedy of the Commons'이 필연적으로 발생할 수밖에 없다. 미국은 더 이상 비극의 주인공이 되지는 않겠다며 동맹과 우방의 참여를 압박하고 있다.

21세기 해상 만리장성:
반접근/지역거부 전략

초한전이 중국이 평시 그리고 유사시에도 요긴하게 쓸 수 있는 창이 라면, 미국의 막강한 군사력을 막을 방패는 무엇일까?

동서 길이 약 1만 6000킬로미터, 남북 길이 약 1만 5000킬로미터, 면적 1억 6520만 제곱킬로미터. 수치가 증명하듯 태평양은 지구에서 가장 큰 바다다. 그러나 중간을 가르는 날짜 변경선을 기준으로 한국, 필리핀, 일본, 타이완, 인도네시아, 말레이시아 등은 모두 왼쪽으로 치우쳐 있다. 중국과 미국이 줄다리기 시합을 한다면 이미 시작부터 중국에 유리한 형국인 셈이다. 아시아대륙이 미국 본토에서 너무 멀리 떨어져 있기 때문에 펜타곤에서는 거리가 '갑질'하는 이런 제약을 '거리의 폭정tyranny of distance'이라 부르기도 한다. 미국은 이런 제약을 항공모함 운용을 통해 어느 정도 극복했다. 미국은 항공모함 11척, 헬기모함(헬리콥터항공모함) 9척을 전 세계에 전개하고 있다. 미국 외에 4척 이상의 항공모함을 운용하는 국가는 없다. 미 해군이 보유한 1척의 항공모함 전력이 1개 나라 전체 공군력을 상회한다는 말이 괜히 나오는 것이 아니다. 게다가 항공모함은 절대 홀로 움직이지 않는다. 신의 방패라고 불리는 이지스함 3~4척, 2척 이상의 공격형 원자력잠수함, 군수지원함 등을 데리고 전개한다. 한반도 유사시 미국 본토 증원군도 이 항모 전력을 통해 들어오게 된다. 그런데 이 항공모함이 값싼 미사일 한 방에 침몰한다면? 천문학적 돈을 들인 항공모함 전단이 하루아침에 물고기 밥 신세가 될 수 있다.

미중 패권 경쟁이 격화되면서 이제 워싱턴D.C.에서 중국의 군사 전략인 '반접근/지역거부Anti-Access/Area Denial, A2/AD'는 일상 용어가 되었다. 쉽게 풀이하자면 내 앞마당에 못 들어오게 하고, 어떻게 운이 좋아 들어온다고 하더라도 제대로 활동 못 하게 방해한다는 의미다. 상상해보라. 한국전쟁 당시 유엔군의 증원 병력이 해상에서 차단당했더라면 당초 물량으로 밀어붙이는 중국-북한 군세를 극복하기 어려웠을 것이다. 중국은 이를 실현하기 위해 '도련선島鏈線, island chain'이라는 개념을 만들게 된다. 섬과 섬을 사슬처럼 잇는 선이라는 뜻이다. 미군의 접근을 차단하기 위해 중국은 태평양에 총 3개의 도련선을 설정했다.

제1도련선은 쿠릴열도에서 시작해 일본, 타이완, 필리핀, 말라카 해협에 이르는 중국 본토 근해 방위선, 제2도련선은 조금 더 멀리 나아가 오가사와라제도, 괌, 사이판, 파푸아뉴기니까지 아우르는 방위선, 제3도련선은 알류산열도, 하와이, 뉴질랜드 등을 잇는 방위선이다. 한국은 제1도련선 가장 안쪽에 위치해 있다. 중국의 방위 전략은 미군이 제2도련선과 제1도련선 안으로 들어오지 못하게 하는 데 있

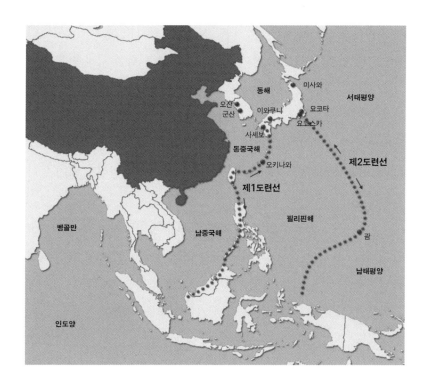

다. 이를 위해 대량의 중거리 미사일, 대함탄도미사일ASBM, 극초음속 미사일 무인기, 잠수함 전력을 배치해놓고 있다. 이뿐 아니라 미군의 통신 체계 교란을 위한 전파 교란용 반위성 장비 개발과 미사일로 직접 위성을 격파하는 우주전 역량, 사이버전 역량 증진에도 힘쓰고 있다. 유사시 초한전의 교리를 제2도련선→제1도련선으로 진입하려는 미군 함정과 전투기에 적용하겠다는 것이다.

한편 지난 2020년 9월 19일 중국 공산당 인민해방군 공군정치공작부 선전문화센터는 세계의 이목을 끈 영상을 공개했다. 핵무기 탑재가 가능한 H-6K 전략폭격기 조종사가 스위치를 누르자 미사일이 활주로를 향해 날아갔다. 땅이 흔들리고 폭발과 함께 기지 전체가 화염에 휩싸였다. 미군 괌 앤더슨 공군 기지를 염두에 둔 협박성 가상 전쟁 영상이었다. 미국 항공모함뿐 아니라 제2도련선과 제1도련선 사이에 있는 주요 미군 기지와 활주로도 공격 표적임을 대놓고 선전한 것이다. 자신들이 구축한 해상 만리장성 근처에 얼씬도 하지 말라는 소리다.

미 공군도 중국의 반접근/지역거부A2/AD 전략에 바짝 긴장하고 있다. 찰스 브라운Charles Brown Jr. 공군참모총장은 2020년 8월 31일 적성국의 반접근/지역거부 역량 진화로 공군력 우위를 장담하지 못하게 되었다고 지적했다. 미 육군은 어떤가? 주한미군 3만여 명이 밀집 배치된 한국은 도련선 제일 안쪽에 위치한다. 중국 동부 해안의 포화 사격 그물망 안에 들어와 있다. 나아가 북한도 반접근/지역거부 전략을 시행하고 있다. 최근 북한이 선보인 회피 기동형 미사일은 미사일 방어망을 뚫기 위해 고안되었다. 또 북한이 개발을 표명한 극초음속 미사일은 다가오는 미군 함정 격침용이란 의도가 다분하다. 주한미군은 정면으로 북한, 측면으로 중국의 십자포화 한가운데 놓인 셈이다. 이 때문에 워싱턴D.C. 일각에서는 주한미군 규모 축소론까지 나오고 있는 실정이다.

실제로 바이든 대통령이 취임한 직후인 2021년 1월 29일 워싱턴 D.C.의 싱크탱크인 퀸시연구소Quincy Institute for Responsible Statecraft는 역내 미군을 대폭 줄일 것을 권고하는 정책 제언 보고서를 발표했다.[14] 보고서는 미국의 역내 군사 우위가 사라지고 있는 현시점에서 주둔 미군과 동맹군의 재편에 대한 어려운 질문에 답해야 한다고 지적했다. 그러면서 역내 주둔 미국의 지상군을 상당한 수준으로 줄일 것을 권고했다. 특히 역내 미군의 지상군과 항공모함 등이 배치된 전진 기지를 대규모로 감축해 중국의 장거리 미사일 공격에 대한 취약성을 보완해야 한다고 강조했다. 보고서는 이 같은 분산 배치 전략을 당장 시작해야 한다고 덧붙였다. 이런 퀸시연구소의 주장이 펜타곤의 속내를 투영하고 있지는 않다. 그러나 모든 싱크탱크는 자신들을 후원하는 유권자의 의견을 정책으로 반영하기 위해 존재한다. 언제든 행정부와 의회의 여론에 반영될 수 있기에 무시할 수 없다. 특히 미국 6대 대통령인 존 퀸시 애덤스John Quincy Adams는 미국의 고립주의 '먼로 독트린Monroe Doctrine'을 표방한 인물이다. 이런 대통령의 이름을 딴 퀸시연구소인 만큼 내세우는 정책은 군사 중심을 지양하고 외교에 초점을 맞추는 것이다. 퀸시연구소는 든든한 영향력을 가진 후원자까지 두고 있는데, 석유 재벌 찰스 코크Charles Koch와 세계적 투자가 조지 소로스George Soros가 2019년 이 연구소를 설립했다.

중국의 반접근/지역거부 역량이 강화될수록 고립주의를 표방하는 미국 유권자의 마음속에는 의문이 싹틀 수밖에 없다. '이렇게까지 해서 아시아를 지켜야 돼? 우리가 세계 경찰 국가야?' 중국 공군이 공개한 괌 폭격 영상은 미국민의 전의마저 상실시키는 심리 효과까지 노린 것이다. 또 다른 초한전의 형태다.

주한미군 셈법 변화의 요인이 된 반접근/지역거부

중국의 반접근/지역거부 전략은 펜타곤이 왜 분쟁 개입에서 '기회비용'을 따지겠다고 강조했는지를 잘 설명해준다. 한국전쟁이나 베트남전쟁에서처럼 20만 명 이상의 병력 투입은 해상과 공중의 우위를 장악했던 시대에나 가능했다. 오늘날은 중국이 구축한 세 겹의 두툼한 해상 만리장성을 뚫고 지나가야 한다. 이런 방어망을 뚫는 작전 수행 도중 미사일이 하나라도 항공모함 또는 수송함에 맞으면 수천 명의 장병은 총 한 방 쏘아보지 못한 채 수장된다. '동맹이 스스로 방어할 힘을 길러야 한다'는 기조도 이 맥락에서 나온다. 미군은 반접근/지역거부 전략에 맞서 장거리·고정밀 타격 역량을 강화하겠다고 공표했다. 멀리서 때린다는 것은 누군가는 앞에서 '몸빵'을 해줘야 한다는 뜻이다. 한국의 경우 북한과 중국의 포화 사격망 한가운데 놓여 있다. 자신들이 진격해 올 때까지 한국이 제1도련선 안에서 스스로 버텨낼 수 있는 역량을 미국은 기대하고 있는 것이다.

그렇다면 동맹과 우방이 1순위 위협(중국, 러시아)에 대해서도 역할을 확대해야 한다고 강조한 점은 어떻게 해석해야 할까? 주목할 대목은 도련선 안쪽에 있는 국가들이 미국의 핵심 동맹(한국, 일본, 필리핀)이나 우방(타이완)이란 점이다. 유사시 이 나라들이 도련선 안쪽에서 해상 만리장성이 허물어지도록 난리를 쳐달라는 주문인 셈이다. 도련선 안쪽 국가들의 무장 강화는 역으로 중국을 만리장성 안에 가두는 효과를 거두기 때문이다.

도련선 가장 안쪽에 위치한 한국을 어떻게 활용할지를 놓고 펜타곤에서는 다양한 시각이 존재한다. 3만 명 가까이 되는 주한미군을 온전히 북한에 활용하는 것이 효율적인지 반문하는 의견도 분명 없지 않다. 중국과 가장 가까이 위치한 한국은 방어에는 취약하지만 공격에는 유리한 양날의 검이다. 중국의 관점에서는 도련선이 확정하고 있는 바다 주머니 가장 안쪽에 있는 날카로운 바늘 같은 존재다. 게다가 미사일 등을 동원해도 침몰시킬 수 없는 불침 항공모함이다. 타이완 유사시 후방 병참 기지 역할도 넉넉히 할 수 있다.

이런 지정학적 가치를 잘 알기에 워싱턴D.C.에서는 한반도 중간지대론이 쉽게 설득이 되지 않는다. 특히 한국과 미국 대중이 인식하는 상호방위조약 범위는 다르다. 많은 한국인은 미국의 방위 의무가 북한 침공에 한정돼 있다고 오해하고 있다. 그러나 한미상호방위조약의 범위는 미군이 참전하는 한 태평양 지역 전체를 포괄한다. 남중국해나 타이완 등 한반도와 떨어진 곳에서 무력 충돌이 발생해도 한국은 자동 참전 의무를 진다. 펜타곤은 한국이 중국의 반접근/지역거부 그물망을 끊을 수 있는 가위 역할을 해주기를 기대하고 있다. 실제로 콜린 칼Colin Kahl 미국 국방부 정책 담당 차관은 2021년 12월 8일 양국이 연합 작전 계획(작계)◆을 최신화하기로 한 데 대해 북한과 '다른 위협'에 대응하기 위한 것이라고 말했다.[15] 칼 차관은 "이 계획은 북한뿐 아니라 역내 다른 도전들에 의해 제기된 위협의 진화를 감안할 때 계속 발전하고 있다"라고 말했다. 다른 위협이 어느 나라를 지칭하는지는 직접 거론하지 않았어도 쉽게 유추할 수 있을 것이다.

한편 미국은 유사시 본토에서 병력을 데려오기에 시간이 걸린

◆　유사시 한국군과 미군이 어떻게 행동할지 명시한 비밀문서. 양국은 2021년 12월 2일 제53차 한미안보협의회의SCM에서 기존 작계를 최신화하기 위해 두 나라 국방장관이 새로운 전략기획지침SPG을 승인했다고 발표했다.

다. 중국의 도련선 안쪽에 현대화된 전력을 갖추고 있는 두 나라는 한국과 일본이다. 따라서 대중국 전략을 효과적으로 이행하려면 두 나라 간 관계 개선이 필수적이다. 일례로 한미일은 2023년 4월 3일부터 이틀 동안 제주 남방 공해에서 대잠수함전 훈련을 실시했다. 2022년 9월 이후 6개월 만의 훈련이다. 명목상 훈련 이유는 북한의 고도화되는 수중 위협 때문이라고 밝혔다. 그러나 훈련 장소가 제주도라는 점이 눈에 띈다. 한반도 유사시 최후방 지역으로 분류되기 때문이다. 미국의 속내에서는 3국 간 군사 협력이 북한 유사시로만 한정돼 있지 않다. 북한 위협은 세 나라가 중국을 자극하지 않으면서 상호 운용성을 강화하기에 좋은 명분이다. 앞으로 전개될 한미일 훈련이 북한 위협을 명분으로 내세우는 동시에 중국 견제를 염두에 두고 있을 가능성이 높다.

킬체인에서 킬웹으로:
진화하는 미국 군사 전략

유무형의 창과 방패를 갖춘 중국에 맞서기 위해서는 종래와는 한 차원 다른 전략이 필요하다. 사이버 공격에 견뎌낼 수 있어야 하고, 십자포화 사격 때문에 뭉쳐 있어서도 안 된다. 서로 분산되어 있어도 하나의 유기체처럼 움직여 공격과 방어를 할 수 있어야 한다. 미군은 그 방안을 '킬웹Kill Web'에서 찾았다. 이 개념을 이해하기 위해서는 우선 근간이 되는 '킬체인Kill Chain'을 알아야 한다.

마른 밤하늘에 번개 치는 장면을 본 적 있는가? 퍽이나 인상적이다. 구름 속 한 점에서 시작돼 재빠르게 갈지자로 움직이다가 지표면에 내리꽂힌다. 곁가지가 좌우로 뻗치지만 몸통은 한 줄기를 그리며 생을 마감한다. 그러면 다른 번개가 같은 방식으로 태어나 생애 주기를 반복한다. 북한의 핵 실험 이후 킬체인이라는 용어가 언론상에 자주 오르내린다. 그러나 그 원리를 제대로 이해하는 사람은 드물다. 영문을 그대로 직역하자면 '죽음에 이르게 하는 연쇄 반응'이라는 뜻이다. 우리 말로는 '선제 원점 타격'으로 풀이된다. 하나의 시작점에서 마무리 단계까지 신속하게 이루어지는 과정이 마치 위에서 묘사한 번개를 연상케 한다.

제1차 걸프전 당시 이라크군의 이동식 미사일 발사대Transporter Erector Launcher, TEL에 장착된 스커드 미사일 공격으로 미군은 골치를 앓았다. 적이 스커드 미사일을 쏴서 발사 원점으로 날아가봤더니 이미 다른 곳으로 사라진 뒤였기 때문이다. 이 문제를 해결하기 위해 미국은 새로운 타격 방식을 고안해냈다. 우선 인공위성, 정찰기 등을 통해 목표물을 '탐지'한다. 이후 피아 식별을 위한 '확인' 단계를 거친 뒤 이동하는 표적물을 '추적'한다. 이어서 어떤 무기 체계로 때릴지를 판단하는 '결심' 과정을 거치고, '교전' 명령을 하달한다. 마지막으로 다시 공격할 필요성이 있는지 피해를 '평가'하는 단계를 밟는다. 만약에 추가 공격이 필요하다고 판단되면 다시 처음부터 단계를 밟는다. '탐지Find → 확인Fix → 추적Track → 결심Target → 교전Engage → 평가Assess'로 이어지는 이 여섯 단계가 바로 타격 순환 체계 또는 킬체인이다. 빠르면 10분 이내로 타격하는 것을 목표로 하는 만큼 긴급을 요구하는 표적물을 대상으로 한다.

2013년 10월 1일 박근혜 대통령이 국군의 날 기념사에서 킬체인 조기 구축을 공표하면서 이 용어가 한국 대중에게 서서히 알려지게 되었다. 이후 북한의 위협이 고조될 때마다 한국군 당국, 언론은 '킬체인'이란 용어를 남발하기 시작했다. 그런데 정작 중국과 러시아 간 거대 패권 경쟁에 돌입한 워싱턴D.C.에서는 '킬웹'이라는 용어가 킬체인을 대체하기 시작했다. 직역하자면 '죽음에 이르게 하는 그물망'

으로, '타격 그물망 체계'를 가리킨다.

미국 육군 우주미사일방어사령부United States Army Space and Missile Defense Command, USASMDC, SMDC는 육군의 탄도미사일 방어를 전담하는 기관이다. 대니얼 카블러Daniel Karbler 우주미사일방어사령관(중장)은 2020년 9월 10일 기자들과 만나 '킬웹' 개념을 이렇게 언급했다.

킬체인이 단계를 순서대로 밟아 나가는 연쇄적 방식이라면, 킬웹은 다른 전장 영역에 있는 다양한 종류의 역량을 융합해converge 적성국에 영향을 끼친다는 차이가 있습니다.

카블러 사령관은 킬웹의 핵심은 공격과 방어의 통합에 있다고 말했다. 그는 일례로 적성국이 미사일을 쏘는 경우를 들었다. 킬웹은 날아오는 미사일을 요격하는 동시에 발사 원점 인근에 전개해 있는 공격 자산을 통해 원점 타격도 가능하게 한다고 말했다. 이어 육군이 최근 고정밀·장거리 타격 역량 개발에 집중하는 것도 킬웹 셈법을 도입하기 위함이라고 덧붙였다. 육군은 다른 군대(해군, 공군)에 비해 사거리가 짧다. 고정밀·장거리 타격 역량을 개발한다면 다른 군대가 육군의 무기 체계를 마치 자신들의 무기처럼 사용하는 것이 가능하다고 강조했다.

현재 주한미군사령관으로 재직 중인 폴 라캐머라Paul LaCamera 대장은 주한미군사령관에 부임하기 직전 인도태평양육군사령관을 지냈다. 2021년 3월 30일 워싱턴의 민간 싱크탱크 전략국제문제연구소 Center for Strategic and International Studies, CSIS 대담에 참석한 라캐머라 대장도 킬웹의 중요성을 강조했다.

앞으로 킬웹을 어떻게 적용할지 궁리해야 합니다. 화살을 쫓는 일이 아닙니다. 화살을 쏘는 궁병을 맞히는 데 초점을 맞춰야 합니다. 이것을 어떻게 성공적으로 이행할지 고민해야 합니다.

목적은 동일하게 원점 타격인데 번개와 같이 하나의 '연쇄'로 나아가는 방식(킬체인)과 '그물망'으로 사냥하는 방식(킬웹) 사이에는 어떤 차이가 있을까? 다시 한 번 킬체인이 적 섬멸에 이르는 과정을 살펴보자. 탐지→확인→추적→결심→교전→평가의 여섯 단계를 넘어갈 때마다 시간 차가 발생한다. 지상(육군), 하늘(공군), 바다(해군)를 담당하는 군대는 각각 고유의 정찰 체계와 무기 체계로 이런 연쇄 반응의 처리 과정을 거쳐 표적물을 제거한다. 그런데 각 군이 가진 무기 체계의 처리 연산 속도는 다르다. 이에 따라 전쟁터에 육군, 해군, 공군, 해병대 등이 뒤섞여 있는 상황에서 하나의 표적물을 두고 누가 처리할지 혼동이 발생한다. 각 군은 목표물 제거 처리 속도가 서로 다르다. 가령 해군이 표적물 A를 제거하기 위해 킬체인 과정을 밟는 동안 육군, 공군 또는 해병대는 자신들의 킬체인을 적용하지 못한 채 대기하고 있어야 한다. 비효율이 발생하는 것이다.

킬웹, 수분서 수초로 줄어드는 타격 시간

그렇다면 킬웹을 활용할 경우 전쟁터 모습은 어떨까? 가령 미 공군의 F-35 스텔스 전투기가 적 탱크부대를 발견했다고 치자. 적 탱크부대는 15킬로미터 떨어진 아군 육군 부대를 향해 전진 중이다. 그런데 육군에서는 사거리가 4.8킬로미터밖에 안 되는 FGM-148 재블린 대전차미사일을 보유하고 있다. 탱크가 유효 사거리 안에 들어오기 전까지 육군이 할 수 있는 것이 없다. 한편 인근 바다에 있는 해군 구축함의 경우 수천 킬로미터에 달하는 순항미사일을 보유하고 있어 탱크부대를 공격할 수 있다. 다만 표적물을 실시간으로 추적할 수 있는 위치 정보는 갖고 있지 못하다. 이런 상황에서 F-35 조종사는 자신의 레이더에 나타나는 탱크부대의 위치 정보를 주변 구축함에 보낸다. 이어서 조종사는 조종석에서 조종간의 발사 버튼을 누른다. 그러자 구축함에서 순항미사일이 발사된다. 조종사는 날아가는 미사일을 원격으로 유도해 탱크부대를 정확하게 타격한다. 남의 동네 무기를 마치 내 것처럼 빌려서 자유자재로 쏜 것이다. 이 밖에 하나의 킬체인이 중간 단계에서 통신 방해 등으로 인해 교란되거나 못 쓰게 될 경우 다른 군대가 사용하고 있는 킬체인으로 갈아탈 수도 있다. 그물의 한 교점node이 끊겨도 다른 줄기로 옮겨 타서 '적 섬멸'이란 목표를 달성할 수 있다.

각 군의 독자 킬체인을 그물망처럼 포개어 서로의 킬체인을 공유할 수 있는 방식이 타격 '그물망' 체계, 킬웹의 핵심이다. 이를 통해 타격 효율성을 극대화하는 동시에 소요 시간도 대폭 줄일 수 있다. 실제로 라이언 매카시Ryan McCarthy 육군장관은 2020년 10월 7일 허드슨연구소Hudson Institute가 주최하는 대담회에 참석해 육군이 관련 실험을 진행 중이라고 언급한 바 있다. 그는 '프로젝트 컨버전스' 실험을 소개하면서, 육군이 F-35 스텔스 전투기와 해병대 자산과 합동군 관

킬체인과 킬웹의 구조 차이

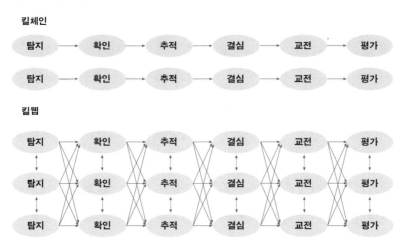

킬체인은 단선형 연쇄 구조라서 각 킬체인이 따로 작동하는 구조라면, 킬웹은 복수의 킬체인을 서로 포개어 그물망처럼 여러 경로를 취할 수 있는 방식이다. 이를 통해 한 킬체인 경로가 끊겨도 다른 경로로 갈아타면서 타격을 실행할 수 있다.

점에서 정보를 공유하고 표적을 타격하는 데 초점을 맞췄다고 밝혔다. 매카시 장관은 이 실험을 통해 사격 명령을 내리기 직전까지 소요되었던 수분의 시간을 45초 이내로 줄였다고 강조했다.

그렇다면 미군은 왜 이런 타격 셈법의 진화를 고심하게 되었을까? 앞서 소개한 중국의 반접근/지역거부 전략이 계기가 되었다. 미국은 더 이상 해군과 공군에서 우위를 확실히 점할 수 없게 되었다. 중국의 견고한 해상 만리장성을 넘으려면 각 군이 별개로 움직여서는 안 되고 하나의 유기체처럼 행동해야 한다. 가령 해군은 육군과 비교해 장거리에서 투사할 수 있는 역량을 갖고 있다. 그러나 중국군의 포화 사격 때문에 연안으로 접근이 제한된다. 공군 역시 해군보다 더 넓은 시야를 갖고 있지만 촘촘한 적의 방공망과 운항 시간의 제약이 있다. 육군은 지상 교두보를 확보하면 진지 구축 등을 통해 적의 포화 사격을 견뎌낼 수 있다. 그러나 사거리가 다른 군대에 비해 짧은 단점이 있다. 만약에 육군이 지상에서 무인기 레이더를 통해 적을 파악하고 공군이나 해군과 연동해 장거리 타격 무기 자산을 원격으로 쓸 수 있다면, 육군 독자 역량만으로는 어려웠던 표적 타격이 가능해진다. 게다가 육군이 장거리·고정밀 타격 역량을 확보한다면, 공군이나 해군도 육군의 타격 체계를 자신들의 공격 수단 선택지로 사용할 수 있다.

각 군의 경계를 허무는 다영역 작전

이런 역량을 현실화하려면 하늘을 담당하는 공군도 지상과 해상의 전투에 적극 관여할 수 있어야 한다. 육군도 연안에 들어온 적 구축함을 파괴할 수 있는 해상 공격 능력이나 공중의 적 항공기를 격추할 수 있는 능력을 구비해야 한다. 마찬가지로 해군도 공중과 지상 전투 능력을 확보해야 한다. 지금까지 각 군이 세분화해 맡았던 영역인 땅(육군/해병대), 하늘(공군), 바다(해군), 우주(우주군)의 경계선을 허물어야 한다는 의미다. 땅, 하늘, 바다, 우주, 사이버로 나뉘었던 전장에 각 군이 모두 개입할 수 있는 역량을 군사 용어로 '다영역 작전Multi-Domain Operation, MDO'이라 부른다.

펜타곤 고위 당국자는 다영역 작전의 구체적인 모습을 묻는 내 질문에 이렇게 대답했다. "비행만 잘할 수 있는 조종사보다 코딩 능력을 갖춘 평범한 조종사가 더 중요해진 시대입니다. 하늘에서뿐 아

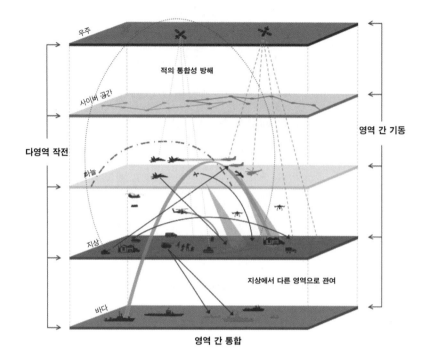

니라 지상에서도 실시간으로 코딩을 할 줄 아는 지상 요원이 필요합니다." 이 당국자는 레이더로 표적물을 발견한 F-35 전투기가 지상에 배치된 무기 체계를 작동시키려는 상황을 예로 들었다. 각 군의 독자 운용 체계를 '하나'처럼 움직이려면 그런 명령을 '번역'할 수 있는 '코딩 변환'이 필수적이라고 설명했다. 서로 간의 영역에 대한 이해 없이는 불가능하다고 말했다.

각자의 전문 영역을 뛰어넘어 서로의 강점을 조합해서 공격하는 방식. 어딘가 익숙하지 않은가? 맞다. 앞서 설명했던 중국의 초한전 교리와 상당히 유사하다. 중국이 비군사 부문까지 아우르는 영역을 뛰어넘는 공격 방식을 고안하고 있다면, 미국은 군사 분야에서 공격 조합의 완전한 융합을 목표로 하고 있다.

실제로 중국을 겨냥하고 있는 인도태평양사령부는 다영역 작전에 특화된 여단급 육군 부대인 다영역임무군Multi-Domain Task Force, MDTF 3개 중 2개(제1다영역임무군, 제3다영역임무군)를 배치해놓고 있다. 또 미국 인도태평양사령부는 정례적으로 태평양 내 최대 모의 전쟁 훈련war game인 '밸리언트 실드Valiant Shield'를 실시하고 있다. 통상 핵항공모함 등의 함정과 약 100여 기의 전투기, 병력 1만여 명이 동원된다. 최근 훈련 내용은 합동군의 다영역 작전 역량 강화에 초점을 맞추고 있다.[16]

그런데 어설픈 조합만큼 위험한 공격 방식도 없다. 2018년 평창 동계올림픽 아이스하키 남북단일팀 논란을 떠올려보자. 정치적 고려 사안을 따지기 전에 경기력 측면에서 최대 장애 요소였다. 무엇보다 호흡을 맞추기 위한 연습 기간이 짧았다. 상승효과를 얻기 위해서는 남북 선수끼리, 그리고 감독과 선수 간 소통이 전제돼야 한다. 미군도 마찬가지다. 각기 따로 놀던 군대를 하나의 유기체로 만들기 위해서는 가장 효율적인 공격 조합을 구성해 적시에 명령 내릴 수 있는 구조가 필요하다. 이를 위해 펜타곤은 각 군이 별도로 운용하는 정보 수집 센서와 전술 통제망을 단일화하는 지휘 통제 연결망 구축을 서두르고 있다. 이 사업의 정식 명칭은 합동전영역지휘통제Joint All Domain Command & Control, JADC2로 말 그대로 모든 영역을 아우르는 지휘 통제 체제인 셈이다.

2020년 9월 25일 실시한 밸리언트 실드 훈련. 미 합동군이 모두 참여하는 최대 규모의 연
례 훈련이다. F-22 전투기, B-1B 전략폭격기 등 군용기가 총동원된다.

출처: 펜타곤 국방영상정보배포서비스

로이드 오스틴Lloyd Austin 국방장관은 2021년 5월 13일 향후 합동
전영역지휘통제 구조를 각 군에 이식하는 데 필요한 방향을 담은 기
밀 지침에 서명했다. 아직은 설계 초기 단계라는 이야기다. 하지만
펜타곤의 움직임이 심상치 않다. 향후 이 구조가 합동군을 넘어 동맹
군에까지 적용될 것이라고 예고했기 때문이다.

실제로 나는 2021년 6월 4일 이 사업을 관장하고 있는 데니스 크
롤Dennis Crall 합동참모본부 지휘통신참모(J6)에게서 향후 동맹군에 적
용할 구체적인 계획을 들을 수 있었다. 그는 "미국은 동맹과 우방 없
이 단독으로 어떤 문제에 관여하지 않는다"라고 강조했다. 합동전영
역지휘통제는 미국과 첩보 동맹을 맺고 있는 이른바 '파이브아이즈

Five Eyes, FVEY' 나라들인 영국, 캐나다, 호주, 뉴질랜드에 우선 적용될 것이라고 말했다. 다만 설계 초기 단계이고, 높은 설비 투자와 도입 비용이 요구되는 만큼 이와 연계한 '비용 분담'은 필연적이라고 덧붙였다. 그는 비용 때문에 참여를 꺼리는 동맹이나 우방이 있을 것으로 보지만 "늦게 참여할수록 손해 보게 될 것"이라고 덧붙였다.

합동전영역지휘통제를 동맹군에도 확대 적용하겠다고 예고한 대목은 의미심장하다. 한국군은 현재 독자 전술 정보망인 링크-K Link-K를 운용하고 있다. 그러나 미군의 정보망인 링크-16 Link-16과 완전히 호환되지 않아 종종 어려움이 발생한다. 서로의 정보가 완전하게 전달되지 않는 것이다. 결국 한국 국방부는 미군의 정보망인 링크-16과 통합하는 방향으로 추진 중이다. 펜타곤의 속내는 링크-16을 합동전영역지휘통제에 연동해 합동군뿐 아니라 동맹도 하나의 몸통처럼 자유자재로 움직이는 데 있다. 그러나 이는 한국군이 미군에 종속될 수 있는 양날의 검이기도 한 만큼 쉽지 않은 문제다.

한편 미군이 다영역 작전을 채택한 데는 수십 년간 국방 예산 압박을 받고 있는 현실의 셈법도 반영되었다. 펜타곤이 분류한 1순위 위협인 중국과 러시아, 2순위 위협인 북한과 이란, 3순위 위협인 테러는 각기 다른 역량을 갖고 있다. 종래의 셈법이라면 각각 적성국의 역량에 맞는 군대를 따로 준비해야 한다. 하지만 '한정된 예산'을 가진 미국으로서는 여유가 없다. 다영역 작전의 전쟁 교리는 중국과 같은 최대 패권 경쟁국이든 그보다 위험 순위가 낮은 북한과 같은 대상이든 분리 대응하지 않고 모든 상황에 대처할 수 있는 군대로 탈바꿈하는 것을 목표로 한다. 더 이상 한 가지 위협에 특화된 전문 군대는 '비용 대 효과'가 나오지 않는다.

이런 셈법은 한반도 안보 셈법에 직결되는 문제다. 주한미군도 다영역 작전과 연계해 진화할 수밖에 없기 때문이다. 실제로 존 머레이John Murray 미 육군 미래사령관은 지난 2021년 1월 25일 주한미군에도 다영역 작전을 적용될 것이라고 언급한 바 있다.[17] 머레이 사령관은 "현재 주한미군으로부터 관련 요청을 받고 특정 군수 물자 개발을 진행 중"이라고 밝혔다. 특히 주한미군사령관이 육상과 공중 기반 무인기뿐 아니라 육군이 개발 중인 차세대 장거리 타격과 방공 역량에도 깊은 관심을 나타냈다고 말했다. 그러면서 이런 역량은 한반도 전장 환경에 상당한 영향을 끼칠 것이라고 말했다.

북한과 중국을 동시에 상대할 수 있는 군대로 탈바꿈한다는 것은 주한미군 활용 용도가 잠재적으로 한반도에서 인도태평양 전체를 아우를 수 있는 군대로 바뀐다는 의미다. 펜타곤이 주한미군을 한반도 '붙박이 군대'로 두고 싶어하지 않는 속내와 긴밀히 연계돼 있다. 남중국해나 타이완해협 유사시 언제든 출동할 수 있는 군대로 변신하게 되는 것이다. 그렇다고 한반도를 떠난다는 의미는 아니다. 도련선 가장 안쪽에 있는 한반도에 상주하면서 중국 목 밑에 비수를 겨눌 수 있기 때문이다. 주한미군의 구성은 육군이 대다수를 차지한다. 펜타곤 당국자들이 육군의 장거리·고정밀 타격 역량 획득을 다영역 작전 최우선 과제로 강조하고 있는 것도 중국을 염두에 둔 행동일 가능성이 높다. 분명한 사실은 펜타곤의 시야가 더 이상 한반도에만 국한돼 있지 않다는 점이다.

2장

동북아 핵 2.5 시대

가중되는 미국의 부담

미국 전략사령관의 경고:
"역사상 처음 직면한 현실"

우리나라는 역사상 처음으로 핵 투사가 가능하고 (미국과) 거의 대등한 역량을 가진 두 전략적 적성국을 동시에 대처해야 하는 현실에 직면하고 있습니다.

찰스 리처드Charles Richard 제독은 미국이 보유한 모든 핵무기를 관리하고 유사시 발사를 관장하는 전략사령관이다. 2021년 상원 군사위원회 청문회에 출석한 리처드 사령관은 유달리 상기된 표정을 지은 채 말문을 열었다. "두 전략적 적성국two strategic adversaries" 그리고 "동시에at the same time"라는 말에 엄중한 무게가 실려 있었다.

찰스 리처드 사령관이 지목한 두 적성국은 중국과 러시아. 리처드 사령관은 중국을 겨냥해 "더 이상 냉전 시절처럼 간과 가능한 핵 위협으로 간주할 수 없는 현실에 이르렀다"라고 지적했다. 특히 중국의 핵무기 역량 급증은 "[중국이] 10년 안에 미국과 전략적으로 어깨

찰스 리처드 전략사령관은 2021년 4월 20일 상원 군사위원회에 출석해 미국은 역사상 처음으로 복수의 핵보유국과 동시에 경쟁해야 하는 어려운 시기를 맞이하고 있다고 경고했다.

를 나란히 하고자 하는 계획의 일환"이라고 말했다. 나는 이틀 뒤 리처드 사령관과 마주한 펜타곤 기자회견에서 같은 우려를 다시 한 번들을 수 있었다. 리처드 사령관은 세상이 변했다는 점을 새삼 강조했다. "적성국을 하나하나 차례로 억제하는 사치를 부릴 여유가 더 이상 없습니다." 그러면서 임무를 달성하기 위해서는 핵 운반 체계◆와지휘 통제 역량, 준비 태세와 훈련 상황을 종합적으로 고려해 모든

◆ 핵탄두를 싣고 적성국에 투발할 수 있는 수단을 의미한다. 지상 투발 수단으로 대륙
  간탄도미사일ICBM, 공중 투발 수단으로 전략폭격기, 해상 투발 수단으로 전략핵추
  진잠수함이 있으며, 이 3개 요소를 '핵 운반 3축 체계Nuclear Triad'라고 부른다.

적성국에 동시에 대처해 나가야 한다고 말했다.

실제로 리처드 사령관의 경고가 빈말이 아니라는 점을 증명하듯, 전략사령부는 전날 보도자료를 내고 그동안 비밀리에 진행해온 극비 훈련을 전격 공개했다. 억제갈등확산 모의검토훈련Deterrence and Escalation Game and Review Exercise, DEGRE으로 불리는 이것은 복수의 핵무장 적성국과의 실전 상황을 염두에 둔 억제력 모의 훈련, 이른바 워게임war-game이다. 지난 2009년부터 연례적으로 실시했지만 대중에게 공개한 것은 이번이 처음이었다. '21세기에 핵전쟁 모의 훈련이라니.' 냉전 시대 미국 시민들이 핵 방공호 대피 훈련을 하던 영상이 뇌리를 스쳐 지나갔다.

전략사령부의 설명에 따르면 전략사령부 외에도 인도태평양, 수송, 우주, 사이버, 북부사령부 등 5개 미군 통합전투사령부와 해군참모대학교Naval War College, 북대서양조약기구 본부 미국 측 인원들이 훈련에 참가했다. 훈련은 미국의 고위 관리들을 청군blue team, 가상 적성국 전문가들을 홍군red team으로 나눠서 실시했다고 한다. 구체적으로 어떤 국가들을 염두에 두고 실시했는지는 공개하지 않았다. 다만 인도태평양사령부와 북대서양조약기구가 평시에 적성국으로 간주하고 있는 대상은 중국, 북한, 러시아다. 적어도 핵 강대국 중국과 러시아가 포함되었을 것이라고 쉽게 유추할 수 있었다. 또 수송사령부의 참여는 복수 지역에 대량의 병력과 물자 이동 임무, 북부사령부의 참여는 미국 본토 방어 임무, 우주와 사이버사령부의 참여는 통신과 지휘 통제 체계 교란 임무가 부여되었음을 나타낸다.

워낙 비밀스러운 훈련이었기에 조금이라도 실체를 파악하기 위해 곧바로 군사 전문가들에게 자문을 하고 실제 훈련에 참가한 당사자들을 취재했다. 세계 유수의 군사 연구소인 랜드연구소RAND Corporation에서 48년 동안 일한 브루스 베넷Bruce Bennett 박사는 핵전략과 북한 문제를 다루어온 전문가다. 1990년에는 미국 외교 전문지 《포린폴리시Foreign Policy》가 꼽은 세계 100대 사상가 앤드루 마셜Andrew Marshall◆을 도와 한반도 유사시를 상정한 모의 전쟁 훈련war gaming에도 참여했다.

베넷 박사는 전략사령부가 억제갈등확산 모의검토훈련을 공개했다는 사실을 공유하자 깜짝 놀라 했다. 그는 "민감한 훈련이기 때문에 실시를 공표하는 것 자체가 이례적"이라고 평가했다. 중국과 갈등이 확산되는 상황에서 동시에 러시아와 북한의 핵을 억제하는 방안을 연습했을 가능성이 있다고 예상했다. 특히 해당 훈련에서 동맹과의 관여에도 초점을 맞췄다는 점에 주목했다. 중국과 유사시 상황에서 지리적으로 가까운 한국에 미치는 영향을 재조명했을 가능성이 높다는 설명이었다.

반면 실제 훈련에 참가한 해군참모대학교의 제임스 홈스James Holmes 교수는 구체적인 말을 아꼈다. 다만 개인 의견을 전제로 확실히 말할 수 있는 것은 기존 핵 억제 전략의 변화가 불가피하다는 점이라고 강조했다. 특히 미국은 러시아뿐 아니라 중국, 북한 등 다양

◆ 앤드루 마셜(1921~2019)은 8명의 미국 대통령과 13명의 국방장관 밑에서 미국 국방장관 직속 총괄평가국ONA 국장을 지내며 안보 전략을 설계했다. 특히 그가 제시한 '총괄 평가Net Assessment'는 미국의 무기 체계와 전력, 군수 등 국방의 모든 영역을 경쟁국과 철저히 비교해 미래 군비 경쟁을 준비하는 핵심 개념으로 사용되었다.

한 크기와 인구 규모, 경제력과 이해관계를 갖고 있는 핵 보유 적성국들을 동시에 억제해야 한다는 사실을 지적했다. 가령 대북 핵 억제를 위한 미국의 노력을 중국이 액면 그대로 받아들일 것인지, 아니면 중국을 겨냥하고 있다고 오판할 것인지 등 복잡성이 이전보다 훨씬 증대되었다고 말했다. 홈스 교수는 냉전 시기와 견주어 실제 핵무기 사용 상황이 벌어질 가능성이 오히려 높아졌기 때문에 이 같은 모의 훈련은 불가피하다고 덧붙였다.

두 사람의 설명으로 유추해보면 북한이 향후 8차 핵 실험 등 추가 핵 도발을 강행할 경우 나타날 수 있는 복잡한 경우의 수를 상상해 볼 수 있다. 미국이 전략폭격기, 핵추진잠수함 등의 전략 자산을 한반도에 전개할 경우, 중국은 이런 조치가 자신들을 겨냥한 것으로 간주하고 대응에 나설 수 있다. 동북아 핵 2.5 시대의 본질은 중국이 북핵 대응 맞불 작전으로 한국 또는 타이완, 일본을 겨냥해 핵 공갈을 칠 수 있다는 점이다. 이 경우 갈등이 한반도를 넘어 지역 전체로 확산될 수 있다. 중국이 지난 2016년 대북 방어 무기에 불과한 사드 THAAD 배치 문제를 두고 경제 보복을 단행한 것보다 훨씬 더 공세적으로 나올 수도 있다.

중국 2035년경 핵탄두 1500개

도대체 중국의 핵 역량이 얼마나 급격하게 변화했길래 펜타곤이 이토록 호들갑을 떠는 것일까? 펜타곤이 2022년 9월 의회에 제출한 대중국 보고서에 따르면 중국이 보유한 핵탄두는 400개를 돌파한 것으로 추정했다. 이어 중국이 현재의 핵무기 확장 속도를 계속 유지

한다면 2035년경에 약 1500개를 실전 배치할 가능성이 높다고 분석했다.[1] 1500개가 얼마나 큰 숫자인지 실감이 나지 않는다면 세계 핵탄두 보유고 순위를 비교해보자.

미국과학자연맹Federation of American Scientists, FAS의 최신 자료에 따르면 2023년 기준 전 세계 핵탄두 보유량은 러시아, 미국, 중국 순으로 각각 5889개, 5244개, 410개다.[2] 1500개는 중국이 러시아, 미국에 이어 세 번째로 네 자릿수 핵보유국에 등극한다는 의미다. 특히 주목해야 할 내용은 비록 미국이 두 번째 자리를 차지했지만, 핵무기 노후화 등으로 인해 보유량이 줄어드는 추세인 반면에 러시아와 중국은 모두 증가세를 보이고 있다는 대목이다. 북한의 경우 언제나 실제 핵보유량을 두고 전문가 사이에 이견이 있는 편이지만 미국과학자연맹은 40개 이상으로 추정하면서, 역시 증가세를 보인다고 밝혔다.

한 발만으로도 도시 하나는 거뜬히 날려버릴 수 있는 핵폭탄을 러시아, 중국, 북한이 급격히 늘리고자 하는 의도는 무엇일까? 한반도 문제에 정통한 펜타곤 관계자가 개인 의견을 전제로 나에게 해준 말이 아직도 뇌리에 생생하다. "한국 국민의 일반적인 인식과는 달리 핵폭탄을 맞는 순간 그것으로 모든 것이 끝나는 건 아닙니다. 오히려 군사적 관점에서는 전쟁 개시 첫날, 바로 D데이에 해당하는 순간이죠. 핵 공격을 포함한 미국과 한국의 무력 보복이 시작되는 것을 의미하기도 해요. 첫 핵 피폭으로 인한 대량 인명 손실의 참혹함을 간과한다는 것은 물론 절대 아닙니다. 하지만 그런 피해에도 불구하고 여전히 충분한 응징 보복 수단은 남아 있습니다. 전쟁은 이제 막 시작된 것일 뿐이죠."

이 관계자의 말처럼 우리는 흔히들 한쪽이 핵을 쏘면 다른 한쪽 역시 핵 보복 공격을 해 서로가 멸망하는 '게임 오버' 상황만을 상상해왔다. 서로가 이런 상황을 꺼리기 때문에 그동안 핵을 함부로 쏘지 못한 것이다. 이 같은 공포의 심리를 전문 용어로는 '상호확증파괴Mutual Assured Destruction, MAD'라 부른다. 스탠리 큐브릭 감독의 고전 영화 〈닥터 스트레인지러브Dr. Strangelove〉에서 이 개념을 잘 묘사했다. 과대망상증에 걸린 미군 공군 장성이 핵 공격 명령을 내리고, 방공망을 어렵게 뚫은 미군 전략폭격기 한 대가 핵탄두를 구소련 땅에 떨궜다. 그러자 그동안 지하 속 베일에 가려져 있던 자동 핵 반격 명령 장치 '세계 멸망의 날 기계Doomsday Machine'가 작동을 시작한다. 이 기계는 핵 폭발이 감지되면 사람의 조작 없이 자동적으로 미국 또는 미국의 우방국을 겨냥해 구소련이 보유한 모든 핵무기를 쏘는 장치다. 그럴 경우 피아 구별 없이 지구 표면 전체가 방사능으로 오염된다. 그리하여 살아남은 소수의 인류는 수백 년 동안 지하에서 생활하게 된다. 결국 핵폭발이 잇따라 일어나는 암울한 결말로 영화는 막을 내린다.

그러나 상호확증파괴 공포에도 불구하고 실제 핵전쟁이 시작될 경우 승리를 결정 짓는 요소는 2차, 3차 핵 공격을 가할 수 있는 핵무기 양이다. 그리고 이런 보복 역량을 가늠할 수 있는 것이 한 나라가 보유한 핵탄두 총량이다.

중국, 최소 억제에서 최대 억제로 전환

현존 핵무기 보유국은 전 세계 9개 나라다. 이 중 네 자릿수 핵 탄두를 보유하고 있는 미국, 러시아를 제외하고 중국을 포함해 영국, 프랑스, 이스라엘, 인도, 파키스탄은 이른바 '최소 억제Minimum Deterrence' 정책을 유지해왔다. '최소 억제'란 상대보다 핵무기 보유량이 적더라도, 2차 핵 보복 공격 능력을 구비해 상대국이 섣불리 먼저 핵 단추를 누르기 어렵게 만드는 전략을 말한다. 40개 안팎의 핵탄두를 보유한 북한은 그동안 최소 억제 정책을 취하고 있는 것으로 여겨졌다. 그러나 2022년 9월 8일 북한 최고인민회의에서 선제 핵 공격을 선택지에 포함시키는 핵무력법을 채택하는 등 공세적인 핵 정책을 노골적으로 드러내면서, 최소 억제를 포기한 것 아니냐는 관측이 나오고 있다.[3]

중국 역시 마찬가지로 2000년대 초반까지 최소 억제 정책을 취하고 있는 것으로 여겨졌다. 중국은 1960년 첫 핵 실험에 이어 1967년 수소폭탄 실험까지 감행했다. 이런 움직임에 미국은 잔뜩 긴장할 수밖에 없었다. 당시 미국 수뇌부는 구소련이 신생 핵보유국 중국의 상전 노릇을 할 가능성이 크다고 보고, 핵 균형의 추가 기울어질 것이라고 여겼다. 소련과의 핵 경쟁에 중국까지 끼어들자 미국 핵우산 아래 있던 일본에서는 핵무장론까지 촉발되었다.

그러나 그것은 기우였다. 중국의 핵 개발은 오히려 구소련과의 해묵은 갈등의 산물이었기 때문이다. 조지프 스탈린이 죽은 뒤 공산주의 노선을 놓고 양국이 첨예하게 대립하자 중국은 구소련의 간섭에서 벗어나기 위해 핵 개발에 나선 것이다. 실제로 1969년에 국경 경계선을 두고 두 나라 군대가 충돌했다. 중국에서는 문화혁명이 벌어지고 있던 시기다. 군대 내부 숙청까지 이루어지고 있던 탓에 준비태세는 형편없이 떨어진 상태였다. 그러나 중국이 보유한 핵무기 때문에 구소련은 우위를 점하지 못했다. 기술적으로 떨어지고 수량도 적은 중국의 핵무기였지만 구소련은 함부로 공격할 수가 없었다. 핵 강대국 구소련을 상대로 최소 억제력을 발휘한 것이다.

최소 억제력을 유지하겠다는 나라들은 핵을 먼저 쏠 생각을 하지 않는다. 핵 전면전으로 치닫게 되면 결국 핵 보유량이 적어 패배할 수밖에 없기 때문이다. 스스로 먼저 핵을 쏘지 않겠다고 미리 약속하는 나라들도 있다. 대표적인 나라가 중국, 인도다. 이 나라들은 '핵 선제 불사용 원칙'을 발표함으로써 자신들의 핵전략은 '최소 억제력'에 기반하고 있다는 점을 세계에 적극적으로 알리고 있다. 중국은 표면적으로 여전히 핵 선제 불사용 원칙을 유지하고 있다. 그러나 동시에 호혜성 원칙을 토대로 미국에도 핵 선제 불사용 원칙을 공표해줄 것을 줄기차게 요구하고 있다. 미국이 유사시 핵 선제공격을 못하도록 미리 손을 묶어두기 위한 의도다. 그러면서 자신들은 핵무기 숫자를 급속도로 늘리고 있다. 이 때문에 미국은 중국이 최소 억제에서 '최대 억제Maximum Deterrence'로 전환하고 있는 것은 아닌지 의심의 눈초리를 보내기 시작했다.

다시 한 번 복기해보자. '최소 억제'는 '내가 핵 공격을 먼저 당하더라도 보복 공격을 가해 조금이라도 상대를 망가뜨려놓고 죽을 거야'라는 동귀어진 작전에 가깝다. 따라서 많은 숫자의 핵무기가 필요 없는 수동적 태세다. 반면에 '최대 억제'는 '목도리도마뱀'의 방식과 유사한 전략을 구사한다. 목도리도마뱀은 위협을 받을 경우 주름장식을 우산처럼 펼치고 뒷다리로 서서 입을 크게 벌린다. 덩치를 최대한 크게 만들어 상대를 제압하려는 자세를 취한다. 목도리도마뱀의 위협 방식처럼 '최대 억제'는 다양한 종류의 핵무기를 보유함으로써 애초에 적성국이 선제공격을 시도할 엄두조차 못 내도록 하는 데 초점을 둔다. 또 상대에게 자신의 핵 투사 능력을 과시함으로써 먼저 핵을 쏠 수 있으니 조심하라는 경고도 보내는 선제적 대응 방식이다. 미국과 러시아는 이 같은 '최대 억제' 방식을 사용해왔다.

중국이 '최대 억제' 방식으로 전환한다는 의미는 주변국을 겨냥해 핵 협박을 늘릴 개연성이 높다는 의미다. 핵탄두의 수적 우위를 활용하면 평시에도 경제적 갈취, 동맹 이간질, 외교적 압박 등의 선택지가 늘어나기 때문이다. 중국이 최근 들어 전략폭격기를 타이완의 방공식별구역Air Defense Identification Zone, ADIZ에 전개하는 것도 같은 맥락이다. 전시 상황까지 가지 않더라도 핵탄두의 수적 차이가 오히려 평시에 중요한 의미를 가지는 이유다. 최근 들어서는 중국이 최소 억제의 상징과 같았던 '핵무기 선제 불사용' 원칙을 철폐할 수 있다는 분석마저 제기되고 있다. 홍콩 일간지《사우스차이나모닝포스트South China Morning Post》는 2019년 2월 7일 자 기사에서 이 같은 관측을 상세히 보도했다. 이 기사는 자오퉁 카네기-칭화대세계정책센터Carnegie-Tsinghua Center for Global Policy 연구원의 주장을 인용하며 "미국과 그 동맹국들이 남중국해와 인도양에서 대잠수함전을 강화하고 있다"라고 전했다. 그러면서 "이로 인해 중국은 오랫동안 지켜온 핵 선제 불사용 정책을 재검토할 가능성이 있다"라고 보도했다.[4]

나는 2020년 9월 미국의 핵무기를 담당하는 펜타곤 고위 당국자로부터 중국의 핵무기 선제 불사용에 관한 미국의 입장을 직접 전해들을 수 있었다.[5] 로버트 수퍼Robert Soofer 미 국방부 핵미사일방어 담당 부차관보는 미첼항공우주전력연구소Mitchell Institute for Aerospace Power Studies
가 주최한 대담에서 중국의 핵 선제 불사용 원칙은 기만적이라고 평
가했다.

> 나는 중국이 핵 선제 불사용 정책을 가지고 있다는 말을 믿지 않습니다.
> 아니면 그들 스스로가 그렇게 믿고 있을 수도 있지만, 결국 극한 상황에
> 놓이게 될 경우 그들은 핵무기를 먼저 사용할 것입니다.

그러면서 중국의 공약은 종잇장에 불과하다고 강조했다. 중국
의 얄팍수에 놀아나지 않겠다는 펜타곤이다. 그러나 최근 러시아도
핵 협박을 공공연히 하면서 고민거리를 안겨주고 있다. 구소련의 핵
유산을 이어받은 러시아는 우크라이나 침공 이후 핵 선제공격을 대
놓고 시사하고 있다. 블라디미르 푸틴 대통령은 2022년 12월 9일 유
라시아경제연합Eurasian Economic Union, EAEU 정상회의 기자회견에서 미국
의 선제공격 개념을 러시아도 채택하는 방안을 고려하고 있다고 말
했다.[6] 미국이 먼저 고안했지만 선제공격을 실현할 수 있는 수단은 러
시아가 더 잘 갖추고 있다고 강조했다. 그러면서 실전 배치를 마친 자
국의 극초음속미사일을 대표적 무기로 들었다. 또 푸틴 대통령은 "러
시아를 핵무기로 공격하는 나라는 전멸할 것"이라고 으름장 놓았다.

한편 북한은 그 유명한 김정은과 도널드 트럼프 대통령의 핵 단
추 크기를 둘러싼 신경전을 필두로 핵무기 다종화 지시, 괌 포위 공
격 계획, 대륙간탄도미사일과 극초음속미사일 발사 시험 등 최소 억
제력을 넘어서려는 행동과 발언을 서슴지 않고 있다. 김정은과 그의

딸 김주애는 2023년 3월 직접 핵무기 관장 부대들의 전술핵 공격 임무 수행을 숙련시키기 위한 종합 전술 훈련을 참관했다. 전술핵이란 근거리 군사 목표를 공격하기 위한 핵무기 체계를 가리킨다. 북한의 전술핵은 대한민국과 멀리는 일본까지 표적으로 누고 있다. 또 모의 핵탄두를 탑재한 전술 탄도미사일 발사 훈련을 직접 선보이기도 했다. 김정은은 이 자리에서 "핵을 보유하고 있는 국가라는 사실만 가지고서는 전쟁을 실제적으로 억제할 수 없다"라고 했다. 그러면서 "적에게 공격을 가할 수 있는 수단으로, 언제든 적이 두려워하게 신속 정확히 가동할 수 있는 핵 공격 태세를 완비"할 것을 강조했다.

미국, 복수의 핵 적성국 '동시 억제' 고심

이처럼 냉전 시절보다 훨씬 다양한 핵보유국을 동시에 상대해야 하는 미국의 고심은 깊어지고 있다. 게다가 핵보유국 러시아, 중국, 북한은 모두 국경을 맞대고 있고, 주변국에 대한 핵 협박도 늘리고 있다. 미국 전략사령부가 대중에게 공개한 질의서에도 이 같은 고민이 배어 있다. 전략사령부는 자신들이 생각해내지 못한 전략적 사고를 외부에서 빌려오기 위해 매년 관련 의제를 홈페이지에 공개해 왔다. 다음은 2023년 대중에게 던진 공개 질문 중 일부다.[7]

- 복수의 핵무장 당사국 간 관계를 이해하기 위한 어떤 유용한 새로운 모델이 있는가?
- 미국과 동일하거나 거의 수준이 비슷한 두 핵무장 경쟁국을 동시에 억제하기 위한 전략은 무엇인가?

- 미국과 동일하거나 거의 수준이 비슷한 두 핵무장 경쟁국이 확장 억제extended deterrence◆에 미치는 영향은 무엇인가?
- 핵 사용을 억제하기 위한 방안들은 적성국이 핵을 사용한 뒤에는 어떻게 수정돼야 하는가?
- 장기적인 삼극(미국, 러시아, 중국) 경쟁 구도에서 전략적 안정성을 유지하는 것이 가능한가?
- 전략적 경쟁, 위기 또는 갈등이 확장 억제에 끼치는 영향은?
- 반대로 확장 억제가 거대 패권 경쟁에 어떤 영향을 끼칠 수 있는가?
- 경제적 수단을 동원한 전쟁 또는 샤프 파워sharp power◆◆가 어떻게 전략적 경쟁에 영향을 끼쳤는가?
- 핵 협박에 대응하기 위해 미국은 회복탄력성resilience을 어떻게 사용해야 하는가?

전략사령부의 공개 질의는 거대 패권 경쟁에서 핵이 얼마나 중요한 역할을 하는지를 가늠할 수 있다. 특히 미국의 고민은 중국과 러시아가 동시에 핵 협박을 감행할 경우로, 이때 나타날 수 있는 문

◆ 핵무기 없는 미국의 동맹국이나 우방국이 핵 공격을 받거나 위협에 노출되었을 경우, 미국이 자국에 가하는 공격이나 위협과 동일하게 간주하고 핵무기 또는 핵무기 투발 수단을 사용한다는 개념. '핵우산'이라고도 불리며, 한국과 일본 등이 혜택을 받고 있다.

◆◆ 문화를 매개로 설득과 공감을 유도하는 힘을 소프트 파워soft power, 강한 군사력을 바탕으로 영향력을 행사하는 힘을 하드 파워hard power라고 정의한다. 이와 별개로 샤프 파워는 직접적인 군사 행동을 취하지 않으면서도 강압적인 영향력을 행사하는 행위다. 음성 자금 또는 허위 정보 유포 행위 등이 여기에 해당한다.

제들을 심각하게 간주하고 있다. 단순히 숫자로만 비교해도 러시아와 중국의 핵탄두를 합치면 미국이 갖고 있는 것보다 많다. 두 나라가 제휴를 맺어 전략적으로 움직일 경우 한정된 핵무기 숫자를 가진 미국으로선 운신의 폭이 매우 좁아진다는 이야기다.

한 가지 주목해야 할 부분은 전략사령부가 던진 핵심 의제들이 북핵 문제는 콕 찍어서 언급하고 있지 않았다는 점이다. 한국 입장에서는 국가 존립 위협인 북핵이 미국의 관점에서는 0.5 위협으로밖에 인식되지 않는 대목이다. 핵무기 보유량 네 자릿수인 러시아, 그리고 조만간 같은 반열에 들 중국과 견주어 북한은 아직 불과 두 자릿수에 지나지 않기 때문일까? 아니면 미국의 위협 인식 셈법에 변화가 생긴 것일까?

뒷전으로 밀려난
북핵 위협

워싱턴D.C.에 살다보면 가끔은 나도 모르게 위압감이 느껴진다. 하늘을 찌를 듯한 169미터 크기의 아이보리색 오벨리스크. 주위로 빽빽이 둘러 있는 성조기. 링컨기념관은 마치 고대 그리스 아테네 신전을 떠올리게 하는 웅장함이 느껴진다. 경건함을 애써 강요하는 분위기다. 한국전 추모의 벽에는 미군 병사 3만 6634명, 카투사 7174명 전사자 명단이 또렷이 새겨져 있다. 해가 지더라도 어둠에 가리지 않게 전등이 환하게 비춘다. 한국전참전기념공원. 판초 우의를 입은 미군 병사들 동상이 세워져 있다. "생면부지의 나라와 국민을 지키기 위해 부름에 응한 우리의 아들과 딸을 기린다"는 문구가 시야에 들어온다. 이처럼 워싱턴D.C.는 도시 전체가 상징물의 향연이다. 하지만 마냥 여기저기 무질서하게 배치된 것이 아니다. 모든 도로는 백악관이 아닌 의회를 중심으로 방사형으로 퍼져나간다. 권력은 의회에서 나온다는 건국 이념이 도시 설계에서부터 반영된 것이다.

나는 지난 4년간 펜타곤 출입기자를 맡으면서 당국자에게 듣는 기자회견보다 의회 청문회장에서 미국의 더 정확한 속내를 읽을 수 있었다. 그만큼 국방 예산 배정 권한이 있는 의원들의 힘이 막강하다는 뜻이다. 그런데 한동안 의회 내 화두였던 북핵 위협이 종적을 감췄다. 지난 2021년 5월 18일 열린 상원 군사위 신임 주한미군사령관 인준 청문회. 한반도를 방어해야 하는 책무를 지닌 주한미군사령관에게 릭 스콧Rick Scott 상원의원(공화당)의 엉뚱한 질문이 날아왔다.

주한미군사령관 지명자는 우리가 타이완을 수호하는 데서 과거보다 입장을 더 명확히 해야 한다고 생각합니까?

출석한 지명자는 폴 라캐머라 대장. 역대 주한미군사령관 인준 청문회 가운데 가장 이색적인 장면이 연출되었다. 재키 로젠Jacky Rosen 의원(민주당)은 중국의 한반도 영향력 확대에 따른 대응 방안을 물었다.

주한미군사령관 지명자는 중국이 현재 남중국해와 타이완에서 하는 행동과 같은 맥락에서 한반도에 잠재적으로 확장을 시도할 경우 어떻게 대응할 것인지, 또 한국 국방부에는 어떤 조언을 할 것인지 답변해보십시오.

공화당의 조시 홀리Josh Hawley 의원은 타이완 유사시 뒤이어 일어날 수 있는 북한의 침공 사태에 대한 대응 전략을 물었다.

중국이 침공에 성공해 타이완섬을 점거했을 경우 주한미군이 북한을 억제하고 한반도를 수호하는 데 미칠 영향이 무엇이라고 생각하나요? 또 타이완 유사시 주한미군은 그동안 [미국 본토로부터] 지원받던 특정 자산이나 자원에 의존할 수 없게 됩니다. 북한은 그런 상황을 기회로 여길 것이라고 지명자는 생각합니까?

미국과 북한 관계가 험악하던 2017년에는 상상도 할 수 없었던 장면이다. 2016년 4월 30일부터 2018년 11월 8일까지 주한미군사령관으로 재직했던 빈센트 브룩스Vincent Brooks 대장의 인준 청문회에서도 중국 관련 질문은 나왔다. 하지만 그때는 북한에 핵을 포기하도록 하기 위해 어떻게 중국을 설득할 것인가가 대다수 주된 질문이었다.

이례적인 장면은 북한이 2023년 4월 신형 고체추진형 대륙간탄도미사일인 화성-18형을 시험 발사한 지 닷새 뒤에 똑같이 연출되었다. 2023년 4월 18일 열린 하원 군사위원회. 폴 라캐머라 주한미군사령관, 존 아퀼리노John Aquilino 인도태평양사령관, 제디디아 로열Jedidiah Royal 국방부 인도태평양 담당 수석부차관보 등 3명이 증인으로 출석했다. 라캐머라 사령관은 북한의 화성-18형 발사가 준비 태세에 미치는 영향을 묻는 질문에 대한 답변 외에는 침묵을 지켰다. 반면 의원들의 질의는 주로 중국 문제와 관련된 것이었고, 답변은 대부분 아퀼리노 사령관과 로열 부차관보의 몫으로 돌아갔다. 실제로 증인들간 답변 양이 얼마나 차이가 나는지 궁금해 인공지능 음성 녹음 분석 프로그램으로 분석해봤다.

의회에서 주한미군사령관 발언은 불과 7분

전체 3시간 59분 50초의 질의 답변 시간 중 아퀼리노 사령관은 43분 50초, 로열 부차관보는 28분 53초였다. 그런데 라캐머라 사령관은 7분 8초에 불과했다. 특히 전체적인 준비 태세 상황을 설명하는 모두 발언(4분 13초)을 제외하면 주한미군사령관이 의원 질문에 답변한 시간은 3분이 채 되지 않았다. 백분율로 따지면 인도태평양사령관이 25퍼센트, 국방부 수석부차관보가 16퍼센트였고, 주한미군사령관의 발언은 4퍼센트에 불과했다.

질의와 답변에서 나온 핵심어를 기준으로 분류해도 차이는 명확했다. '차이나' 147번, 'PRC'(중화인민공화국) 54번, '타이완' 98번, '노스코리아'(북한) 25번, '리퍼블릭 오브 코리아'(대한민국) 17번이었다.

의회 청문회에서 나온 주한미군사령관의 발언을 보도한 KBS, MBC, 연합뉴스 등 한국 언론의 보도 동향도 함께 확인해봤다. 대부분 이런 제목이었다.

주한미군사령관 "북한 미사일, 워싱턴D.C. 도달 능력 갖춰"

이를 두고 동료인 의회 담당 전문인 이조은 VOA 기자는 의원들은 한반도 문제에 전혀 관심 없는데, 굳이 한국 언론에서 북한에 대한 한마디 발언을 콕 찍어서 확대 재생산하는 것 같다고 평했다. 그녀는 설사 북한이 향후 핵 실험을 강행해도 그때 그 순간에만 반응할 뿐, 의회 내부에서 예전만큼의 집중력을 모으기는 어려울 것 같다고 전망했다. 한국 언론의 기사들은 북핵 문제가 가장 중요한 한국 사회의 수요를 반영한 듯 하나같이 주한미군사령관의 대북 평가를 주요 내용으로 다루었다. 그러나 이날 의회의 주요 의제였던 타이완 문제 또는 중국의 위협은 전혀 기사에 반영되지 않았다. 한국 언론 기사만 본다면 워싱턴D.C.가 북한이 발사한 미사일에 엄청 긴장한 것처럼 비쳤으리라. 하지만 북한 문제는 미국 의회에서 더 이상 주요 의제에 들어가지 않는다. 나아가 주한미군사령관의 역할 또한 한반도를 넘어 확대되기를 기대하는 분위기다.

실제로 라캐머라 사령관의 전임이던 로버트 에이브럼스Robert Abrams 주한미군사령관도 유사한 발언을 한 적이 있다. 2021년 1월 5일 한미연구소ICAS가 주최한 화상 대담에서 에이브럼스 사령관은 자신의 직책이 한미연합사, 유엔군사령부, 주한미군의 사령관을 동시에 수행하고 있다는 점을 명확히 이해할 필요가 있다고 밝혔다. 그는 주한미군이 인도태평양사령부 예하 준통합사령부로서 존재한다고 말했다. 그러면서 자신은 주한미군사령관으로서 인도태평양사령부의 대중국 전략과 연계해 임무를 수행한다고 강조했다. 에이브럼스 사령관은 "주한미군의 주둔과 준비 태세는 원칙적으로 미국과 한국 간 상호방위조약 요구 사안을 맞추는 데 있다"라고 설명했다. 그러나 "유사시 인도태평양의 안정화가 요구될 경우 이에 대한 지원 제공 의무에서 배제된 것은 아니"라고 강조한 바 있다.

에이브럼스 사령관의 발언은 타이완 또는 남중국해에서 중국과 무력 충돌이 발생할 경우 주한미군도 관여할 수 있다는 점을 처음으로 시사한 것이다. 지금까지 주한미군을 북한 침공 시에만 사용하는 '붙박이 군대'로 여겼던 한국 사회로서는 적지 않는 충격을 준 일화다. 한국인으로서는 다른 지역에서 일어난 갈등에 주한미군이 투입될 경우 한반도 안보 공백을 우려할 수밖에 없기 때문이다.

고개 드는 비핵화 회의론

그렇다면 북핵 문제는 미국 정부의 관점에서 어느 정도의 우선순위에 놓여 있는 것일까? 사실 명목상의 발언만 본다면 북한 문제는 언제나 미국의 우선순위에는 들어간다. 그러나 한국 등 동맹을 의식한 중요도와 미국이 적극적인 해결 의지를 갖고 임하는 우선순위는 엄연히 다르다. 바이든 행정부는 출범 직후인 2021년 4월 30일 대북 정책 기조를 발표했다. 백악관은 여전히 한반도의 완전한 비핵화가 목표라고 밝히면서도, "지난 4개 행정부의 노력이 그와 같은 목표를 달성하지 못했다는 분명한 이해가 있다"라고 지적했다. 그러면서 바이든 행정부의 대북 정책은 세심하게 조정된 실질적인 접근법을 취할 것이라고 예고했다. 또 북핵 문제에서 "일괄 타결grand bargain 달성에 초점을 두지 않을 것이고, 전략적 인내strategic patience에 의존하지도 않을 것"이라고 강조했다.

백악관의 설명만 본다면 미사여구만 갖다 붙인 정책으로 구체적으로 어떻게 북핵 문제를 해결하겠다는 것인지 잘 와닿지 않는다. 나는 바이든 행정부 초기인 2021년 5월, 버락 오바마 정권 당시 백악관 대량살상무기 조정관으로 재직했던 게리 세이모어Gary Samore 박사와 만나 바이든 행정부의 정책 우선순위를 물어본 적이 있다. 세이모어 조정관은 민주당 측 인사로 현재 바이든 정권의 인사들과도 교류가 활발한 인물이다.

세이모어 전 조정관은 "북한 문제는 중국, 러시아는 차치하고 이란 핵 문제에도 우선순위에서 밀릴 것"이라고 단언했다. 그는 "아마 워싱턴D.C.에서 정치색을 떠나 북한의 완전한 비핵화가 내일 당장 이루어질 것이라고 믿는 이는 아무도 없을 것"이라고 말했다. 이어 미국 정부의 관점에서는 아직 핵 실험을 강행하지 않는 이란이 북한보다 더 긴급히 대응할 문제라고 덧붙였다. 바이든 정권의 대북 정책 기조에 대해서는 "불가피하지만 가장 현실적인 선택지"라고 평가했다. 완전한 비핵화라는 목표는 포기하지 않되 무리하게 협상 결과에 연연하지 않겠다는 것. 오히려 이제는 핵을 가진 북한과 어떻게 실질적으로 대처할지에 초점을 맞출 때라고 강조했다.

그 무렵 바이든 행정부의 첫 여성 국방장관 하마평에 올랐던 미셸 플러노이Michele Flournoy 전 국방차관을 만나 비슷한 취지의 답변을 들을 수 있었다. 플러노이 전 국방차관은 대선 경주가 시작되기 약 1년 전부터 바이든 정권의 국방 정책 밑그림을 그린 큰손으로 평가된다. 그녀에게 어떻게 하면 교착 상태에 빠진 북핵 문제를 풀 수 있을지 물었다.

정확한 해결 방안이 떠오르지 않네요. 사실 바이든 행정부가 최근 마친 대북 정책 검토는 지금까지 우리가 어떤 일을 해왔고, 어떤 것이 잘되지 않았는지를 이해하는 작업이라고 생각합니다. 개인적인 견해로는 진짜 물어야 할 본질적인 질문은 (미국이) 계속해서 북한의 비핵화에 초점을 맞춰야 하는지 여부입니다.

플러노이 전 차관은 북한을 합법적인 핵보유국으로 인정해야 한다는 의미는 절대 아니라고 강조했다. 그러나 북핵 프로그램이 존재하는 현실을 외면하기보다는 정책 접근에서 좀 더 군비 통제 쪽으로 무게를 실어야 한다고 말했다. 바이든 행정부는 여전히 비핵화 목표를 고수하고 있지만 이미 행정부 밖에서는 이런 목소리가 나오기 시작했다고 덧붙였다. 또 미국 정부가 그동안 여러 가지 대북 접근법을 시도했지만 어떤 방법도 궁극적인 목표(비핵화)에 이르지는 못했다고 지적했다. 이 때문에 "바이든 행정부는 절대 [북핵 문제에서] 당장의 결과물을 만들기 위해 서두르지 않을 것"이라고 말했다.

세이모어와 플러노이 두 사람 모두 오바마 행정부 당시 대북 정책에 관여했던 핵심 관계자였기 때문에 이 같은 생각의 전환은 예상 외였다. 다만 두 사람으로부터 바이든 행정부의 대북 정책이 오바마 정부가 취했던 '전략적 인내'와 어떻게 다르다는 것인지 속 시원한 답변을 듣지는 못했다.

'전략적 인내'란 2010년 5월 26일 한국을 방문한 힐러리 국무장관이 이명박 대통령에게 처음 제시한 개념이다. 한마디로 핵에 대한 북한의 전향적인 입장 변화가 있을 때까지 경제적 압박을 지속하는 것을 골자로 한다. 다만 6년 뒤 북한이 4차 핵 실험을 강행하자 미 의회 안에서는 오히려 북한에 핵과 미사일 능력을 개발하는 시간만 벌어주었다는 비판이 일었다.

버락 오바마 정권에서 미 국방부 아시아태평양 담당 차관보를, 클린턴 행정부 시절에는 북핵 4자회담 미국 국방부 대표와 태평양해병대사령관을 역임한 윌러스 그렉슨Wallace Gregson 장군(중장 전역)은 동아시아 군사 전문가다. 그렉슨 전 차관보는 나에게 오바마 정권 당시 전략적 인내 정책은 한마디로 '아무것도 하지 않는다'와 동의어라고 평가했다. 북한을 '무시'로 일관했다는 설명이다. 그는 미국이 북한의 태도를 유도하기 위해 대북 제재를 실시했지만, 세간에서 말하는 최대 압박maximum pressure과는 거리가 멀었다고 말했다. 최대 압박에 준하는 대북 제재 정책을 취할 경우 수백만 명의 무고한 주민이 굶어 죽는 윤리적 비판에 직면할 수 있다는 것이 이유였다. 북한 주민을 인질로 삼고 있는 상황에서 미국이 취할 수 있는 운신의 폭이 좁았다고 회고했다. 또 그런 어려움은 지금도 달라진 것은 없다고 지적했다. 다만 아무것도 하지 않는 오바마 정권과 비교하면 적어도 바이든 행정부는 핵무기를 보유한 북한의 현실을 직시하고 실용적 접근법을 취하려 한다는 데 의의가 있다고 평가했다.

이처럼 내가 접한 워싱턴D.C. 조야의 분위기는 북한에 대한 기대를 크게 자제하는 분위기였다. 비핵화를 포기하지는 않는다고 말들은 하지만 '당장은 어쩔 수 없다'는 비관론이 팽배해 보였다. 마치 의사가 환자 복부를 가른 뒤 폐, 간 등으로 전이된 악성 종양 세포를 보고서는 별수 없이 그대로 되덮는 장면이 떠올랐다. 아무런 조치도 취하지 않았다고 말하기에는 체면이 안 서니 암세포 확산을 조금 늦춰주는 주사와 진통제를 같이 놓아주면서.

랜드연구소 "북핵 최대 242개"

정말로 북핵 문제는 미국이 우선순위에서 제쳐두고 당장은 간과해도 될 문제일까? 억제력 측면에서 한미 정상은 2023년 4월 워싱턴 선언을 발표하고 핵협의그룹Nuclear Consultative Group, NCG을 신설하기로 합의했다. 또 미국 전략핵잠수함 등 핵무기를 발사할 수 있는 전략 자산을 한반도에 더 자주 전개하기로 했다. 브루스 베넷 랜드연구소 선임연구위원은 북한이 핵을 쏘지 못하도록 하는 억제력 측면에서는 바이든 정부에 일단 합격점을 주었다. 그러나 이는 미국 정부의 적극적인 선택이 아닌 동맹 '한국'의 강한 요구에 따른 '안심시키기reassurance'에 가깝다고 지적했다. 윤석열 정부의 핵 불안에 기인한 조치라는 설명이다. 오히려 북핵 협박을 억제하는 것과 핵 개발을 단념시키는 데는 실패하고 있다고 지적했다.

미국의 랜드연구소는 지난 2021년 북핵 보유 전망치 분석 보고서를 내놓았다.[8] 보고서에 따르면 북한은 2020년에 플루토늄과 농축 우라늄을 통해 핵무기를 이미 67~116개 보유하고 있다고 추정했다. 이는 미국과학자연맹FAS이 2023년 추정한 40개 이상보다 훨씬 많은 수치다. 나아가 매년 12개에서 18개씩 늘려 2027년에는 151~242개에 이를 것으로 전망했다. 또 북한이 이 정도 수치에 이르게 되면 핵무기의 충분한 양을 활용해 제한적·전면적 핵무기 사용 전략을 동시에 구사할 가능성이 높아진다고 분석했다. 이 경우 2차적 공격 능력은 주한미군 철수, 미 본토 위협에 따른 미국의 확장 억제력(핵우산) 공약 저해, 핵 확산을 통한 외화 보유 증진 등의 상황을 초래할 수 있다고 경고했다. 주변국에 대한 핵 협박을 늘린다는 측면에서 미국 전략사령부가 경고한 중국의 핵탄두 증가와 본질적으로는 같은 의도를 갖고 있다. 이 보고서의 주저자인 베넷 박사는 바이든 행정부가 '오늘'에만 대처하기 급급해 정작 '내일' 일어날 수 있는 심각한 문제에 대해서는 유의미한 조치를 취하고 있지 않다고 비판했다. 그러면서 "계획 마련에 실패하면 실패를 계획하는 것"이라며, 바이든 행정부의 대북 정책은 구체성이 결여되어 있다고 지적했다.

미국, 중국 핵 고도화에 초점

그러나 북핵 위협을 둘러싼 한국과 미국 간 인식 차는 바이든 행정부 들어서 새롭게 나타난 현상이 아니다. 사실 전임 트럼프 정부 말기부터 미국의 시야는 북한에서 중국으로 넘어가기 시작했다. 내가 역내 핵 적성국을 둘러싼 한미 간 인식 차를 현장에서 직접 느낀 일화를 소개하고자 한다. 나는 2020년 10월 2일 국무부의 초대를 받아 마셜 빌링슬리Marshall Billingslea 국무부 군비통제 대통령 특사를 연사로 하는 기자 간담회에 참여한 바 있다.

빌링슬리 특사는 당시 일본, 한국, 베트남 3개국 순방을 마친 직후였다. 그가 들고 간 의제는 중국의 핵 위협을 역내 국가들에 재인식시키는 데 있었다. 그는 앞서 연합뉴스와의 인터뷰에서도 "이번 방문이 중국의 신속하고 아주 위험한 핵무기 및 탄도미사일 증강 상황을 동맹인 한국과 논의하기 위한 것"이라고 밝혔다.[9] 실제로 이 기간에 빌링슬리 특사는 중국의 핵무기 프로그램에 대한 최신 첩보도 방문국들과 공유했다.

빌링슬리 특사는 이날 간담회에서 중국의 핵 위협에 대해 우려를 표명했다. 그는 중국이 지난 30여 년 동안 13개 종류의 중거리 탄도미사일과 순항미사일 2000여 기 이상을 실전 배치해왔다고 지적했다. 그러면서 중국이 군축 협상 테이블에 나오지 않고 있다는 점을 강도 높게 비판했다. 신종 코로나바이러스 확산을 핑계 대면서 대면 만남을 피하고 있는 상황은 대단히 터무니없는 일이라고 반박했다. 특히 코로나바이러스의 세계적 확산을 놓고 중국 공산당이 한 일을 생각하면 매우 모순적이라고 강도 높게 비판했다. 이어 핵 문제를 화상 회의로 논의할 수는 없다며, 적시에 논의하는 것이 매우 중요하다고 말했다. 빌링슬리 특사는 "분명히 말할 수 있는 것은 중국이 핵 탑재용이나 재래식 미사일을 통해 역내 미군과 동맹을 겨냥한 깡패질 bullying을 벌이는 상황을 허용하지 않을 것"이라고 강조했다.

빌링슬리 특사의 강도 높은 대중국 비판 일변도의 대담 내용을 들으면서 나는 머릿속에서 자꾸 떠오르는 '북한 핵 위협은?'이라는 생각을 지울 수가 없었다. 2019년 하노이 북미 정상회담 결렬 이후 북한은 핵 실험 동결 선언을 파기했다. 물론 당초 핵 실험 동결 약속도 문자 그대로 믿기 어려운 일이었다. 그러나 계속 증강하는 북핵의 역량에도 트럼프 행정부는 침묵을 지켰다. 더군다나 도널드 트럼프 대통령 또한 북한이 넘어서는 안 되는 금지선(레드라인)으로 대륙간탄도미사일을 발사하거나 핵 실험을 하는 문제를 지적하긴 했지만, 그 외 활동에 대해서는 일절 언급하지 않았다. '한국 관점에서는 중국보다 북핵 문제가 당장 생존에 더 직결되는 문제인데….' 나에게 질문 기회가 찾아왔다.

이 자리에서 중국의 위협을 지목하고 계시는데, 일각에서는 미국이 최대 위협을 중국과 러시아로 지목하면서 그보다 순위가 떨어지는 북한에 대해서는 위험성을 간과하고 있다는 지적이 나오고 있습니다. 이런 비판에 대해서 어떻게 보시나요?

좋은 질문입니다. 이 자리에서 대북 정책에 대해서는 구체적으로 언급하지 않겠습니다. 하지만 중요한 부분을 지적했다고 생각합니다. 세계는 핵무기와 연계한 복수의 중대한 도전에 직면하고 있습니다. 특정 정권들은 공격적인 깡패질bullying을 행동에 옮기기 위해 핵무기를 악용하고 있습니다. 중국의 경우 수정주의 패권 국가로 방금 말한 것처럼 비밀리에 핵무기를 증강하고 있고 대량의 미사일 프로그램을 확충하고 있습니다.

고위직 외교관다운 답변이었다고 생각한다. 복수의 핵무장 국가들에 대한 원론적인 우려에 대해서만 답변한다. 그리고 다시 자기가 강조하려고 하는 중국 문제로 슬쩍 화제를 전환한 수완이 돋보였다. 그러나 북핵 위협에 대한 진단은 끝내 내려주지 않았다.

일본 거물급 인사의 작심 비판

북한의 핵 위협에 무관심한 듯한 태도는 이웃 국가 일본마저 불안에 떨게 했다. 북한이 하노이 북미 정상회담이 결렬된 2019년 5월부터 동해상으로 신형 단거리탄도미사일을 잇달아 발사한 것이 계기였다. 일본은 이미 북한이 탄도미사일에 장착할 수 있을 정도로 핵탄두 소형화에 성공했다고 평가 내린 상태였다.[10] 스커드나 노동미사일에 장착해 일본을 향해 쏠 경우 도쿄가 핵 불바다가 될 수 있다는 의미다. 그러나 트럼프 대통령은 '레드라인'을 넘지 않았다는 말만 되풀이할 뿐 별다른 조치를 취하지 않았다. 트럼프 대통령과 끈끈

오노데라 이쓰노리 전 일본 방위상(오른쪽)은 북한의 미사일 도발에 대해 미국이 침묵하고 있는 것과 관련해 격한 반응을 보였다.

한 '유대 관계'를 과시하던 아베 신조 총리였지만, 북핵 위협만큼은 별다른 태도 변화를 이끌어내지 못했다.

나는 이 무렵 일본의 격앙된 반응을 워싱턴D.C. 현장에서 직접 느낄 수 있었다. 아베 정권에서 방위상을 지낸 오노데라 이쓰노리小野寺五典 자민당 의원은 2019년 10월 워싱턴 스팀슨센터 강연 도중 작심 발언을 했다.[11]

트럼프 대통령은 자신의 트위터에 지금까지 〔북한의〕 단거리 미사일 발사는 문제가 되지 않는다고 썼습니다. … 일본에 도달하는 미사일은 허락하고 미국에 도달하는 ICBM(대륙간탄도미사일)이 아니니까 괜찮다는 것이 트럼프의 생각이라면, 일본으로서는 이것을 심각하게 받아들이지 않을 수 없습니다.

오노데라 의원은 당시 집권 여당 내《방위 백서防衛白書》와《중기 방위력 정비 계획》을 작성하는 워킹 그룹 단장을 맡고 있었다. 일본 방위 정책의 향배를 결정짓는 거물급 정치인이 워싱턴 한복판에서 대놓고 미국의 무관심을 비판한 것이다. 흥미롭게도 트럼프 대통령의 발언과는 별도로 펜타곤은 북한이 미사일을 쏠 때마다 심각하게 우려한다는 성명을 내놨다. "한국과 일본을 방어하려는 미국의 의지는 철통iron clad같다"라는 상투적인 표현과 함께. 펜타곤의 성명을 곧이곧대로 받아들였다면 일본 집권 여당의 현역 의원이 저리 흥분했을까?

외교가에서는 "Read between the line(문맥을 읽어라)"이라는 표현을 자주 사용한다. 대외 관객을 겨냥한 액면상 입장과 실질적인 셈법 사이에 간극이 존재하기 때문이다. 의회에서 납세자들에게 설명하는 대내 메시지가 미국의 속내를 더 잘 투영할 수 있다. 의도를 읽기 위해 좀 더 심층적이고 종합적인 분석이 필요한 이유다.

'돈 먹는 하마' 핵무기 예산

북핵 위협이 고조되면서 한국에서는 최근 몇 년 사이에 핵무장 찬성 여론이 60퍼센트를 꾸준히 넘기고 있다.[12] 이 수치는 상당히 큰 의미를 갖는다. 보수 · 진보를 넘어 중도층까지 아우르는 시각이기 때문이다. 윤석열 대통령도 한국이 마음만 먹으면 1년 안에 핵무장 할 수 있다고 했다.[13] 핵무장론이 나올 때마다 미국의 답변은 한결같다. "그쪽으로 가면 재미없을 줄 알아." 핵무장 선택지 대신 미국이 제공하는 확장 억제력(핵우산)은 확고하다는 상투적인 약속과 함께. 부부 사이에 빗대자면, 아내가 사랑의 증표를 보여달라고 줄기차게 요구하자 남편이 "당신, 그렇게 우리 사랑을 의심하니?"라고 하는 식이다.

그러나 미국 내부에서는 동맹을 지켜줄 확장 억제 공약의 실탄 관리를 놓고 불협화음이 끊이질 않는다. 핵무기도 하나의 무기 체계이기 때문에 부품을 정기적으로 교체하거나 정비하지 않으면 못쓰게 된다. 자국의 핵무기 노후화 문제를 놓고 대통령 선거철이나 의회 국방 예산 편성 시기마다 정쟁의 불쏘시개가 된다. 미국은 핵무기를 더 이상 늘려서는 안 된다는 데는 초당적 공감대가 있다. 반면에 냉전 시절부터 쌓아둔 5000여 개의 핵무기를 놓고 어느 수준 이상 현대화를 해야 하는지 첨예하게 대립해왔다.

2016년 대선을 앞두고 진행한 《뉴욕타임스》와의 인터뷰에서 도널드 트럼프 공화당 후보는 미국의 핵 노후화 상태가 "끔찍한 상태에 이르렀다"라고 비판했다. 또 계속 이런 상태로 방치했다가 정말로 한국과 일본이 핵무장 하는 날이 올 수도 있다고 지적했다.[14] 반면에 2019년 민주당 대선 후보를 확정 지은 직후 조 바이든은 트럼프 정부의 무분별한 핵무기 예산 배정을 비판하면서 핵무기 역할 축소를 공약으로 내세웠다.[15] 바이든 대통령은 30년간 예상되는 핵무기 예산지출 비용 약 1조 2000억 달러보다 적게 사용하겠다고 약속했다.

공화당에서는 바이든의 공약을 문제 삼으며 집권 초기부터 확장 억제력 약화를 제기해왔다. 가령 2021년 6월 10일 하원 군사위에서 스콧 데이잘레이Scott DesJarlais 의원은 이런 정책이 현실화할 경우 확장 억제력에 의존하고 있는 한국과 일본에 큰 불안을 야기할 것이라고 경고한 바 있다. 이처럼 미국 정치권에서는 핵 태세를 둘러싼 이념적 간극이 생각보다 크다. 가장 큰 차이는 저위력 핵폭탄 또는 전술핵 효용성을 둘러싼 시각 차다. 저위력 핵폭탄은 전략핵폭탄보다 위력을 낮춰 민간인 시설에 끼치는 피해를 최소화한 폭탄이다. 2019년 트럼프 정권의 국방장관으로 지명된 마크 에스퍼Mark Esper는 상원 인준 청문회에서 북한의 대량살상무기와 미사일 시설을 재빨리 무력화시킬 수 있는 방안에 대해 질문받았다.

유사시 해당 목표물을 제거하는 동시에 광범위한 북한 주민에게 의도하지 않는 피해를 야기하는 것을 막을 것입니다. 이를 달성하기 위해 에너지부와 더불어 정보 부처 등이 〔목표물에 대한〕 정보를 손에 넣도록 보장할 것입니다.

— 마크 에스퍼 국방장관 상원 군사위 인준 청문회, 2019년 7월 16일[16]

에너지부 산하 국가핵안보국National Nuclear Security Administration, NNSA은 미국의 핵무기 관리와 개발을 관장하는 부서다. 에스퍼 장관의 발언은 목표물에 대한 정확한 위치 정보를 확보하고, 주민에 대한 피해를 최소화하면서 지하 시설을 효과적으로 파괴할 수 있는 전술핵무기 사용을 시사한 것이었다. 실제로 전임 트럼프 행정부는 저위력 핵폭탄의 효용성을 공공연히 강조했다.

2020년 11월, 미국 3대 핵무기 개발 기관 중 하나인 샌디아국립연구소Sandia National Laboratories는 이례적인 영상을 공개한다.[17] 음속으로 빠르게 비행하는 F-35 스텔스 전투기가 모습을 드러낸다. 몸통 아래 수납문이 열리며 유선형의 폭탄을 떨군다. 폭탄은 밝은 섬광과 함께 양 갈래로 기체를 뿜더니, 총알이 날아가는 것처럼 나선형으로 360도 회전하며 지표면에 내리꽂힌다.

F-35에 장착한 B61-12 개량형 전술핵폭탄 투하 시험이었다. 핵탄두 자체는 제거했지만 초음속으로 날아가는 전투기로 지하를 관통하는 핵무기 투하의 실전성을 검증하기 위한 목적이었다. B61-12는 최대 50킬로톤의 폭발력을 낼 수 있어 메가톤의 전략핵무기보다 위력이 작다. 또 폭발력 크기도 다이얼로 조정이 가능하다. 낙진 효

F-35 스텔스 전투기가 모의 전술핵폭탄인 B61-12를 투하하고 있다.
출처: 펜타곤 국방영상정보배포서비스

F-35 스텔스 전투기가 투하한 모의 전술핵폭탄인 B61-12가 지표면을 뚫고 들어가고 있다.
출처: 펜타곤 국방영상정보배포서비스

과를 최소화하기 때문에 에스퍼 장관이 말한 대로 주민 피해를 최소화하는 무기 중 하나다. 미국은 F-35 외에도 F-15E, 전략폭격기인

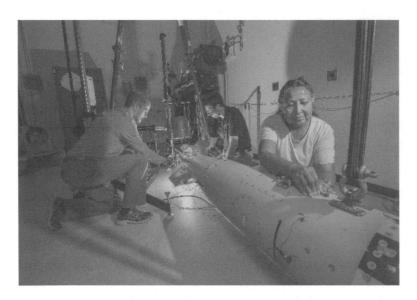

B61-12는 기존 B61 전술핵폭탄의 12번째 개량형을 의미한다. 로스앨러모스국립연구소 LANL, 로런스리버모어국립연구소LLNL와 더불어 미국의 3대 국립 핵 개발 기관인 샌디아국립 연구소는 B61 전술핵폭탄의 현대화와 생명 연장을 위해 다양한 개량 작업을 진행하고 있다.

출처: 샌디아국립연구소

B-2의 전술핵폭탄 투하 검증 실험을 마친 상태다.

　한편 2019년 5월 워싱턴 시내 한 호텔에서 미국의 핵무기 현대화 예산 증액을 호소하기 위해 피터 판타Peter Fanta 미 국방부 핵문제 담당 부차관보가 기자들과 조찬회를 가졌다. 나는 한국에서 일고 있는 한반도 전술핵 재배치 요구에 대한 미국 정부의 입장을 물었다. 그런데 예상 밖의 대답을 들을 수 있었다.

　우리는 핵 탑재가 가능한 해상발사순항미사일을 한반도 전술핵 재배치 대안으로 논의 중에 있습니다.[18]

핵 탑재가 가능한 해상발사순항미사일Sea-launched Cruise Missile, SLCM 또는 잠수함발사순항미사일Submarine-launched Cruise Missile, SLCM은 트럼프 정부가 개발하겠다고 공표한 핵 운반 체계로, 잠수함에 탑재하기 때문에 지상에 고정할 필요가 없는 특징이 있다. 한반도와 연계해 이 무기 체계 배치 필요성을 대외에 언급한 것은 판타 부차관보의 발언이 처음이었다. 판타 부차관보는 한때 200개에 달했던 한반도 내 전술핵을 다시 들여오면 핵을 반대하는 한국 내 정치권과의 마찰이 예상된다고 말했다. 반면에 해상발사순항미사일은 굳이 동맹의 영토 안에 없으면서 해안으로 들어왔는지도 포착하기 어렵기 때문에 적이 항상 긴장할 수밖에 없다고 말했다.

다만 트럼프 정부의 셈법은 단순히 한반도에만 국한되지 않았다. 오히려 미국의 관점에서는 더 큰 위협인 중국, 러시아의 핵을 동시에 억제하는 효과를 노린 것이었다. 잠수함을 통해 공해를 자유롭게 이동할 수 있는 특성 때문이다. 트럼프 정부의 국방차관실은 해상발사순항미사일이 러시아와 중국의 핵전력에 대응할 수 있는 효과적 수단이라고 강조한 바 있다. 이 추가적인 제한된 핵 역량 배치는 "적성국들에 미국이 실전에서 핵을 사용할 수 있다고 각인시킴으로써 억제력을 배가시킬 수 있다"라고 명시했다.[19] 바이든 행정부 들어서 이 무기 체계 개발 계획은 결국 전격 취소된다. 비싸다는 것이 이유였다. 미 해군은 취소함으로써 2023년 회기 예산에서 약 1억 9920억 달러, 향후 5년간 21억 달러를 절감할 수 있다고 발표했다.

나는 핵 억제력 셈법에 따른 공화당과 민주당 정권 간 시각 차가 궁금했다. 2020년 11월 오바마 정권 당시 국무부 군축·검증·이행 담당 차관보를 지낸 프랭크 로즈Frank Rose를 만나 의견을 구했다. 그는 현재 바이든 행정부의 국가핵안보국NNSA 2인자인 수석부행정관 직을 수행하고 있다. 프랭크 로즈 전 국무부 차관보는 물가인상률을 고려한 향후 국방 예산은 사실상 억성징을 기록할 가능성이 높다고 전망했다. 한정된 예산에서 핵 현대화, 재래식 전력 갱생, 무기 개발 투자 간 균형 있는 예산 배분을 놓고 면밀한 검토가 필요하다고 말했다. 다시 말해 예산 삭감이 불가피하다는 소리다. 그는 또 핵 현대화 문제를 둘러싼 공화당과 민주당의 시각 차이는 '비용 대 효과'에서 기인한다고 밝혔다.

> 대다수의 공화당 의원은 전략폭격기, 핵잠수함, 대륙간탄도미사일 전반에 걸친 현대화를 강조하고 있는 트럼프 정부의 핵 현대화 방향성에 찬성하고 있습니다. 반면에 민주당은 이런 움직임에 찬성과 반대 의견이 갈립니다.

로즈 전 차관보는 B61-12 현대화 계획은 오바마 정권 말기에 개시한 사업이라는 점을 강조하며, 민주당이라고 저위력 핵폭탄 자체의 유용성을 부정하는 것은 아니라고 말했다. 그러나 이미 B61-12가 있는 상황에서 해상발사순항미사일에 돈을 쏟아붓는 것은 낭비라고 지적했다. 특히 북한과 같은 핵 위협에 대해서는 지금 배치한 미국의 핵 자산만으로도 충분히 억제 가능한 수준이라고 평가했다. 그는 한정된 예산을 모두 핵 현대화에 투자할 수는 없다며, '기회비용'을 따져봐야 한다고 강조했다.

펜타곤은 중국과 러시아, 북한이 핵탄두를 늘리고 있는 상황에서 핵무기 현대화의 필요성에 대해서는 공감하고 있다. 2023년 3월 의회에 요청한 2024년 회기 국방 예산에서 핵무기 현대화에 소요되는 예산은 377억 달러였다. 에너지부도 국가핵안보국의 핵무기 현대화 예산으로 238억 달러를 의회에 요청했다. 그러나 문제는 예산 배정권을 쥔 의회다. 의회에서는 핵무기는 핵전쟁이 일어나기 전까지는 '돈 먹는 기계'라는 인식이 강하기 때문이다. 핵무기에 전용되는 약 615억 달러는 미국의 유권자 세금에서 나온다. 이미 만들어놓은 5000여 개의 핵무기를 현대화한다고 해서 가시적인 혜택은 없다. 핵무기에 대한 '재테크' 비용이 아까운 이유다.

유권자를 의식하는 미국 내 정치권과 외부 위협에 항상 대비해야 하는 펜타곤 관리들 사이의 팽팽한 긴장 관계는 취재 현장에서도 자주 목격된다. 미국 공군의 핵전쟁 수행을 책임지고 있는 공군지구권타격사령부Air Force Global Strike Command, AFGSC 사령관 티모시 레이Timothy Ray 대장은 바이든 집권 직후인 2021년 2월 나와 만나 핵 현대화가 비싸다는 의회 일각의 시각을 정면 비판했다. 특히 중국을 지목하면서 핵잠수함, 대륙간탄도미사일, 전략폭격기로 이루어진 핵 운반 3축 체계 역량이 날로 증강하고 있다고 말했다. 또 만일 미국의 핵 현대화가 계속 지체되면 동맹에 제공하는 확장 억제력(핵우산) 측면에서도 심각한 문제가 된다고 밝혔다.

많은 나라 지도자들이 매일 아침 일어나 중국의 핵을 의식해 자체 핵 개발을 해야 한다고 믿지 않아도 됩니다. 이것이 미국의 확장 억제력의 핵심 효과입니다.

그는 미국이 핵무기 현대화를 게을리하는 동안 중국 등이 핵 역량을 계속 늘려가면 미국의 동맹국도 자체 핵무장을 심각하게 고려할 수밖에 없다고 경고했다.

이런 시각은 이미 오래전부터 펜타곤 안에서 제기되었다. 2008년 펜타곤은 기자회견장에서 수개월 동안 자국의 핵 태세를 검토한 보고서를 공개했다.[20] 검토 책임자는 이미 은퇴한 제임스 슐레진저 James Schlesinger 전 국방장관. 그의 이름을 딴 《슐레진저 보고서》는 미국이 냉전 시절 개발한 억제력 이론과 교리가 대부분 사라진 점에 경각심을 가져야 한다고 경고했다. 슐레진저 전 장관은 특히 기자회견장에서 "핵과 관련한 전문성이 결여된 상황은 심각한 문제"라고 비판했다. 비싼 돈 들여 핵무기 현대화를 하자니 사회 기반 시설 확충, 경제 부양 등 다른 현안들이 눈에 밟힌다. 핵무기 재테크를 안 하자니 확장 억제력에 의심을 품기 시작한 동맹국들이 신경 쓰인다. 미국으로서는 복수의 핵무장 적성국들과 경쟁해야 하는 시기가 부담스러울 수밖에 없다.

2023년 7월 20일 미국의 오하이오급 탄도미사일핵추진잠수함 SSBN(전략핵잠수함)이 부산에 입항한 것을 두고 한국은 확장 억제력 강화의 일환이라고 환호했다. 반면에 북한은 자신들의 핵무기를 사용할 수 있는 조건에 해당한다며 강하게 반발했다. 그러나 확장 억제력 공약을 이행하는 미국의 심경은 복잡하다. 비싼 핵무기 유지 비용으로 전략핵잠수함에 탑재할 수 있는 핵무기 종류가 제한돼 있기 때문이다. 한국 내 핵무장론이 격화되고 있는 상황에서 오하이오급 핵 추진잠수함의 한반도 전개는 동맹 안심시키기라는 정치·외교적 효과는 분명 거둘 수 있다. 또 핵 적성국에 대한 억제 효과도 기대할 수 있다. 하지만 어느 정도의 확장 억제력을 제공하는 것이 적절한가에 대한 대답은 미국 내부에서도 쉽게 결론이 나지 않는 문제다. 미국 납세자의 돈으로 억제력이 제공되는 만큼 누구에게는 밑 빠진 독에 물 붓기처럼 비치기 때문이다.

미국 의회 권력자들에게는 동맹의 불안보다 유권자의 불만이 더 민감한 문제다.

나토식 핵공유제의
환상과 현실

고된 기자의 삶을 지속하게 만드는 힘은 역시 자신의 기사가 세상에 조금이나마 영향력을 끼칠 때다. 특종 보도한 기사가 한국의 대선 공약 그리고 현재 한국 정부의 확장 억제력 강화 요구로까지 이어진 경우라면 더욱 그렇다. 나는 2019년 7월 30일 미국 국방대학교National Defense University로부터 한국, 일본과 핵무기 공유 협정을 체결해야 한다는 내용의 정책 제언 보고서를 입수해 특종 보도했다.[21] 이 보도가 나온 직후 한국의 주요 매체들이 재인용하면서 국내에서 뜨거운 논쟁거리가 되었다. 다음날인 31일 국회에서 야당은 미국에 핵무기 공유를 요구해야 한다고 강조했고, 강경화 외교부 장관은 전혀 검토하고 있지 않다고 반박했다.[22] 그러나 대선 기간 중 윤석열, 홍준표, 안철수 등 후보가 핵공유제nuclear sharing를 각각 공약으로 언급하기 시작했다. 윤석열 후보의 경우 이후 한미 확장 억제력 강화로 방향을 틀었지만, 여전히 핵공유제는 한국 사회에서 북핵 대안 담론으로 존재한다.

핵공유제란 미국이 핵무기를 보유하지 않은 독일, 네덜란드, 벨기에, 이탈리아, 튀르키예 등 북대서양조약기구 5개 나라와 맺은 협정을 말한다. 이 협정에 따라 이 5개 나라는 핵전쟁이 발발할 경우 핵확산금지조약NPT 체제에서 탈퇴해 자국에 배치된 미국의 전술핵무기를 사용할 수 있는 권한을 부여받는다. 그렇다고 핵무기를 자기네 마음대로 쓸 수 있도록 한다는 이야기는 아니다. 미국과 동맹국이 동시에 동의해야 작동한다. 양측이 작동 승인 열쇠를 각각 보관하고 유사시에 동시에 돌려야 핵무기가 작동하는 구조인 '듀얼 키dual key' 체계다. 자체 핵 개발을 하지 못하는 비핵보유국으로서는 꽤 적극적인 핵 억제력을 얻는 셈이다.

내가 입수한 정책 제언 보고서는 한국과 일본에 미국의 전술핵을 공유하는 방안을 진지하게 고려해야 한다고 제안한다. 다만 정치적·군사적 제한 요소 때문에 나토식 핵공유제를 그대로 따라서는 안 된다고 덧붙였다. 여기서 제한 요소란 두 나라 모두 자국 영토에 전술핵을 배치하기 어려운 문제를 지칭한다. 일본의 경우 1967년 사토 에이사쿠佐藤榮作 일본 총리가 제시한 '비핵 3원칙'이 전술핵 배치에 걸림돌로 작용한다. ♦ 한국의 경우 전술핵 재배치를 추진하면 국내 정치적 변수(반핵 운동)가 발생할 수 있다.

그렇다면 보고서는 어떤 방식을 제안하고 있을까? 아쉽게도 저

♦ 사토 에이사쿠 일본 총리는 1967년 핵무기를 만들지도, 가지지도, 반입하지도 않는다는 이른바 비핵 3원칙을 선언했다. 이후 일본 정부는 이 선언을 국시로 계속 계승하고 있다.

자들은 이 대목은 건드리지 않고 그대로 넘어갔다. 그러나 브루스 베넷 랜드연구소 선임연구원을 포함한 미국 전문가들은 괌에 전술핵을 배치해놓고, 유사시 한국 또는 일본 조종사를 불러들여 그들이 핵을 투사하도록 하는 방식이 유력하다고 전했다. 주목할 점은 보고서를 작성한 공동 저자 6명의 직책이다. 미국 전략사령부 작전장교 등 미국의 핵 투사를 관장하는 실무급 장교들로 이루어졌다. 그동안 한국과 일본에서 핵 공유 가능성에 대한 논의가 나오기는 했다. 그러나 확장 억제력 제공자인 미국의 실무급 관리들 사이에서 이런 제안이 나온 것은 처음 있는 일이었다.

미국 극비 문서 "한국 핵 공유 도입 가능"

'핵 공유'에 대한 공개적인 언급은 미미하지만, 수면 아래에서는 이미 여러 차례 '핵 공유'를 검토한 것으로 확인했다. 나는 2021년 10월 미국 국립문서기록관리청NARA에서 아직 대외에 공개되지 않는 극비 해제 문서를 입수했다. 이 책을 통해 극비 해제 문서의 관련 내용을 처음 공개한다. 기밀 해제된 문서의 제목은 〈중국의 핵 위협에 맞선 아시아 핵 지원 체계 검토〉다.[23]

1965년 4월 21일 작성된 이 극비 문서는 르웰린 톰슨Llewellyn Thompson 국무부 소련문제 담당 전권대사가 딘 러스크Dean Rusk 국무부 장관에게 보낸 서신이다. 서두에 아시아에 잠재적인 핵공유제 도입 가능성을 검토하라는 국무부 장관의 지시에 따라 작성되었다고 명시돼 있다. 주목할 점은 보고서가 제출된 시기다. 중국이 첫 핵 실험을 강행한 1964년 10월 16일에서 6개월 지난 시점이다. 문서는 아직

This document cont'n't of ____ pages.
Number 5 of 6 copies, Series __

April 21, 1965

TOP SECRET
LIMITED DISTRIBUTION

MEMORANDUM FOR: The Secretary

THROUGH: S/S

FROM: G - Ambassador Llewellyn E. Thompson

SUBJECT: Asian Nuclear Support Arrangements Against
the Chinese Nuclear Threat

In accordance with your request to look into possible nuclear
sharing arrangements in Asia which could provide an alternative to
acquisition of national nuclear capabilities by India or Japan,
Ray Garthoff has prepared the attached staff study. He has consulted
with Phil Talbot, and has been assisted by General John Vogt, ISA,
Defense, but we have not sought formal clearances.

You may wish to send a copy to Secretary McNamara in order to
get his reaction. I will be happy to follow through on any additional
study of this problem you may wish.

Attachment:
 1. Asian Nuclear Support Arrangements
 Against the Chinese Nuclear Threat

GROUP 1
Excluded from automatic downgrading
and declassification.

G/PM:RLGarthoff:pep

TOP SECRET
LIMITED DISTRIBUTION

나는 2021년 10월 정보 공개 청구를 통해 미 국립문서관리청에서 미국 정부가 동아시아 핵공유제를 검토한 정황이 담긴 극비 문서를 입수했다. 정부 차원에서 검토된 문서 가운데는 최초다.

핵 실험을 강행하지 않는 인도*와 그 외 아시아 국가(일본, 타이완, 한국, 필리핀)로 분류해 핵공유제 도입 가능성을 검토했다.

일본의 경우 미일 동맹이 절대적인 보장을 담보하지는 않는다고 지적했다. 그러나 필요하다면 양국이 합의하에 작동시킬 수 있는 듀얼 키 체계로 핵무기를 전개할 수 있다고 평가했다. 마찬가지로 타이완과 한국, 필리핀에도 현재의 동맹 구조로 필요하다면 어떤 형태의 핵무기든 전개할 수 있다고 명시했다. 핵공유제를 지칭하는 것이다. 반면에 인도에 대해서는 한국, 일본 등 나머지 네 국가와 상황이 본질적으로 다르다고 지적했다. 우선 비동맹주의 노선을 취하면서도 미국의 우방이라는 점, 중국으로부터 위협을 받고 있고 잠재적으로 자체 핵무장을 추구하고 있는 점이 독특한 문제를 야기한다고 분석했다. 그러면서 인도가 독립적인 핵무장 노선을 추구하는 것을 막기 위해서라도 미국이 용인할 수 있는 차선책으로서 핵 공유를 제시할 필요가 있다고 밝혔다.

주목할 대목은 2가지다. 우선 인도의 핵공유제 도입과 관련해 매우 구체적인 방안이 제시된 점이다. 문서는 인도와 적대 관계인 파키스탄의 반발 가능성에 대해 인도와 동일하게 핵 공유를 제안해 무마하는 방안을 제시했다. 또 핵 저장 시설은 인도 밖 말레이시아연방 내 영국 기지 또는 필리핀 내 미군 기지 등에 구축할 수 있다고 명시했다. 핵 투사에 사용될 전략폭격기의 경우 영국제 캔버라가 권고되

◆   인도는 9년 뒤인 1974년 5월 18일 첫 핵 실험을 강행하며 세계 6번째 핵보유국으로 등극한다.

었다. 캔버라를 개량하면 인도 북동부 아삼주에서 중국 내륙 충칭까지 핵폭탄을 투하한 뒤 귀환할 수 있다고 명시했다. 또 한국, 오키나와 또는 타이완이 영공 통과를 허용할 경우 더 먼 거리까지 날아갈 수 있다고 덧붙였다. 극비 문서가 한국, 일본 등에 대해 핵공유제가 가능하다고 평가한 점도 놀랍지만, 인도의 경우 구체적인 이행 계획까지 수립한 대목은 미국이 사실 오래전부터 아시아에 핵공유제 도입을 진지하게 고려해왔다는 방증이다.

두 번째 눈여겨볼 점은 미국이 아시아에 핵공유제 도입을 적극적으로 검토한 시대적 배경이다. 1965년은 베트남전쟁이 한창 진행 중일 때다. 그해 2월 미국은 북베트남의 보급로와 군사 시설을 파괴하기 위해 대대적인 공습을 가했다. 중국은 당시 군사고문단을 포함해 다양한 무기를 북베트남에 보내고 있었다. 게다가 중국은 3년 전 히말라야 국경 지대 영유권을 놓고 한 달간 인도와 전쟁을 벌였다. 이 와중에 중국은 첫 핵 실험을 감행한 것이다. 미국은 당시 중국이 구소련과 동조해 핵 경쟁 구도에 뛰어들 것이라고 예측했다. 아시아판 '미니mini 소련'의 등장이 자칫 공산주의 확산으로 이어지지는 않을까 하는 막연한 공포심이 자리 잡은 셈이다. 그 결과 핵 불균형을 바로잡기 위해 미국은 아시아 내 핵공유제 도입을 적극 검토하게 된 것이다.

그러나 이런 계획은 끝내 시행되지 않았다. 왜 유럽은 실현되고 아시아는 되지 않았을까? 빈센트 브룩스 전 주한미군사령관은 "과거의 잣대를 현재 상황에 그대로 적용할 수는 없다"라고 말했다. 브룩스 전 사령관은 "냉전 시대 핵 억제력 셈법"과 "오늘날"은 다르다고 했다. 그러면서 북대서양조약기구의 핵공유제는 또 다른 핵보유국인 영국,

프랑스 등이 존재한다는 전제 아래 성립되는 구조라고 말했다. 복수의 핵보유국들이 핵기획그룹NPG을 통해 유사시 핵 투사 역할을 분담하고, 핵공유제를 시행하는 국가들이 보조하는 성격이라는 의미다.

나토 핵공유제 도입 배경은 "동맹의 무임승차"

핵공유제 도입의 정치적 역학 관계를 이해하기 위해서는 1950년대 유럽이 처했던 현실부터 이해해야 한다. 사실 미국의 모든 관리가 핵공유제 도입에 찬성한 것은 아니었다. 오히려 미국 대통령의 강력한 신념에서 비롯되었다. 2차 세계대전 당시 유럽연합군사령관을 지낸 드와이트 D. 아이젠하워 대통령은 놀랍게도 트럼프 대통령과 유사한 동맹국에 대한 '무임승차 인식'을 갖고 있었다. 다만 트럼프 대통령과 달리 북대서양조약기구에 거는 기대가 컸다.

미국 국립문서기록관리청으로부터 입수한 대통령과 유럽연합군최고사령관 로리스 노스태드Lauris Norstad 대장 간 대화록에도 이런 심리가 잘 투영돼 있다.[24] 아이젠하워 대통령은 유럽이 부강하게 된 현재 더 많은 국방 부담 분담을 가져서는 안 될 이유를 찾기 어렵다고 말했다. 그는 "사실상 우리가 전략적 억제력의 모든 무게를 지고 있을 뿐 아니라 우주, 핵 프로그램도 실시하고 있다"라고 지적했다. 또 "우리는 대부분의 시설에 투자했고, 규모가 큰 공군과 해군 전력과 더불어 6개 사단을 유지하고 있다"라고 지적했다. 그러면서 "유럽은 미국을 호구와 가깝게 취급하고 있다"라고 비판했다. 1959년 11월 12일 백악관 국가안전보장회의National Security Council, NSC에서 아이젠하워 대통령은 참모들에게 "미국의 어깨에 모든 국방의 짐을 올려놓는 것에 지친다"라고 토로했다. 그러면서 "이제는 유럽의 국민이 지상군에 관해서 자신들의 몫을 해야 할 때가 왔다"라고 강조했다. 그는 "만일 세계를 지키는 임무가 우리에게 부과되는 것이라면 차라리 세계를 지배하는 것이 낫다"라고 말했다. 그러나 "유럽인이 정말로 역할을 맡고자 한다면 미국이 하는 것과 비슷한 노력을 해야 한다"라고 강조했다.[25]

아이젠하워 대통령의 구상은 핵전쟁에 한해서는 미국이, 지상 재래식 전쟁에 관해서는 유럽의 동맹국들이 전적인 책임을 맡는 것이었다. 문제는 당시 유럽 국가들이 재래식 전력 증강에 소홀한 것이었다. 지상군 전력, 핵전력 모두 미국이 떠맡고 있는 상황에 아이젠하워의 불만은 극에 달했다. 동맹의 무임승차 문제를 해결하기 위해 아이젠하워가 생각해낸 발상이 핵공유제다. 그는 유럽의 국가들도 핵 투사 결정에 참여하는 방식을 도입함으로써 유럽이 지상군 전력 증강을 포함해 주도적으로 방어 계획과 이행에 참여할 것으로 기대했다. 이와 관련해 존 포스터 덜레스John Foster Dulles 국무장관도 1957년 11월 내부 주재 회의에서 핵공유제 도입 정당성을 강조한다.[26] 그는 "유럽은 핵 전면전과 관련해 미국에 전적으로 의지하고 있다"라고 말했다. "하지만 미국이 가장 중요한 무기를 유럽에 공유하지 않는 상황에서 어떻게 믿어달라고 말할 수 있는가?"라고 반문했다. 이어 "신뢰는 상호적"이라며, "그들이 수행할 수 있는 과제(핵 공유)를 부여해야 한다"라고 강조했다.

핵공유제 발상은 아이젠하워 대통령 시기에 시작돼 린든 존슨 대통령 재임기인 1966년 12월 정식으로 북대서양조약기구에 도입된다. 유럽에 핵공유제가 도입될 수 있었던 것은 거대 핵 적성국 소련의 존재 외에 이미 집단적 자위 기구로서 존재하던 북대서양조약기구가 있었기 때문에 가능했다. 하나의 적을 겨냥해 업무 분담_{division of} labor을 할 수 있었기 때문이다.

트럼프 정부 시절 미국 국방부 정책 담당 부차관을 지낸 데이비드 트라첸버그_{David Trachtenberg} 미주리주립대학교 교수도 아시아에 핵공유제가 도입될 수 없는 결정적 이유로 집단 안보 체제의 부재를 꼽았다.

> 아시아와 유럽은 서로 다른 환경에 놓여 있습니다. 북대서양조약기구는 하나의 회원국이라도 공격받으면 전체가 공격받은 것으로 간주하고 전쟁에 돌입하는 집단 안보 체제가 조약으로 체결돼 있습니다. 그러나 아시아에는 이런 유사한 조약상의 체제가 없습니다.

트라첸버그 전 부차관은 아시아에는 한미, 미일과 같은 양자 관계로 동맹이 이루어졌다는 점을 지적했다. 이들 관계도 적성국에 대한 핵 억제력을 논의하지만, 북대서양조약기구처럼 냉전 시대 소련 그리고 현재의 러시아를 겨냥해 대대적인 핵 전면전을 실제 안전 보장의 일환으로 약속하지는 않는다고 말했다.

핵공유제에 부정적인 미국 전현직 관리들

이처럼 대다수 미국의 전현직 관리들은 '동아시아 핵공유제' 제안이 독창적이긴 하지만 현실성이 낮다고 보고 있다. 익명을 전제로

미 펜타곤 당국자는 나에게 작전상의 가치가 없다고 잘라 말했다. 그는 "유럽과 한반도는 작전 환경이 다르다"라고 말했다. 미국의 전술핵이 배치된 독일, 이탈리아, 벨기에, 네덜란드, 튀르키예는 러시아로부터 멀리 떨어진 후방 지역으로 간주된다고 설명했다. 그러나 한국의 경우 작전 종심이 짧아서 전술핵 보관 시설이 공격으로부터 취약하다고 지적했다. 전술핵무기를 투사하기도 전에 공격당할 가능성이 크다는 지적이다.

안철수, 홍준표 등 일부 한국 대권 주자들이 주장한, 괌에 전술핵무기를 두고 유사시 한국 조종사가 괌에서 폭격기로 핵을 투사하는 방식에 대해서도 물었다. 이 당국자는 현재 미국이 처한 전략적 환경을 이해하지 못하는 발상이라고 말했다. 그는 북한이 2017년 괌을 포위 사격할 수 있다고 협박한 사례를 거론했다. 북한은 몰라도 중국은 이미 그런 실질 역량을 갖추고 있다고 말했다. 의회에서 괌의 미사일 방어 역량 강화를 위해 매년 예산을 투입하는 이유도 포화 사격에 대한 우려가 있기 때문이라고 설명했다. 또 굳이 괌에 한국 조종사가 와서 핵폭탄을 싣고 날아가는 것이 지금처럼 미국의 전략폭격기가 유사시 핵폭탄을 투하하는 것과 어떤 차이가 있는지 오히려 반문했다. 작전 운용상 더 번거로워질 뿐이라고 말했다.

유럽에 배치된 200여 개 전술핵폭탄 중 일부를 빼 올 수 없는지 물었다. 그는 유럽 내 전술핵을 빼 오는 방안은 "정치적 위험도가 너무 크다"라고 답했다. 이미 배치된 전술핵폭탄은 미국의 확장 억제 공약의 일환이라며, 설사 한두 개를 빼 온다고 하더라도 상대국의 의심을 살 수 있다고 말했다. 게다가 그는 미국이 북대서양조약기구에 핵공유제를 도입한 것 자체도 비용 관점에서 부담으로 보기 시작했다고 말했다. 유럽에 배치된 전술핵과 핵 저장 시설은 온전히 미국의 세금으로 운영된다. 이 때문에 펜타곤 당국자는 "오늘날 다시 미국이 선택권이 있었다면 유럽에서조차 핵공유제를 도입하지 않았을 것"이라고 주장했다.

이 국방 당국자의 마지막 답변은 동아시아 핵공유제를 지지하는 이들도 생각해봐야 할 문제다. 설사 한국이나 괌에 전술핵무기를 들여온다고 하더라도 온전히 비용은 미국이 부담해야 하기 때문이다. 핵 유지 비용은 비싸다. 더군다나, 북한이나 중국의 포화 사격으로부터 보호하려면 저장 시설에 대한 방호 설비도 한층 튼튼하게 지어야 한다. 한국 측에서는 '혜택' 위주로 목소리를 높이지만, 미국을 설득하려면 '비용' 문제를 짚고 넘어가지 않을 수 없다.

한국 핵무장,
과연 눈감아줄까?

국제 사회에서 한국과 일본은 자체 핵무장을 할 수 있는 의심 후보군 최상위 명단에 든다. 고도의 원자력 기술과 자본 때문이다. 일본은 세계 최초 피폭국이라는 사실 때문에 국민적 반핵 정서가 강한 자정 작용을 한다. 그러나 한국의 경우는 다르다. 북한과의 경쟁 심리, 박정희 대통령 시절 핵 개발 시도 이력, 높은 국민적 지지 때문에 언제나 의심의 눈초리를 산다.

얼마나 예민한지는 '파이로프로세싱pyroprocessing' 기술 허용을 둘러싼 미국 의회의 강경한 기류에서도 잘 드러난다. 2019년 9월 26일 열린 미 하원 외교위 아시아태평양 비확산 소위. 크리스토퍼 포드Christopher Ford 국무부 국제안보 · 비확산 담당 차관보가 북핵 문제에 답변하던 와중 브래드 셔먼Brad Sherman 하원의원(민주당)의 뜬금없는 질문이 날아왔다.

한국은 오랫동안 파이로프로세싱 기술에 관심을 보여왔습니다. 그들은 핵연료 재처리보다 확산 위험성이 적다고 주장하고 있습니다. 그러나 2011년 국무부는 파이로프로세싱 자체가 재처리 기술이라며 허용을 거부했습니다. 여전히 그런 입상이 유효합니까?

여전히 유효합니다. 우리의 정책은 계속해서 농축과 재처리 기술 확산을 단념시키는 데 있습니다. 한국도 여기에 포함됩니다.

'파이로프로세싱'(사용 후 핵연료 건식 재처리 기술)은 사용 후 배출되는 폐핵연료 재처리가 금지된 한국이 대안으로 밀고 있는 기술이다. 사용 후 폐핵연료를 섭씨 500도 이상 고온에서 용융염 상태로 만든다. 이후 전기분해를 통해 고방사능 물질인 세슘과 스트론튬을 분리해 별도 보관하고 플루토늄 등은 고속로에 태워 없애면서 전기를 생산하는 방식이다. 핵무기 제조에 필요한 플루토늄을 추출할 수 없기에 한국은 미국 측에 이 기술을 허용해줄 것을 줄곧 요청해왔다. 하지만 매번 거절당했다.

핵무기 전용 가능성이 낮은 기술에 왜 미국이 이처럼 민감한지 직접 핵 전문가들에게 의견을 구해보기로 했다. 김용균 한양대 원자력공학과 교수는 미국의 강경 반대 입장에 대해 사용 후 폐핵연료 자체를 건드리는 것에 불편함을 느끼는 듯하다고 평가했다. 김 교수는 파이로프로세싱 자체로는 핵무기를 만들 수 없다고 못 박았다. 그러나 한국은 이미 사용 후 핵연료를 다루지 못할 뿐이지 허용만 된다면 충분히 따라갈 수 있는 처리 역량을 보유하고 있다고 말했다. 미국 역시 한국의 잠재 역량을 알기 때문에 플루토늄 추출과 연계한 기술에 대한 접근조차 원천 차단하려는 의도로 보인다고 밝혔다. 실제로 내가 만난 전현직 미국 관리 대다수가 한국의 핵무장 가능성에 대해 불편한 기색을 드러냈다. 그런데 강경 일색인 워싱턴D.C.의 기류에 미세한 변화가 보이기 시작했다.

미국발 '한국 핵 용인론' 실체는 '소수파'

2023년 4월 24일 자《워싱턴포스트》칼럼에는 종전에는 좀처럼 볼 수 없던 자극적인 제목이 달려 있었다. 〈한국은 핵무장을 해야 할까? 워싱턴이 아닌 서울이 결정할 사안〉.[27] 기고자인 맥스 부트Max Boot는 외교 전문 싱크탱크인 외교협회Council on Foreign Relations, CFR 선임연구원이다. 그는 미국이 이란이나 북한 등 불량 국가의 핵무기 획득에는 반대하면서 오랫동안 영국, 이스라엘, 파키스탄, 인도 등 우방국의 핵무기 보유는 용인해왔다고 지적했다. 그러면서 북핵 대응 목적으로 한국이 핵무장을 검토하는 것만 문제 삼아서는 안 된다고 주장했다. 이어 핵 위협이 증가하고 미국의 군사적 우위가 약화되는 상황에서 핵무기 확산 반대 방침이 여전히 유효한지 면밀하게 따져봐야 한다고 밝혔다. 신기루일까? '한국은 무조건 안 돼'가 일상이 된 골짜기에서 울려 퍼진 너무나 이색적인 메아리였다.

공교롭게도 미국의 외교 안보 전문지《포린어페어스Foreign Affairs》에도 같은 달 한국의 핵무장을 지지하는 기고문이 올라왔다.[28] 공동 기고자인 제니퍼 린드Jennifer Lind와 대릴 프레스Daryl Press는 다트머스대학교 교수들로, 미국 내 한국의 핵무장 찬성 소수파로 분류되는 인물들이다. 두 기고자는 북핵 고도화로 인해 단순히 미국의 상징적인 핵 공약만으로 더 이상 한국을 안심시키기 어려운 상황에 직면했다고 지적했다. 그러면서 나토식 핵공유제 도입 외에 미군의 전술핵 재배치, 영국과 프랑스처럼 자체 핵 개발을 용인하는 선택지도 고려해야 한다고 주장했다. 한국 언론은 대서특필했다. 핵무장 여론에 날개를 달아주는 격이었다.

나도 이런 여론에 동정적인 견해를 지닌 몇몇 전문가를 만났다. 미국 공군우주군협회Air & Space Forces Association, AFA 산하 미첼항공우주전력연구소Mitchell Institute for Aerospace Power Studies의 항공전략억제력 연구국장인 피터 허시가 대표적인 인물이다. 허시 국장은 "미국이 핵무장을 해도 된다고 공공연히 말하는 날은 절대 오지 않을 것"이라고 말했다. 그러면서도 "우선 한국이 만들고 나면 묵인할 개연성은 높다"라고 말했다. 이미 역내 북한뿐 아니라 중국, 러시아가 모두 핵을 보유한 상황에서 미국의 동맹국이 핵무장을 하는 것이 불공평한 처사는 아니라고 덧붙였다.

그러나 한국의 핵무장 선택지에 동정적인 여론은 대부분 민간 차원에서 나오는 소수 의견에 그친다. 명목상 이유는 북핵 고도화지만, 이면에는 미국의 핵 부담 경감을 노리는 셈법이 강하다. 핵무기 개발과 유지에는 많은 돈이 든다. 미국 의회 예산처는 2021년부터 2030년까지 10년간 미국의 핵전력을 유지하는 데만 6350억 달러가 소요될 것으로 예상했다.[29] 동맹을 안심시키기 위해 6000억 달러 이상의 세금이 미국 국민의 호주머니에서 나간다는 의미다. 바꿔 말하면 미국 내 한국의 핵무장 허용론은 동맹이 미국의 안보 공헌에 무임승차하고 있다는 논리와 긴밀히 연계돼 있다. 한국이 핵무장을 하면 미국이 그만큼 한국에 돈과 인력을 쓰지 않아도 된다는 계산이 깔려 있기 때문이다. 한국의 자체 핵무장은 미국의 확장 억제력의 축소 또는 철폐를 의미한다. 스스로의 안보는 스스로가 지켜야 한다는 미국식 안보 철학이 투영돼 있다.

두 번째는 북한보다는 중국을 견제하려는 목적이 강하다. 미국인의 눈에 40개 안팎의 핵무기를 보유한 북한은 보잘것없는 존재다. 현재의 확장 억제력으로 충분하다는 것이 미국 내 전반적인 인식이다. 다만 2035년경 약 1500개의 핵탄두를 보유할 가능성이 높은 중국을 셈법에 넣을 경우 상황은 달라진다. 한국이 스스로 핵무장을 한다면 굳이 전술핵을 재배치하지 않고도 중국을 압박할 수 있는 지렛대로 활용할 수 있다는 셈법이 작용하고 있다. 미국 일각에서 제기되는 한국 핵무장 용인론은 분명 과거와 비교하면 색다른 전개다.

하지만 소수 의견은 소수 의견일 뿐 확대 해석은 금물이다. 백가 쟁명百家爭鳴의 도시 워싱턴D.C.에서 새로운 정책 의제가 채택되려면 강한 명분 외에도 정치적 동력이 필요하기 때문이다. 워싱턴D.C.에서는 하루에도 수백 가지 정책 의제가 나왔다가 사라지는 일이 흔하다. 예산 배정권을 가진 의회를 설득하기 위해서는 한두 사람의 의견만으로는 부족하다. 소수 의견이 미국 전체를 대표하지는 않는다. 우선 한국 핵무장 용인론자 대다수가 미국 외교 안보 정책에 관여해본 적이 없는 순수 민간인 출신이라는 점이 걸림돌이다. 반면에 한국의 핵무장 선택지에 반대 입장을 표명하는 전직 관리들의 여론은 여전히 막강하다.

주류 시각은 여전히 '핵 불가'

대표적인 워싱턴 조야의 강경파로는 대북 제재 저승사자로 불렸던 로버트 아인혼Robert Einhorn을 들 수 있다. 그는 오바마 정부 때 미국무부 비확산·군축 특보를 지냈다. 2021년 1월 나와 만난 그는 한국과 일본을 거론하며 핵확산금지조약 탈퇴 금지 규정을 만들어야 한다고 주장했다. 핵확산금지조약 가입국이 탈퇴할 경우 기존에 평화적 목적으로 제한적으로 사용해왔던 원전 기술을 핵무기 개발에 거리낌 없이 전용할 수 있다는 것이 이유였다.

그런데 강경파인 그에게서 입장 변화가 감지되었다는 한국 언론들의 보도에 나는 깜짝 놀랐다. 2022년 12월 세종연구소가 주최한 행사에 참석한 아인혼 전 특보가 한국의 핵무장을 용인할 경우 얻을 수 있는 미국의 전략적 이점을 설파했다는 내용의 보도였다. '소수의견이 강경했던 대북 저승사자의 태도까지 전향적으로 바꿨단 말인가?' 그의 입장을 확인할 필요가 있었다.

아인혼 특보는 2023년 7월 나와의 인터뷰에서 자신의 발언을 둘러싼 핵 용인론은 "한국 특정 언론사들의 왜곡된 보도"라고 강하게 비판했다. 이어 한국 핵무장에 대한 자신의 입장은 변한 게 없다며, "득이 될 것이 없다"라고 강조했다. 다만 핵무장 담론 자체는 주권적 사안이기 때문에 한국 국민이 결정할 사안이라고 말했다. 오히려 북한의 핵 고도화와 김정은의 공격적인 행동에 비춰보면 이런 국민적 논의는 합리적인 과정이라고 생각한다고 말했다. 다만 국익에 도움이 되지 않는다는 결론을 한국 국민 스스로가 내릴 것으로 확신한다고 밝혔다. 왜 그런 결론에 다다를 것이라고 믿는지 물었다.

로버트 아인혼 전 미 국무부 비확산·군축 특보(왼쪽)는 자신은 여전히 한국의 핵무장에 반대한다며, 미국의 확장 억제력을 믿는 것이 최선의 길이라고 말했다.

한국의 자체 핵무장은 [미국과의] 동맹 관계가 끝장나는 것을 의미하기 때문입니다. 두 국가 정부 모두 동맹 관계를 유지하길 원하고 있습니다. 하지만 한국이 핵무장을 하면 미국 대중이 어떻게 반응할 것 같습니까? 미국 내 정치권에서는 "한국은 더 이상 우리에 대한 신뢰가 없다"라고 주장할 것입니다. "신뢰가 없다면 2만 8500명의 미군을 한국에 주둔할 필요가 있을까? 왜 우리 병사들의 목숨을 계속해서 담보로 잡혀야 하는가?" 의회 내 이 같은 주장은 주한미군 철수를 요구하는 움직임으로 변질될 수 있습니다.

아인혼 전 특보는 핵 원료 수입이 사실상 중단돼 경제에 치명타를 입을 수도 있다고 경고했다. 그는 한국 전력 수급의 30퍼센트 이상을 차지하는 원전은 한국이 핵확산금지조약 회원국이기 때문에 가동할 수 있다고 설명했다. 핵공급국그룹Nuclear Suppliers Group, NSG이 원자력을 평화적으로 이용하는 조건으로 플루토늄 등 핵물질을 한국에 수출하고 있기 때문이다. 그러나 핵무장은 핵확산금지조약 탈퇴를 의미하기 때문에 더 이상 핵 원료를 수입에 의존할 수 없게 된다고 밝혔다. 이 밖에 중국으로부터 경제적 제재와 협박이 가중되는 결과를 맞이할 수도 있다고 말했다. 아인혼 전 특보는 대북한용 방어무기인 사드의 한반도 배치를 놓고 중국이 경제 제재를 단행한 사례를 상기시켰다.◆

> 그들（중국）은 한국이 어떤 주장을 하더라도, 핵무장이 미국의 대중국 견제 정책의 연장선이라고 간주할 것입니다. 이는 사드 배치 때보다 훨씬 광범위하고 적대적인 반응을 불러일으키게 될 것입니다.

아인혼 전 특보는 이런 막대한 비용과 손실을 감안할 때 한국민으로서는 미국의 확장 억제력 공약을 믿는 것이 최적의 선택지라고 밝혔다.

아인혼 전 특보의 견해는 미국의 전현직 관리들의 생각을 관통하는 주류 시각이다. 민주당이든 공화당이든, 국무부 출신이든 펜타

◆ 북한이 2016년 1월 4차 핵 실험을 강행하자 한미 양국은 한반도에 사드 배치를 결정하고 그해 7월 13일 경북 성주군이 배치 장소로 확정되었다. 이듬해 9월 7일 사드 발사대 4기가 성주 기지로 반입되었다. 중국은 사드가 북한이 아닌 자국을 겨냥한 무기 체계라며 강하게 반발했다. 보복의 일환으로 한한령을 실시해 한국 드라마 수입, 한국 연예인의 활동을 막았다. 또 복수 상용 비자 발급을 제한하고, 중국 내 한국산 불매 운동을 전개해나갔다.

곤 출신이든 관계없다. 가령 트럼프 정부 당시 피터 판타 미 국방부 핵문제 담당 부차관보는 2019년 5월 간담회에서 "오직 미국의 핵 억제력만이 효과적인 대안"이라고 강조했다. 그는 한국과 일본이 핵무기를 갖게 되면 인도네시아, 태국, 필리핀 등 다른 나라에도 영향을 줘 연쇄적인 핵 확산으로 이어질 수 있다고 지적한 바 있다. 이제는 진부함마저 느껴지는 이른바 '핵 도미노 현상'을 내세운 것이다. 이들 전현직 관리를 설득시키지 않고는 아무리 미국 내 소수 의견에 편승해 한국 여론을 부추긴다고 하더라도 목표한 바를 이룰 수 없다.

북한만으로는 설득력 없다, 관건은 중국

한국 핵무장론 설득의 가장 큰 걸림돌은 북핵에 대한 한미 두 나라의 위협 인식 차이다. 40개 플러스알파의 핵을 보유한 것으로 평가되는 북한이 설사 향후 미국을 겨냥한 2차, 3차 핵 공격 능력을 갖추게 되더라도 억제 가능하다는 것이 펜타곤의 시각이다. '북한이 미국 본토를 위협할 수 있게 되면, 자국민의 희생을 두려워하는 미국 대통령이 동맹 보호 의무를 방기하지 않을까?' 프랑스의 핵무장을 정당화시킨 오랜 의심이다. 그러나 최근 주한미군사령관의 대답이 미국 주류 시각을 투영한다.

2023년 5월 16일 한국국방연구원KIDA이 주최한 행사에서 폴 라캐머라 주한미군사령관은 "미국이 로스앤젤레스, 워싱턴D.C.를 지키려고 서울을 포기할 것인가와 같은 주장은 대꾸할 가치도 없다"라고 강조했다.[30] 라캐머라 사령관은 "한국에 사는 미국인 수, 한국을 지키기 위해 목숨 바친 군인 수, 한국에서 근무하는 군인의 수, 가족이나

지인과 함께 한국에 온 사람의 수를 보라"며, "미국이 한국을 버리는 일은 있을 수 없다"라고 밝혔다. 명쾌한 대답이지만 미국이 확장 억제력을 자신하는 더 실질적인 이유가 있다. 핵탄두의 압도적인 수적 차이다.

펜타곤은 중국과 러시아를 미국과 거의 대등한 수준의 경쟁자로 분류한다. 특히 중국이 2030년경 네 자릿수 핵보유국으로 올라서는 데 대해 바짝 긴장하고 있다. 미국의 관점에서 이들 두 나라와의 핵전쟁이야말로 국가 존립 위기 사태를 의미한다.

반면에 현재 북한의 핵 역량으로는 미국 전체를 핵 재앙에 휩싸이게 하지 못한다. 2001년 9월 11일 미국 본토를 겨냥한 알카에다의 테러 공격이나, 일본제국의 진주만 공습을 떠올려보라. 미국에 대한 제한적인 핵 공격은 오히려 미국의 보복 심리를 자극한다. 두 사건 모두 아프가니스탄과 이라크 침공, 2차 세계대전 참전 계기가 되었다. 미국은 확장 억제력 공약이 빈말이 아니라는 점을 강조하기 위해 "북한이 핵을 사용하면 정권 종말"이라는 문구를 사용해왔다. 펜타곤은 2022년 바이든 정권의 《핵 태세 검토Nuclear Posture Review, NPR》 보고서를 발표하면서 "미국과 동맹, 우방에 대한 북한의 핵 공격은 용인할 수 없고 정권의 종말로 직결하게 될 것"이라고 경고했다. 특히 "김씨 정권이 핵을 사용하고 살아남을 수 있는 어떤 각본도 존재하지 않는다"라고 명시했다.[31]

앞서 펜타곤 당국자가 나에게 한국에 핵이 떨어지면 본격적인 핵전쟁의 시작을 의미한다고 말한 취지가 이미 공개 입장문에 투영돼 있는 것이다. 이런 상황에서 한국이 핵무장을 들이밀어봤자 씨알도 안 먹힌다. 펜타곤의 시각에서 보자면 '이 정도까지 약속했는데도 핵무장을 고집하는 건 다른 의도가 있는 것 아니야?'라는 의심만 살 뿐이다. 따라서 한국이 정녕 핵무장의 길을 고려한다면 미국이 가장 염려하고 있는 '위협'인 중국도 시야에 넣어야 그나마 설득할 명분이 생긴다. 그러자면 아인혼 전 특보가 말한 것처럼 한국은 중국으로부터 전방위적 보복도 감수해야 하는 것은 물론이다. 그러나 앞서 전략 사령관이 언급했던 것처럼 미국은 복수의 핵 적성국과 경쟁하는 전례 없는 시대를 맞이하고 있다. 핵 부담이 가중되고 있는 미국의 관점을 투영하지 않으면 한국의 핵무장을 허락할 하등의 이유가 없다. 물론 이런 논리를 따른다고 해서 미국이 한국의 핵무장 허용을 쉽게 해준다는 의미는 결코 아니다. 다만 전 세계 핵 적성국 또는 잠재 핵 적성국을 상대하는 미국의 셈법에 대한 이해 없이는 그저 징징대는 투정꾼으로밖에 비치지 않는다는 의미다.

미국의 핵 부담 관점에서 설득해야 한다

설득에는 논리의 정교성이 요구된다. 다시 한 번 복기해보자. 미국과학자연맹이 발표한 2023년 기준 전 세계 핵탄두 보유량은 러시아, 미국, 중국 순으로 각각 5889개, 5244개, 410개고 북한은 40개 이상으로 추정하고 있다. 설사 중국이 펜타곤의 추정처럼 1500개까지 늘리고 북한이 랜드연구소의 분석처럼 242개까지 늘린다고 해도 미국의 5000여 개에는 비할 바가 못 된다. 명목상으로는 여전히 미국의 확장 억제력 역량이 확고해 보인다. 그러나 '악마는 디테일에 있다.' 미국과학자연맹은 5244개의 핵무기 가운데 퇴역시켰거나 해체 준비 중인 핵탄두는 1536개라고 평가했다. 또 실전 배치 중인 핵무기는 1770개, 예비용이 1938개로 실제 가용 핵탄두는 3708개까지 대폭 줄어든다. 이 중 실전 배치 중인 핵무기에 대한 더 깊은 이해가 동반돼야 미국을 설득할 수 있는 발상을 모색할 수 있다.

미국의 실전 배치 핵탄두는 탄도미사일용이 1370개, 전략폭격기용이 300개, 유럽 배치 전술핵무기가 100개다. 이 중 유럽에 배치된 전술핵무기의 경우 순전히 러시아에 대한 방어용이기 때문에 한반도와는 전혀 관계가 없는 숫자다. 그렇다면 유럽의 전술핵 100개를 뺀 1670개 중 당장 한반도 유사시 사용할 수 있는 핵무기는 얼마나 될까? 우선 핵 운반 3축 체계 가운데 대륙간탄도미사일 400개는 상시 대기 중이다. 반면에 전략폭격기의 경우 평시에는 핵무기를 탑재하고 있지 않다. 전략폭격기에 핵무기를 탑재하는 데는 수일이 소요된다. 탄도미사일핵추진잠수함SSBN의 경우 상시 운용 가능한 전력은 12척이다. 러시아와 맺은 뉴스타트New START(신전략무기감축협정)◆로 인해 이 12척의 잠수함에 실을 수 있는 잠수함발사탄도미사일SLBM은 20개로 제한된다. 따라서 즉시 투사 가능한 해저 투발 수단은 20 곱하기 12, 즉 240개다. 이 중 핵탄두를 탑재할 수 있는 잠수함발사탄도미사일은 얼마나 될까? 저위력 핵폭탄인 W76-2의 경우 전략무기감축협정에 따라 각 잠수함(12척)에서 탄도미사일당 탄두 하나씩 총 2개 탑재한다. 따라서 총 24개의 W76-2 저위력 핵폭탄을 장착한 미사일이 상시 대기 중이다. 전략핵미사일의 경우 각 잠수함(12척)에서 18개 탄도미사일 하나마다 각각 4개의 핵탄두를 달고 있다. 따라서 12 곱하기 18 곱하기 4, 즉 864개의 전략핵미사일이 상시 대기 중이다. 대륙간탄도미사일(400개)이 모두 작동한다고 가정했을 때 핵 탑재 잠수함발사탄도미사일(888개)과 더불어 유사시 즉시 사용 가능한 핵탄두는 1288개에 불과하다는 결론에 다다른다. 러시아는 차치하고 향후 북한(242개)과 중국(1500개) 모두 지금 추세로 핵탄두를 늘릴 경우 동시에 억제하기에 상당히 어려움이 예상되는 대목이다.

복수의 적성국이 핵탄두를 늘릴수록 미국이 지고 있는 핵우산의 부담 역시 증가한다. 미국의 이 가려운 부분을 긁어줘야 한국의 핵무장 선택지에 조금이라도 당위성이 생긴다. 영국의 경우 냉전 시대 초기부터 미국이 핵 개발을 용인해주었을 뿐 아니라 운용 비법까지 전수해주었다. 구소련이라는 거대 핵 적성국을 상대하기에 벅찬 현실과 공동의 위협 인식은 역할 분담이라는 상호 합의를 이끌어냈다. 러시아까지 가세한 동북아 역내 2.5 핵 적성국을 억제하는 데서 한국의 확대된 역할을 강조해야 설득력이 생긴다는 의미다.

◆ 전략무기감축협정Strategic Arms Reduction Treaty, START은 전략핵무기 감축을 위해 미국과 구소련 사이에 체결된 협정이다. 이후 러시아가 이 협정 내용을 승계했다. 1991년부터 지금까지 총 3차례 협정이 있었다. 가장 최근인 뉴스타트는 2009년 4월 1일 버락 오바마 미국 대통령과 드미트리 메드베데프 대통령 사이 회담을 계기로 과거의 감축 협정을 모두 승계하는 내용에 서명하게 된다. 또 2021년 2월 5일까지 모든 운반 수단과 핵탄두를 각각 700기와 1550기로 감축하는 내용을 담고 있다. 2018년 러시아 외무부는 현재까지 총 1444개 핵탄두를 줄였다고 발표했고, 미국은 총 1350개 핵탄두를 감축했다고 밝혔다. 중국을 초대하자는 미국의 제안이 있었지만 러시아가 거부했다. 도널드 트럼프 행정부는 협정을 종료하겠다는 의사를 내비쳤으나 조 바이든 행정부가 들어섬에 따라 연장되었다. 그러나 2022년 러시아의 우크라이나 침공으로 양국 관계가 악화되면서 블라디미르 푸틴 러시아 대통령은 참여 중단을 선언했다.

2019년 5월 1일 미국 캘리포니아 반덴버그 공군 기지에서 발사된 대륙간탄도미사일 미니트맨 III. 미국의 핵 운반 3축 체계 가운데 하나다.

출처: 펜타곤 국방영상정보배포서비스

2022년 10월 21일 텍사스 북부 상공에서 공중 급유를 받고 있는 B-1 랜서 전략폭격기. 평시에는 재래식 공격 위주의 작전을 펼치지만 유사시에는 핵을 탑재할 수 있다.

출처: 펜타곤 국방영상정보배포서비스

2021년 9월 17일 미국 플로리다 인근 해상에서 다탄두 잠수함발사탄도미사일 트라이던트 II D5LE이 오하이오급 전략핵추진잠수함 와이오밍호에서 발사되었다. 적으로부터 은폐하기 쉬운 전략핵추진잠수함은 핵 운반 3축 체계 가운데 생존성이 가장 높아 핵 보복 공격 최후 수단으로 간주된다.

출처: 펜타곤 국방영상정보배포서비스

로비력 막강한 일본이라는 또 다른 변수

이 밖에도 미국의 공감을 이끌어내기 위해서는 일본이라는 '변수'를 반드시 시야에 넣어야 한다. 미국의 이른바 '핵 도미노' 공포 심리는 상당히 역사가 오래되었고 논리도 탄탄하다. 특히 일본은 한국과 더불어 결심만 한다면 언제든 핵무장을 할 수 있는 국가다. 또 미국은 한국과 일본 간 골이 깊은 역사적 갈등에 대해 인지하고 있다. 한국의 핵무장이 일본의 핵무장으로 이어질 수 있다는 두려움은 상당히 오래된 논리다.

나는 바이든 정권의 출범 이후 일본의 로비력을 여러 차례 현장에서 실감했다. 조 바이든 대통령은 과거 부통령 시절부터 핵무기에만 핵무기로 대응해야 한다는 유일 목적sole purpose를 강하게 주장해왔다. 이는 적의 재래식 파상 진격을 막는 데 사용하는 전술핵무기 사용에 부정적이라는 의미다. 대통령의 철학에 맞춰 펜타곤 당국자들은 정권 초기부터 핵무기 역할 축소를 강조했다. 이 때문에 일각에서는 미국의《핵 태세 검토》보고서에서 '유일 목적'이 처음으로 명시될 것이라는 전망까지 나왔다. 그러나 2022년 발표된《핵 태세 검토》에서 이런 표현은 끝내 삽입되지 않았다. 의회, 국방부, 국무부 관계자들을 종합적으로 취재해본 결과 대통령의 전향적인 태도 뒤에는 일본의 입김이 크게 작용한 것으로 확인되었다. 중국과 러시아, 북한 세 나라를 핵무장 이웃으로 두고 있는 일본은 '핵무기 역할 축소' 논의가 워싱턴D.C.에서 일자마자 물밑 작업에 들어갔다. 일본은 핵무기 역할 축소가 확장 억제력 약화로 이어진다고 강하게 항의했다고 한다. 그러면서 핵무기의 유일 목적이라는 문구를 빼줄 것을 전방위적으로 요구했다고 복수의 취재원이 밝혔다.

김진명의《무궁화꽃이 피었습니다》는 일본에도 잘 알려진 소설이다. 한국이 일본에 핵을 떨어뜨리는 내용임을 언론을 통해 접한 일본인이 상당하다. 핵잠수함으로 일본에 핵을 날리는 내용의 정우성, 최민수 주연의 영화〈유령〉또한 한류 열풍을 통해 입소문을 탔다. 한국이 핵무장을 하면 언제든 도쿄를 겨냥할 수 있다는 막연한 두려움이 일본인 심리 속에 자리 잡게 된 배경이다. 미국을 설득하기 위해서는 일본의 공감을 얻어내는 물밑 작업이 선행돼야 한다. 한국이 핵무장 선택지를 강행할 경우 일본은 미국의 강경 행보를 부채질할 수 있는 강력한 로비력을 갖추고 있기 때문이다. 단순히 한일 관계 정상화 같은 선언적인 약속만으로는 부족하다. 우선 중국, 북한, 러시아라는 3개 핵무기 적성국을 상대한다는 위협 인식부터 완벽하게 공유하지 않으면 한국의 핵무장 여정은 험난하기만 할 것이다.

한국 돈으로 대북용 핵무기를 지정한다?

한편 유사시 즉시 사용 가능한 미국의 핵탄두 숫자가 1288개로 제한돼 있다는 사실은 어떤 의미를 지니고 있을까? 미국은 적성국마다 유사시 투하할 수 있는 핵탄두 양을 미리 할당하는 핵전략을 세워놓고 있을 가능성이 높다. 핵 보유량이 가장 많은 러시아, 향후 1500개 이상 실전 배치할 가능성이 높은 중국 순으로 할당량이 정해져 있다는 것은 당연한 추론이다. 그렇다면 북핵에 대응할 핵탄두의 양은 아예 없거나 매우 적을 수밖에 없다. 설사 여분이 있더라도 중국과 러시아를 동시에 억제하기 위해 북한에 모두 소진할 수는 없다. 그러나 미국은 한반도 유사시 사용할 수 있는 핵무기 할당량을 공개하지 않고 있다. 이런 모호한 태도 때문에 한국 사회 일각에서는 미국이 유사시 확장 억제력을 제공할 것인지 의문을 제기하기도 한다. 한국은 이 대목을 미국에 집중적으로 추궁해야 한다. 자칫 중국과 러시아 때문에 한반도에 할당되는 핵무기가 예상했던 것보다 적을 수 있기 때문이다.

앞서 살펴봤던 핵공유제, 전술핵 재배치, 한국의 핵무장이라는 선택지는 각각 넘어야 할 장애물이 너무 많다. 세 선택지의 공통점은 유사시 미국으로부터 '버림'받을 수 있다는 막연한 불안감에서 기인

한다는 것이다. 북한이 미국 본토를 공격할 수 있는 핵 역량을 갖추게 되면 미국 대통령이 자국민을 희생시키면서까지 한국을 보호할 것인가라는 의문을 전제로 한다. 반면 미국의 관점에서는 북한만을 상대할 수 없다. 또 핵무기를 늘릴 수도 없고, 예산도 한정돼 있다.

한 가지 분명한 점은 핵공유제, 전술핵 재배치, 한국의 핵무장 모두 미국의 셈법을 전혀 고려하지 않는 '한반도 천동설'에서 기인한다는 사실이다. '갑'의 위치에 있는 미국을 설득하기에는 논리적으로 부족한 것이 현실이다. 그렇다면 '부담 분담' 관점에서 접근해보는 것은 어떨까? 가령 미국 의회에서 늘 옥신각신하는 '핵 예산'에 한국이 일정 분담금을 내고 미국의 핵무기 중 일부를 '대북용'으로 지정하는 방안을 제시할 수도 있다. 실제로 미국은 전술핵폭탄인 B61의 개량 사업에 매년 예산을 투입하고 있다. 한국이 분담금을 낸다고 해서 소유권이 넘어오는 것은 아니다. 다만 해당 무기가 오로지 대북용으로만 쓰인다는 약속은 받아낼 수 있다. 미국의 '부담 분담' 관점을 충족시키면서도 거대 패권 경쟁 시대의 우선순위에서 밀리는 북한 문제에 대해 확실한 확장 억제력 '어음'이 될 수 있다. 한국 정책 당국자는 이와 같은 약속을 미국으로부터 반드시 받아내야만 한다.

방위비 분담금 협상이 교착 상태에 빠졌을 당시인 지난 2019년을 돌이켜보자. 트럼프 행정부는 한국에 전략 자산 전개 비용으로 1억 달러(약 1170억 원) 이상을 청구했다고 알려졌다.[32] 실제로 도널드 트럼프 대통령은 싱가포르 북미 정상회담 직후 기자회견에서 한미 연합 훈련이 비싸다고 지적한 바 있다. 그는 "괌에 있는 폭격기가 6시간 넘게 비행해야 한반도 주변에 배치되는데 이렇게 하면 매우 비싸다"라고 말했다. 그 당시에도 알게 모르게 미국은 자신들이 부담하는 핵우산 비용이 비싸다고 생색을 냈던 것이다. 그들이 원하는 것이 "Show me the money(내게 돈을 보여줘)"라면, 확실히 우리 몫을 지불하고 미국에 당당히 요구하는 것도 묘안이 될 수 있다. '당신네가 원하는 돈은 지불했으니 대북용 핵미사일에 대한 몫은 확실히 할당해달라.'

절대로 값싼 비용은 아니다. 미국과학자연맹이 2012년 추정한 B61-12의 개당 비용은 2800만 달러(약 356억 원)다. 그러나 워싱턴 정가에서 북핵 문제가 계속 뒷전으로 밀리는 상황에서 비용 지불을 통한 핵 부담 분담은 미국이 북한에서 시선을 떼지 않도록 하는 효과를 거둘 수 있다. 동북아 핵 2.5 시대에 0.5 위협인 북한에 대해 확실한 확장 억제력 보장을 요구할 수 있다. 게다가 미국에 의존하는 안보 '채무국'에서 안보 부담을 나누는 당당한 '채권국'으로 위상이 달라진다면 이번에는 우리가 미국을 압박할 수 있는 카드를 손에 넣을 수도 있다.

미국은 북대서양조약기구 5개 회원국과 핵공유제를 맺으면서 전술핵을 배치해놓고 있다. 핵 유지와 관리 비용은 전적으로 미국이 부담하고 있다. 게다가 독일을 비롯한 이 5개국은 오랫동안 미국이 제공하는 안보 노력에 무임승차한다고 비판받고 있다. 미국이 핵공유제 자체를 내심 반기지 않는 이유다. 관점을 바꿔 유럽과 달리 한국이 미국의 핵 부담을 경감하는 데 일정한 기여를 한다면, '을'의 입장이지만 '슈퍼 을'로서 미국에 확실한 확장 억제력을 요구할 수 있는 위치에 서게 되는 것이다.

3장

극초음속미사일 시대
한일 관계의 함의

여전히 지소미아 망령에 사로잡힌 여의도 문법

핵무기가 전쟁을 이길 수 있는 '한 방'으로 간주된다면, 핵탄두를 운반해서 상대방의 급소에 치명타를 날리는 능력 구비는 또 다른 전술적 선택이다. 이런 위협에 대응해 냉전 시절부터 미국은 적 미사일을 격추하는 요격 방어망 구축에 열을 올렸다. 그런데 러시아, 중국뿐 아니라 북한은 미국의 견고한 미사일 방어망을 뚫을 수 있는 다양한 종류의 공격 무기를 최근 실전 배치하기 시작했다. 진화하는 위협에는 새로운 방어 전략이 필요하지만 아직 한국 대중은 여전히 예전 셈법만 고수하고 있다.

실제로 이것(한일 군사 정보 공유)을 통해서 이득을 얻는 것은 일본밖에 없습니다. 일본이 자신들의 영토로 날아오는 미사일을 한국이 탐지해서 실시간으로 공유해주기 때문에 한국의 군사 시스템 자체가 일본에 무상 원조 상납하는 거잖아요.

― 한국 국회 북핵 미사일 도발에 관한 국방위원회 전체회의, 2023년 4월 6일

더불어민주당 김영배 의원은 최근 한미일 군사 정보의 실시간 정보 공유를 강조한 윤석열 대통령의 발언을 "궤변"이라고 평가하며 목소리 높여 비판했다. 특히 국정감사 당시 국방부로부터 제공받은 지난 1년여간 한일 간 북한 미사일 정보 공유 비교 자료를 제시하면서, 지소미아General Security of Military Information Agreement, GSOMIA(한일군사정보보호협정)◆가 일본에만 유리한 내용이라고 따졌다.

이 자료 보세요! 우리가 탐지한 [북한의 미사일] 정보가 훨씬 더 정확하고 세밀하고 아주 빠릅니다. 일본은 북한이 몇 발 쐈는지도 정확히 못 맞히고 거리도 몇 킬로미터짜리를 쐈는지도 정확하게 맞히지 못했어요.

김 의원이 지목한 사례는 2022년 6월 5일 북한이 쏜 단거리 미사일 8발로, 일본은 6발을 쐈다고 밝힌 반면에 한국군 당국은 정확하게 8발로 발표했다. 미사일 비행 거리와 고도의 경우도 한국은 110~670

◆ 지소미아는 2016년 11월 23일 박근혜 정부와 아베 신조 정권 사이에 체결한 협약으로 군사 비밀에 관한 양국 간 정보 공유를 골자로 한다. 지소미아 이전까지는 미국이 두 나라 사이에서 정보를 중계해주었지만, 이 협정 체결로 한국 또는 일본은 대북 정보를 미국을 거치지 않고 직접 주고받을 수 있게 되었다. 과거사 문제로 직접적인 군사 협력이 없었던 두 나라 사이에 맺어진 첫 군사 협정이다. 북한이 두 달 전인 2016년 9월 9일 함경북도 풍계리에서 감행한 5차 핵 실험이 협정 체결의 직접적인 계기가 되었다.

킬로미터와 25~90킬로미터, 일본은 300~400킬로미터와 50킬로미터로 상당한 오차가 나타났다고 지적했다.

우리나라가 갖고 있는 정보, 우리나라가 훨씬 더 정교하고 정확한 정보를 갖고 있고 일본이 그것을 못 얻어서 난리인데, 그러면 우리가 일본을 위해서 군사 시스템을 가지고 있는 것도 아니고, 탐지 시스템을 갖고 있는 것도 아닌데 왜 일본한테 이것을 일방적으로 제공하냐 이 말이에요.

신범철 국방부 차관은 굳은 표정을 지은 채 즉각 반박했다.

명확하게 밝혀드리겠습니다. 마치 우리가 일본에 종속돼 있다거나 우리의 전략 자산을 일본에 바친다는 그런 의견은 전적으로 오해이고 왜곡되고 잘못된 것이라는 점을 제가 다시 한 번 밝힙니다. … 〔북한 미사일의〕 탄착 지점을 저희가 평가하는 데 있어서는 그것이 동해상으로 멀어질수록 우리보다는 일본이 그것을 더 정확하게 탐지할 수 있습니다. 과학적으로 그렇습니다.

신 차관은 최근 북한의 단거리 미사일(KN-23)이 불규칙적으로 움직이는 이른바 변칙 기동을 한다는 점도 한미일 정보 공유가 필요한 이유로 들었다. 김 의원은 신 차관의 설명에 납득되지 않는 듯 답변이 끝나기 무섭게 쏘아붙였다.

한미 관계, 한미 동맹으로 충분히 미국의 전략 자산을 갖고 아까 말씀하

신 탄착 지점하고 위치를 파악할 수 있잖아요? 그렇죠? 미국으로 충분하지 왜 일본과 그것(정보 공유)을 해야 되느냐 이 말이에요. 미일 간 공유하는 문제는 그것은 미국이 알아서 할 거예요, 그렇죠? 그런데 왜 그것을 우리가 나서서 하느냐 이 말이에요.

김 의원은 지난 몇 년간 북한이 중거리, 대륙간탄도미사일을 발사할 경우 일본과 미국을 겨냥한 점을 사례로 들며, 미사일과 관련된 정보는 한국과 관련이 없다고 주장했다.

이게 지금 아주 짧은 시간 내에 파악을 바로 해야 하는 위급한 수요가 누구한테 있나 이 말이에요. … 한국은 주로 장사정포하고 단거리와 관련돼 있는 것 아닙니까? 미사일은 주로 대륙간탄도미사일이거나 일본하고 관련돼 있는 일이지 우리하고 관련된 게 아니란 말이에요.

미사일이 일본과 주로 관련돼 있다는 말씀에 동의드리기가 좀 어려운 측면이 있습니다.

두 사람의 난상토론은 결국 "이쯤에서 그만하시죠"라는 위원장의 개입에 따라 결론을 내리지 못한 채 끝났다. 지난 2019년 11월 한국 정부가 지소미아 종료 선언을 철회하고 조건부 연장을 발표한 지 2년 7개월이 지난 시점이었다. 한일 간 지소미아 종료 논란은 여전히 여의도 정치 안에서 큰 불씨로 살아 있다.

지소미아 종료 논란을 제대로 이해하려면 원인이 된 한일 과거사 문제부터 살펴봐야 한다. 2018년 10월 30일 한국 대법원은 일본 신일철주금新日鐵住金(현 일본제철)에 일제 강제 징용 피해자 배상을 명령했다. 이에 일본은 이듬해 7월 1일 반도체 소재 등 3개 품목에 대한 수출 규제를 발표하고, 사흘 뒤 한국에 대한 수출 규제 강화 조치를 단행했다. 이에 김현종 청와대 당시 국가안보실 제2차장은 "신뢰 결여와 안보상의 문제를 제기하는 나라[일본]와 민감한 군사 정보 공유를 계속 유지하는 것이 맞는지 포함해 종합적인 대응 조치를 취할 것"이라고 경고하며, 처음으로 지소미아의 사실상 파기를 시사했다

예상하지 못한 한국의 전격 발표에 그 누구보다 놀란 것은 애초이 협정 체결을 독려했던 미국 측이었다. 마크 에스퍼 미국 국방장관은 이틀 뒤 한미 국방장관 회담에서 "지소미아는 미한일 3국 안보협력에 상당히 기여한다"라며 한국 측에 관련 협정을 계속 유지하기를 촉구했다. 그러나 한국은 이에 아랑곳하지 않고 2019년 8월 22일 지소미아 종료를 결정했다.＊ 그러자 이번에는 마이크 폼페이오Mike Pompeo 당시 국무장관이 "실망했다"라며 한국 정부가 결정을 재고할 것을 요구했다.

오늘 아침에 한국 측[강경화 외교부 장관]과 이 문제에 대해 이야기를 나

＊ 2016년 11월 23일 발효된 한일 지소미아는 1년 단위로 협정을 갱신해왔다. 한일 두 나라 중 어느 한쪽이 연장을 원하지 않을 경우 협정 만료 90일 이전에 종료를 통보하는 것을 원칙으로 한다. 2019년 통보 마감 시한은 8월 24일이었다. 청와대는 '파기'가 아닌 '종료'라는 입장을 거듭 강조했다. 파기는 당사자가 협정을 '위반'했을 경우 쓰는 표현이기 때문에 적절하지 않다는 설명이다.

났습니다. 우리는 [일본과의] 정보 공유 협정에 관한 한국의 결정을 보게
돼 실망했습니다. … 한국과 일본의 공유된 이익이 중요하다는 점에는
의심의 여지가 없습니다. 그것은 미국에도 중요합니다. 우리는 한국과
일본이 양국 관계를 정확히 올바른 곳으로 뇌돌리길 희망합니다. … 이
는 북한의 맥락에서도 절대적으로 중요할 뿐 아니라, 전 세계에서 우리
가 하는 일의 맥락에서도 중요합니다.

— 마이크 폼페이오, 미국 국무장관과 캐나다 외교장관 공동 기자회견,
캐나다 오타와, 2019년 8월 22일

익명을 요구한 국무부 대변인실 관계자는 한국의 지소미아 종
료 결정 직후 나에게 "미국은 이런 결정이 미국과 우리 동맹국들의
안보 이익에 부정적 영향을 미칠 것이라고 분명히 강조해왔다"라고
밝혔다. 그러면서 "미국은 이런 결정이 동북아시아에서 우리가 직면
한 심각한 안보 도전과 관련해, 심각한 오해를 반영한다는 점도 문재
인 정부에 반복해서 분명히 해왔다"라고 강조했다.

지소미아 종료 결정에 격앙한 미국 조야

한편 지소미아 종료와 관련해 내가 인터뷰한 대표적인 전직 관
리로는 지소미아 체결 당시 주한미국대사를 지냈던 마크 리퍼트Mark
Lippert, 한미연합사령관이자 주한미군사령관이었던 빈센트 브룩스 장
군, 리처드 아미티지Richard Armitage 전 국무부 부장관, 리처드 롤리스
Richard Lawless 전 미 국방부 아시아태평양 담당 부차관 등이 있다. 또 지

소미아와 한일 위안부 문제 협상 합의◆ 당사자였던 한국과 일본의 전직 고위 관리 2명을 만나 각각의 속내를 들어봤다. 흥미로운 대목은 한일 양국 당사자들이 '위안부 문제 협상 합의'와 '지소미아 체결 결정' 과정에서 미국의 압력이 있었다고 밝힌 점이다.

두 사람의 발언을 교차 검증하기 위해 나는 당시 주한미국대사를 지냈던 마크 리퍼트를 만나 '압박'을 가했는지 물었다. 갑작스러운 돌발 질문에 당황한 리퍼트 대사는 "미국 정부는 절대 한국과 일본 사이에서 어느 편도 압박하지 않는다"라며, '중재'라는 표현을 대신 썼다. 또 혹시나 자신의 발언이 미칠 외교적 파장을 우려해 나에게 인터뷰 녹음본을 보내달라고 요구했다.

그러나 리퍼트 대사의 해명에도 불구하고 두 사람은 '과거사'를 둘러싸고 한국과 일본 모두 국내 유권자를 설득할 준비와 시간이 부족했던 상황에서 북한의 핵 실험을 계기로 호혜적인 관계 개선을 요구하는 미국의 거센 '압박'을 받고 있었다고 실토했다. 양측 모두 북핵이라는 현재 그리고 미래 위협 때문에 마지못해 타협한 모양새였다.

지소미아 종료를 둘러싼 미국의 공식 입장과 실제 속내 사이에는 어느 정도 온도 차가 느껴졌던 것도 사실이다. 그러나 직책에 얽

◆ 박근혜 정부는 일본 정부와 협상해 2015년 12월 28일 일본군 위안부 배상 문제와 관련해 최종적 종결을 약속했다. 아베 신조 총리는 위안부 피해자들에게 사죄와 반성을 표한다고 밝혔고, 위안부 피해 생존자를 지원하기 위해 10억 엔을 화해치유재단에 출연하기로 했다. 대신에 한국 정부는 이 문제가 최종적이고 불가역적으로 해결되었다고 발표함으로써 더 이상 식민지 시대와 관계없는 일본의 미래 세대에게 짐을 지워서는 안 된다는 아베 총리의 입장을 반영했다. 그러나 이후 문재인 정부는 2017년 12월 28일 이 같은 합의를 인정할 수 없다며 사실상 파기를 선언했다.

매일 필요가 없던 전직 관리들의 발언이 훨씬 정제되지 않고 직설적이었다 한국 정부가 지소미아 종료를 선언한 지 두 달이 지난 2019년 10월 20일 나는 리처드 아미티지 전 미국 국무부 부장관과 만나 어떻게 생각하는지 물었다. 아들 조지 부시 정부에서 재직했던 리처드 아미티지 부장관은 2015년 위안부 문제를 둘러싸고 미국 정부의 노력과는 별도로 민간인 신분으로서 일본 집권 여당인 자민당을 직접 설득하는 역할을 담당했던 고위 전직 인사다.

아미티지 전 부장관은 나에게 "한국이 식민 역사와 일본 정부의 수출 규제 정책에 대한 불만으로 한일 지소미아 철회를 택한 것은 동맹인 미국에 부당한 처사"라고 지적했다. 또 "일본과 한국 스스로에도 마찬가지로 부당한 처사"라고 성토했다. 특히 자신은 과거 일본 의원들을 일일이 찾아다니며 위안부 문제에 대한 한국의 입장을 설명했다며, "우리는 위안부 문제 전반에 관해 매우 동정적이었다"라고 강조했다. 위안부 합의 타결 1년 전인 2014년 4월 25일 버락 오바마 대통령은 기자회견에서 미국 현직 대통령으로서는 처음으로 일본군 위안부 문제가 끔찍하고 지독한 인권 침해라고 언급한 바 있다. 아미티지 전 부장관은 이 당시를 회고하면서 그러나 "2015년 박근혜 전 대통령과 아베 신조 총리의 위안부 조기 타결 협의 가속화 합의와 위안부 합의가 타결된 이후 배상 문제는 종결되었다"라고 말했다. 이어 "문제 해결은 전적으로 한국의 선택에 달렸다"라며, 지소미아의 종료는 "북한과 중국, 러시아에만 이득이 된다"라고 지적했다.

결과적으로 지소미아 종료 논란은 2019년 11월 22일 일본이 수출 규제와 관련한 대화를 재개하고 재검토하는 내용으로 한국 정부가 조건부 연장하기로 결정했다. 또 다른 당사자였던 아베 신조 총리는 당시 어떤 심경이었을까? 아베 신조 총리의 생전 인터뷰 내용을 엮은 《아베 신조 회고록》에 따르면 한국 정부의 지소미아 종료 방침은 예상외라는 반응이었다.◆

깜짝 놀랐습니다. … 그들(한국 정부)은 그저 감정적으로 지소미아 파기를 꺼내 들었습니다. (일본의 수출 통제에) 대항 조치를 취할 것이라면 보통은 조금 더 건설적인 방안을 생각하겠죠. 그러나 미국의 입장에서 일한 간의 정보 공유가 중요하다는 시점이 결여돼 있었기 때문에 미국의 불신감을 사는 일이 되었습니다.

—《아베 신조 회고록: 알려지지 않은 총리의 고독, 결단, 암투》[1]

그는 미국의 한국에 대한 압력은 엄청났다며, 지소미아 종료가 한미일 안전 보장 협력을 망가뜨리는 일이라고 주장하기도 했다.

대북조선(대북한) 정책을 다시 수정할 수밖에 없도록 만드는 조치였습니다. 게다가 미사일 발사 정보 등을 일한이 공유하지 못하게 되면, 미국이 항상 중간에서 두 나라에 정보를 교환해야 하는 상황이 발생할지도

◆ 아베 신조 총리는 8년 7개월(3188일) 동안 총리직을 수행하면서 일본 헌정사상 최장수 집권 총리와 역대 최장 연속 재임 기록을 보유하고 있다. 건강 악화 재발을 이유로 2020년 9월 16일 총리직에서 물러났다. 이후 2022년 7월 8일 자민당 후보 지원 유세 현장에서 피살되었다. 회고록은 아베 총리가 퇴임한 2020년 10월부터 피살되기 전까지 총 18차례 36시간 《요미우리신문》 집필진과 나눈 인터뷰 내용을 엮은 것이다.

모릅니다. 미군으로선 도저히 감당할 수 없는 일이죠.

— 《아베 신조 회고록: 알려지지 않은 총리의 고독, 결단, 암투》

나는 아베 총리의 주상과는 달리 처음부터 미국이 지소미아 종료에 대해 어떻게 반응할지 한국 정부가 알고 행동했다고 생각한다. 지소미아 종료는 미국에도 심각한 손해를 끼칠 수 있는 사안이다. 그렇다면 문재인 정부는 이를 지렛대로 활용하려고 하지 않았을까? 미국이 한국 측의 손을 들어주고 일본의 수출 규제 조치 철회를 압박하기 위한 용도로. 특히 미국 우선주의를 표방해 관여하길 꺼리던 도널드 트럼프 대통령을 상대로 관심을 유도할 수도 있다. 그러나 한편으로는 두 나라가 미국의 안보 혜택에 무임승차하고 있다는 의심을 증폭시킬 수 있는 위험한 도박이기도 했다.

무엇보다 미국을 '압박'하는 것처럼 비친 행위가 워싱턴D.C. 조야에서는 동정보다는 부정적 여론을 불러왔다. 익명을 요구한 국무부 한 관계자는 나에게 이번 조치에 대해서 "문 정부의 조치는 자기 발에 총을 쏘는 행위shooting yourself in the shoe"라며 격앙된 반응을 보였다. 존 볼턴John Bolton 당시 백악관 국가안보보좌관은 자신의 회고록에서 당시 트럼프 대통령의 심경을 이렇게 묘사했다.

트럼프 대통령은 이미 한국과 일본 사이의 분쟁에 관여하고 싶지 않다는 점을 문재인 대통령에게 말했기 때문에 우리가 할 수 있는 일이 많지 않아 보였다. 그러나 곧 논란이 커질 이 문제는 나쁜 소식이었다. … 북한이 최근 쏜 미사일에 그(트럼프)는 이렇게 말했다. "돈을 요구하기 좋은 시기야." 방위비 분담금 증액을 말하는 것이었다.

— 존 볼턴,《그 일이 일어난 방: 백악관 시절을 회고하며》[2]

마크 에스퍼 당시 국방장관도 자신의 회고록에서 한일 관계 악화로 동맹 불신에 대한 대통령의 감정이 격화되었다고 회고했다

더 큰 구상에서는 양측(한국과 일본)은 물론 워싱턴도 손해 보는 상황이었다. 같은 식구끼리 벌어진 싸움에 북한뿐 아니라 중국도 이득을 보고 있었다. 트럼프 대통령은 이 모든 것을 보고는 경멸의 시선으로 머리를 흔들었다. 그러면서 "이 대단한 동맹들 좀 봐"라고 비꼬며, 다시 한 번 이들의 가치에 대해 반문했다.

— 마크 에스퍼,《성스러운 맹세》[3]

이 무렵 한국과 진행 중이던 방위비 분담금 협상은 난항의 연속이었다. 당초 양국은 2019년 타결을 목표로 협상을 진행 중이었지만, 양측의 현격한 금액 차이로 조 바이든 정권으로 교체되고 나서야 합의에 이르렀다.

지소미아와 한미일 경보 정보 공유의 차이는?

윤석열 대통령은 2022년 11월 13 캄보디아 프놈펜에서 조 바이든 미국 대통령, 기시다 후미오 일본 총리와 만났다. 세 사람은 이 자리에서 북한이 발사한 미사일에 대한 경보 정보를 실시간 공유하기로 합의했다. 이에 따라 한미일 국방장관은 6월 3일 싱가포르 샹그릴라호텔에서 열린 회담에서 이 같은 체계를 연내에 구축하고 가동하기로 약속했다. 정보 공유 대상은 각국 정보 자산이 각각 수집한 미사일 발사 원점, 비행 궤적, 탄착지 등이다.

한편 한국 외교부는 2023년 3월 21일 문재인 정부가 결정한 '지소미아 조건부 연장' 방침을 철회한다고 일본 쪽에 통보했다고 발표한 바 있다. 지소미아의 완전 정상화를 선언한 것이다. 그렇다면 이쯤에서 의아할 수도 있다. '지소미아를 통해 한국과 일본이 정보를 공유하고 한미, 미일 사이에 정보 공유 체계가 존재하면 이미 실시간으로 세 나라 사이에 정보 교환이 이루어지고 있는 것 아니야?' 한국 언론들도 미사일 경보 정보 공유로 기존 한미일정보공유약정Trilateral Information Sharing Agreement, TISA◆체계보다 정보 교환이 획기적으로 빨라질 것이라고 분석할 뿐, 이 궁금증을 속 시원히 풀어주지 못했다.

지소미아 유지를 통한 현재 세 나라의 정보 공유 체계는 선언적 약속에 가깝다. 반면에 이번에 세 나라가 합의한 내용은 '시스템 구축'이라는

◆ 2012년 한일 간 지소미아 체결이 불발되자 미국은 한미일정보공유약정을 대안으로 제시했다. 이 약정은 미국을 매개로 한국과 일본이 정보를 간접적으로 주고받도록 하며, 관련 정보가 미국을 중간에서 거치기 때문에 한일 간 직접적인 정보 교환보다 시간 차가 발생하고, 정보 전달 중계자로서 미국의 부담이 증가하는 단점이 있다.

본질적인 차이가 있다. 다시 말해 지소미아는 북한이 미사일을 발사할 경우 협정을 맺은 당사국들이 관련 군사 정보를 교환하자고 사전에 약속하는 것이다. 그러나 막상 상황이 닥치고 나면 상대국에 어떤 정보를 줄지 판단하고 승인하는 데 시간이 걸린다. 또 당사국 간 상이한 운용 체계 때문에 정보 전달 과정에서도 지연이 필연적으로 일어날 수 있다. 반면에 한미일 경보 정보 공유는 실시간 정보 공유를 완전히 구현하기 위한 시스템 구축에 합의했다는 데 차이가 있다. 가령 나는 마이크로소프트 윈도, 상대는 애플의 맥 OS를 쓴다고 치자. 서로가 정보를 교환하려고 하면 한쪽에서 작동하는 소프트웨어가 다른 한쪽에서는 읽히지 않는 문제가 생긴다. 정보를 서로가 읽을 수 있으려면 호환 프로그램을 깔아줘야 한다. 이번 합의는 그런 일련의 과정을 간소화하는 데 방점을 두고 있다. 모든 당사국이 하나의 구름(클라우드)에 정보를 올리고 내려받아 하나의 창으로 대응하는 구조로 시스템 변환을 모색하고 있다.

주한미군사령관이 말하는
지소미아의 진실

지소미아 종료(2019년 8월 22일)에서 조건부 연장(2019년 11월 22일)까지 취재 기간은 92일, 취재 범위는 워싱턴D.C., 서울, 도쿄, 취재 대상은 현직뿐 아니라 협정 당사자였던 민간인까지 방대했다. 새벽에 한국, 일본 취재원과 전화 인터뷰를 끝마친 나는 언제나 푸념처럼 "GSOMIA is INSOMNIA(지소미아는 불면증이야)"라며 한숨 쉰 기억이 떠오른다.

앞에서 지소미아의 실효성에 대해 김영배 더불어민주당 의원이 주장한 요지는 크게 2가지다. 첫째, 북한이 쏘는 미사일은 대부분 일본과 미국을 겨냥한 것이기 때문에 우리와는 관계없는 일이다. 둘째, 이미 미국의 우수한 정찰 자산이 존재하고, 독자적 대북 미사일 정보 또한 한국이 일본보다 크게 우세한 상황이기 때문에 한미 동맹 관계만으로 충분하다. 오히려 지소미아는 일본에만 유리한 협정이다.

김 의원의 주장은 지소미아 종료 직후 한국 정부나 여당, 친정부 언론이 구사했던 논리와 일맥상통한다. 실제로 청와대 관계자는 2019년 8월 22일 지소미아 종료를 선언한 직후에 춘추관에서 기자들과 만나 비슷한 취지의 발언을 했다. 청와대 관계자는 "지소미아가 종료된다 하더라도 우리 정부의 자산과 한미 연합 자산을 통해 한반도 주변 안보 상황을 면밀히 대비 가능하고 감시 가능하다"라고 강조했다 또 "필요시 한미일정보공유약정TISA을 통해 일본과 협력을 진행할 것이다. 정보 공백이나 감시 공백은 있을 수 없다"라고 밝혔다.

나는 지소미아 합의에 깊이 관여했던 빈센트 브룩스 전 한미연합사·유엔사·주한미군사령관을 직접 만나 이 같은 주장의 논리를 검증하기로 했다.[4]

브룩스 사령관 "북한이 쏘는 각도에 달려 있다"

브룩스 전 사령관은 우선 한국이 일본보다 북한의 미사일 정보 관측이 더 정확하다는 주장에 대해서 사안을 단편적으로 볼 수 없다고 일축했다. 지금까지 평양 순안비행장에서 발사한 북한 미사일들이 모두 일본 홋카이도 방향을 겨냥해 동쪽으로 발사되었다는 사실을 거론했다. 이어 미사일을 포물선을 그리는 야구공에 비유했다. 투수가 도루를 견제하기 위해 1루수 쪽으로 송구하는 상황을 예로 들었다. 이 경우 공이 날아오는 방향을 남쪽에서 직각으로 마주보는 포수와 동쪽에서 일직선으로 바라보는 1루수 사이에 공의 실시간 정보는 "다른 것"이라고 말했다. 발사부터 상승, 하강까지 미사일의 비행 거리와 속도 관측은 정면으로 바라보는 일본(1루수)보다는 옆에서 포물선 전체가 한눈에 들어오는 한국(포수)이 더 정확할 수 있다

빈센트 브룩스 전 한미연합사령관은 북한이 동해가 아닌 서해로 미사일을 발사할 경우 일본의 감지 센서가 한국보다 더 정확한 정보를 관측할 수도 있다고 밝혔다.

는 설명이다. 그러나 일직선으로 바라보는 일본은 앞서 신범철 국방차관이 국회에서 증언한 대로 미사일이 떨어지는 마지막 순간을 가장 정확히 확인할 수 있는 위치에 있다. 이 때문에 탄착 지점을 기준으로는 한국이 확인하지 못하는 정보를 얻을 수 있다고 덧붙였다.

반대로 북한이 서해안을 따라 남쪽 오키나와를 향해 발사할 경우, 발사 선상에 따라 일직선으로 감지하고 있는 한국이 관측하지 못하는 정보를 직각 방향에서 일본이 감지할 가능성이 높습니다.

북한이 쏜 각도에 따라서 한국과 일본이 획득하는 정보가 달라진다는 이야기다. 김영배 의원이 전개한 논리대로라면, 북한이 유사시 서해나 남해를 겨냥해 미사일을 쏠 경우 바짓가랑이를 잡아야 할 쪽은 일본이 아닌 한국이 된다. 북한의 미사일이 일본과 미국만을 겨냥하기 때문에 우리는 괜찮다는 논리는 유사시 한국을 겨냥한 상황은 전혀 고려하지 않는 편향된 시각의 발언이다. 그것이 아니라면 정말로 순진하게 북한이 유사시에 일본과 미국 등 '외세'에만 쏘고 한국은 '한 민족'이니까 말로 설득될 것이라고 믿는 것일까?

북한 김정은 위원장은 지난 4월 11일 조선노동당 중앙군사회의 확대 회의를 개최했다. 북한 매체가 공개한 사진에 따르면 김정은은 회의에서 손가락으로 모자이크 처리된 작전 지도를 가리켰다. 정확한 지점은 확인하기 어렵지만 지도 윤곽으로 미루어봤을 때 김 위원장의 손가락은 서울과 주한미군 기지가 있는 평택 인근 지역을 가리키고 있었다. 한국 언론들은 군 지휘관으로 보이는 인물이 지휘봉으로 가리키면서 김정은에게 보고하고 있는 지점이 육해공군본부가 있는 충남 계룡대 인근 지역으로 추정된다고 보도했다.

한편 북한《로동신문》은 3월 28일 김정은 위원장의 핵무기 병기화 사업의 현장 지도 장면을 공개했다. 이 사진에는 신형 전술핵탄두라고 주장하는 화산-31과 함께 핵탄두가 10개가량 나열돼 있다. 북한 매체들은 이 핵탄두들이 대형 방사포와 무인잠수정, 신형 전술 유도 무기 등 8가지 다른 종류의 미사일에 장착할 수 있다고 소개했다. 이 중 신형 전술 유도 무기는 활강과 상승을 변칙적으로 하는 이른바 '풀업pull-up 기동'이 가능해 미사일 방어망이 탐지하거나 요격하기 어려운 북한의 신형 단거리 미사일에 해당된다. 무력 침공 가늠 잣대는 적성국의 의도 그리고 역량인데, 북한 매체가 공개한 일련의 사진에는 2가지 모두 한국을 겨냥하고 있다.

지소미아 범위는 북한을 넘어 모든 정보

브룩스 사령관은 지소미아가 최우선 위협인 북한뿐 아니라 동북아 역내 안보를 위해서도 매우 중요하다고 강조했다. "이 협정 없이는 더 확장된 정보의 공유가 제한된다"라고 지적했다. 특히 "이번 [지소미아 종료] 결정으로 70년간 역내 번영과 안정을 이끈 미한일 공조 체제가 더 큰 위험에 직면하게 되었다"라고 말했다. 그러면서 "향후 북한뿐 아니라 중국과 러시아가 동맹의 해체를 더 적극 공략할 수 있는 빌미를 주었다"라고 밝혔다. 나는 따져 물었다.

장군님! 잠시만요. 중국과 러시아라니요? 지소미아는 북한군과 북한 사회 동향, 북핵과 미사일에 한정해서 양국이 정보를 교환하기로 한 것 아닌가요?

당시 한국 언론뿐 아니라 청와대, 국방부 당국자 모두 이 같은 정의를 바탕으로 지소미아의 실효성에 대해 갑론을박이 진행 중이었다. 그러나 브룩스 사령관의 답변은 달랐다.

그것은 한국 측이 자의적으로 해석한 것이지, 협정 체결 당시 내용은 훨씬 포괄적입니다. 모든 범위의 군사 기밀을 양자의 취사선택에 따라 교환할 수 있습니다.

브룩스 사령관의 답변을 검증하고자 실제 협정 내용의 전문을 찾아보기로 했다. 한국 법제처 국가법령정보센터에 나와 있는 지소미아 협정 전문 가운데 양측이 교환하기로 한 군사 비밀 정보의 정의를 다룬 2조 가항은 다음과 같다.

군사 비밀 정보란 대한민국 정부나 일본국 정부의 권한 있는 당국에 의하여 또는 이들 당국의 사용을 위하여 생산되거나 이들 당국이 보유하는 것으로, 각 당사자의 국가 안보 이익상 보호가 필요한 방위 관련 모든 정보를 말한다.

정말로 전문에는 북한이라고 특정한 단어는 한 자도 들어 있지 않았다. 중국과 러시아도 상황에 따라서는 양 당사국이 정보 공유를 할 수 있는 대상이 된다는 의미다. 실제로 중국과 러시아는 최근 동해와 가까운 오호츠크해에서 합동 훈련 횟수를 늘리고 있다. 또 한반도 근해에는 북한의 잠수함뿐 아니라 러시아, 중국의 잠수함도 드나든다. 지소미아는 북한의 위협 외에 이 두 나라에 대한 한국과 일본의 잠재적 정보 공유 협력도 염두에 두고 있는 것이다.

중국, 러시아 군용기
KADIZ, 독도 영공 침범 경로

✈ 중국 군용기　✈ 러시아 군용기

KADIZ
한국방공식별구역

NLL 북방에서
러시아 군용기 2대 합류
08:33

09:56 KADIZ 최종
이탈

동해

북한

NLL

서울

한국

울릉도

08:40
KADIZ에 중국,
러시아 군용기
4대 동시 재진입

독도

09:09
A-50 조기경보통제기
러시아 군용기 1대
KADIZ 접근
독도 영공 1차 침범
F-15K 대응 조치

09:04
울릉도
남방으로 이탈

09:33
독도 영공 2차 침범
F-15K 2차 대응 조치

07:49
KADIZ
재진입 북상

대마도

제주도

일본

06:44
KADIZ 진입

이어도

07:14
JADIZ로
비행

　공교롭게도 중국과 러시아는 지소미아 사태가 불거진 시기에 한미일 삼각 안보 협력을 시험하는 새로운 형태의 도발을 감행했다. 일본이 수출 규제를 시작하고 한국 정부가 지소미아 종료를 시사한 직후인 2019년 7월 23일, 중국과 러시아 군용기가 동시에 한국방공식별구역KADIZ 안으로 무단 비행하는 지금까지 한 번도 보지 못했던 이례적인 광경이 목격되었다. 중국은 H-6 폭격기 2대를, 러시아는 TU-95 폭격기 2대와 A-50 조기경보통제기 1대를 동원했다. 나아가 러시아의 조기경보통제기는 독도 인근 한국 영공을 두 차례 7분간 무단 침범했다. 한국전쟁 정전 이후 다른 나라 군용기가 대한민국 영공을 최초로 침범한 사건이었다.

한국은 F-15K와 KF-16 전투기, 일본도 자국 전투기를 중국 군용기가 침범한 동중국해 방면으로 긴급 출격시켰다. 이 과정에서 한국 공군 소속 KF-16 전투기가 러시아 조기경보기의 전방 1킬로미터 부근에서 20여 발의 플레어(적외선 유도 미사일이나 열 추적 미사일을 피하기 위해 사용하는 기만체)와 360여 발의 기관포 경고 사격을 하는 일촉즉발의 상황까지 벌어졌다. 눈여겨볼 점은 중국과 러시아가 같은 날 함께 모의한 것처럼 전개했다는 점이다. 무엇보다 한국과 일본 사이에 민감한 독도 영공을 콕 집어 침범한 점도 의미심장한 대목이다.

실제로 일본 《산케이신문》은 이날 사건을 두고, 일본 정부가 독도의 영유권을 주장하면서 한국 전투기가 독도 상공에서 실사격을 한 사실을 왜 문제 삼지 않는지 강하게 비판했다. 중국과 러시아의 움직임은 단순 군사적 조치가 아닌 한일 간 미묘한 관계를 잘 이해하고 있고, 어느 단추를 톡 건드리면 폭발할지 잘 알고 있는 듯한 고도의 정치공학적 도발이었다. 내가 사건 직후 펜타곤 대변인실로부터 직접 받은 입장문에도 그런 관점이 잘 반영돼 있다.

미국은 동맹국인 한국과 일본을 강하게 지지하며, 특히 중국과 러시아 항공기의 영공 침범에 대한 이들 동맹의 대응도 강하게 지지한다. 펜타곤은 이 사건과 관련해 동맹국인 한국, 일본과 긴밀히 조율하고 있다. 두 동맹국과 러시아, 중국 간 외교 채널을 통한 후속 조치가 이루어지는 동안 관련 움직임에 대해 지속적으로 모니터할 것이다. 미국의 동맹국 방어에 대한 의지는 철갑처럼 확고하다.

— 데이비드 이스트번David Eastburn 펜타곤 대변인 서면 답변, 2019년 7월 23일

지금껏 미국은 독도 영유권 문제와 관련해 어느 쪽도 편들지 않고, 당사자끼리 해결해야 한다는 원칙을 표방해왔다. 펜타곤이 두 나라의 조치를 강력 지지한 것은 자칫하면 한국과 일본 전투기끼리 독도 상공에서 신경전을 벌일 수 있는 최악의 사태를 피하겠다는 의도로 해석할 수 있다.

미국 당국자의 구체적인 평가는 한 달 뒤에 나왔다. 찰스 브라운 Charles Brown Jr. 당시 태평양공군사령관은 8월 17일 국무부가 주관하는 전화 회견에서 중국과 러시아 공군의 합동 훈련이 "동맹 분열을 노린 계획된 작전"이라고 평가했다. 브라운 사령관은 "과거에도 중국과 러시아의 합동 훈련을 여럿 목격했지만, 이번 비행은 사전에 치밀한 계획을 바탕으로 한 독특한 시도였다"라고 밝혔다. 그러면서 자신의 가장 큰 우려는 중국과 러시아가 단독으로 또는 같이 공모해 역내 오랜 우방 또는 동맹 관계에 균열을 내는 것이라고 강조했다. 중국과 러시아는 이후에도 한국과 일본의 방공식별구역 안으로 공동으로 전개하는 횟수를 계속 늘려왔다.

너무 많은 공을 쥐고 있는 미국

그렇다면 미국의 감시 정찰 자산이 우수하기 때문에 한미 동맹 관계만으로도 충분히 대처할 수 있다는 주장은 설득력이 있을까? 이 질문의 대답은 지소미아 종료 선언 2주 뒤인 2019년 9월 4일 워싱턴 D.C. 근교에서 열린 연례 '사이버 안보와 정보' 관련 간담회 취재 과정에서 우연히 들을 수 있었다. 대담자로 나선 인물은 미국 인도태평양사령부의 작전참모부 정보국장(J2) 제프리 크루즈Jeffrey Kruse 당시 공군 중장과 합동참모본부 정보국장(J2)인 프랭크 휘트워스Frank Whitworth 당시 해군 소장이었다. 이들은 인도태평양 전구戰區와 전 세계를 대상으로 한 미군의 정보 수집과 분석을 총괄하는, 지소미아 문제와 직접 직결되는 직책을 맡은 핵심 관계자였다.

두 사람은 방대하게 수집한 정보 가운데 유의미한 내용을 솎아내고 분석해 제시간에 결정권자에게 제대로 전달해주는 데 큰 어려움 겪고 있다고 호소했다. 제프리 크루즈 정보국장은 '정보 과잉'에 따른 대표적 문제 사례로 한반도를 들었다

주한미군에 제공하는 72시간 전 한반도 조기 경보 체제는 다양한 부서 인력이 정확성을 갖고 추적하는 공동 작업의 일환입니다. 하지만 단순히 북한 내부의 안정성에 대한 조기 경보까지도 생산해야 하는 문제점이 있습니다.

제프리 국장은 2018년 11월 빈센트 브룩스 장군의 후임으로 취임한 로버트 에이브럼스 주한미군사령관에게 모든 정보를 제공할

제프리 크루즈 인도태평양사령부 정보국장(왼쪽)과 프랭크 휘트워스 미 합동참모본부 정보
국장(오른쪽).

수 없다며, 결정권자가 정확히 무엇을 원하는지 정해줄 것을 요청
했다고 말했다.

에이브럼스 사령관과 나눈 첫 대화는 "어떤 조기 경보의 종류를 원하십
니까?"라는 질문이었습니다. 왜냐하면 사령관께 모든 종류의 경보를 제
공할 수 없기 때문입니다. 에이브럼스 사령관은 이 대화 뒤 자신이 원하
는 3가지 최우선 조기 경보 사안을 작성해 제출했습니다. 기존 조기 경
보 체계의 전면적인 수정이 필요한 사안이었습니다.

크루즈 국장 왼쪽에 앉은 프랭크 휘트워스 합동참모본부 정보
국장은 '정보 과잉'이야말로 밤잠을 설치게 하는 최대 요인이라고 고
백했다.

정보를 제공받는 이들이 모든 종류의 데이터를 요구했던 시기가 분명 있었습니다. 25년 전까지만 해도 커다란 과제처럼 보였지만, 적어도 목표를 설정할 수는 있었습니다. 하지만 오늘날에는 이미 갖고 있는 정보 가운데 평가조차 하지 못하는 내용이 있을지 모른다는 두려움에 잠을 제대로 자지 못합니다.

휘트워스 국장은 특히 점점 통합돼가는 세계에서 2개 이상의 다른 지역에서 조기 경보 문제가 발생했을 때 제대로 작동하는지 스스로 검증하기 어려운 현실에 직면해 있다고 지적했다. 합동참모본부의 방침은 세계적 통합에 집중하고 있다며, 더 이상 시선이 어느 한 곳의 국지적 지역 갈등에 고정되는 상황은 없어져야 한다고 강조했다.

합참의장과 합동참모본부는 글로벌 통합에 초점을 맞출 필요가 있다는 점을 분명히 했습니다. 이는 더 이상 미국이 지역 갈등에 시선을 고정하지 않겠다는 의미입니다. 우리는 각각의 지역 갈등에 대해 기회비용을 따질 것입니다.

이어 다양한 정보 변수로 인해 합동 정보 작전의 신속성이 중요해졌다며, 특히 동맹국들과의 공조가 국방 전략의 핵심이라고 덧붙였다. 휘트워스 국장의 발언은 당시 현안이었던 지소미아 문제와는 직접 연관이 없었지만, 미국이 한국 정부의 결정에 왜 깊은 유감을 표명했는지 알 수 있게 하는 단초를 제공해주었다.

저글링의 운동역학을 생각하면 이해하기 쉽다. 워싱턴D.C.는 북핵 문제뿐 아니라 중국, 러시아, 이란, 중동 테러 등 크고 작은 공을 왼손으로 공중에 띄우고 오른손으로 받아 다시 왼손으로 넘기는 곡예를 벌이고 있는 것이다. 어느 한 곳에 너무 집중하다보면 전체적인 구도가 무너져 모든 공이 지면에 떨어진다. 워싱턴D.C.의 시선은 평양에만 꽂혀 있지 않다. 한국이 그렇다고 믿는 것은 한국 정부와 국회의 시선이 한반도 밖 문제에는 크게 무관심하기 때문 아닐까?

휘트워스 국장은 정보 처리 문제의 기회비용도 언급했다. A 나라와 관련된 정보를 수집하는 데 투입된 시간, 노력, 그리고 금전은 동일 시간대에 B 또는 C 나라에 대한 정보를 생산할 수 있었던 기회의 포기를 의미한다. 미국이 전 세계 위협을 크게 최우선 순위 중국과 러시아, 2순위 북한과 이란, 3순위 테러로 분류한 이유도 미국이 가진 자원이 무한하지 않기 때문이다. 미국이 한국과의 관계 또는 일본과의 관계를 통해 얻은 정보를 다시 두 나라에 전달하는 방식은 다른 현안에도 집중해야 하는 미국으로서는 커다란 부담이 아닐 수 없다. 2장에서 논의한 동맹의 부담 분담 관점에서도 한국의 지소미아 종료는 '부당한 조치'인 셈이다.

실제로 나는 한국 정부의 지소미아 조건부 연장 결정 다음 날인 23일 워싱턴D.C.에서 리처드 롤리스Richard Lawless 전 미 국방부 아시아 태평양 담당 부차관과 만나 소회를 들을 수 있었다. 롤리스 전 부차관은 펜타곤에 재직하기 전까지 미 중앙정보국CIA에서 활동한 한일 정보통으로 통한다. 그는 지소미아 종료 유예 결정을 긍정적인 조치로 평가한다면서도 본질적인 갈등 요소는 그대로 남아 있다고 말했다. 그러면서 다소 짜증 섞인 목소리로 애당초 이 문제에 미국이 관여해야만 했던 것 자체가 문제였다고 밝혔다.

미국은 두 번 다시는 중간에 놓이는 상황을 원하지 않는다고 생각합니다. 마치 우리가 양측, 특히 한국에 옳은 일을 하도록 간청하는 모습으로 비치는 것을 원하지 않습니다. 두 나라는 모두 성숙한 나라입니다. 그들 모두에게 중요한 국가 안보와 국방이 걸린 문제고, 그들 스스로 옳은 결정을 내려야 합니다.

지소미아, 동맹 부담 분담과 직결

미국이 동맹 간 빠른 정보 공유 체제를 추진하는 본질적인 배경은 무엇일까? 적성국의 진화하는 위협 때문이다. 교묘히 조기 경보 탐지를 피하고 기습 타격에 초점을 맞추고 있는 적성국들의 미사일 발사 역량 때문에 더 이상 한가로이 앉아 계산기만 두드릴 수 없는 환경이 되었다. 이는 비단 북한군의 교리에만 한정된 것이 아니다. 앞에서 다루었듯 중국은 다양한 종류의 미사일을 도련선 인근에 배치해놓고 있다. 게다가 이제는 유사시 사이버전, 정보전 등 비군사 수단까지 함께 동원할 수 있다. 아군의 지휘 통제망에 혼란을 야기하는 방식을 교리로 차용하고 있다. 미군이 각 군을 다영역 작전 군대로 만들어서 다양한 형태의 공격을 스스로 알아서 처리하도록 한 배경에도 적성국의 진화하는 공격 방식이 작용했다.

일례로 중국군이 기습적으로 고체추진체 미사일을 쏜다고 가정해보자. 이전 같았으면 위성이나 지상 레이더로 적의 미사일을 감지하고 요격하는 데 충분한 시간이 있었다. 그러나 이제 적군은 미사일을 발사하면서 통신 교란이나 사이버 공격을 통해 미군의 탐지 능력까지 방해한다. 미군에 모든 판단을 맡기기에는 대응 시간이 너무 짧아졌다. 공격받지 않는 인근 한국군이나 일본 자위대가 미사일을 발견했다고 가정해보자. 이때 미군의 지시를 기다리지 않고 알아서 아군에게 정보를 전달해주지 않으면 꼼짝없이 당하고 만다. 게다가 북한, 중국, 러시아는 모두 소리보다 빠르고 변칙 기동이 가능한 극초음속미사일을 실전 배치하고 있거나 개발을 서두르고 있다. 이런 상황 속에서 한국과 일본 간 서로의 해묵은 감정 때문에 정보를 공유하지 않는 것은 미국의 시선에서는 '부담'을 떠넘기는 행위다. 위협이 발생할 때마다 일일이 한국과 일본에 정보를 넘겨줘야 하기 때문이다.

한국과 일본의 소통 부재는 부담을 가중시키는 행위다. 심지어 미국 국민은 미군이 자국이 아니라 동맹의 안보를 지키기 위해 이런 수고로움을 감당하고 있다는 생각이 강하다. 이것이 지소미아 종료를 둘러싸고 미국의 전현직 관리들이 격노하고, 트럼프 대통령이 차라리 이 참에 동맹을 끝내자고 비아냥거린 이유다.

한일 지소미아 종료시 북한 잠수함 탐지에 치명적 장애

북한 잠수함과 탄도미사일 역량이 재조명되고 있는 가운데, 전문가들은 한일 군사정보보호협정, 지소미아가 종료될 경우 북한의 잠수함 탐지에 큰 어려움을 겪을 수 있다고 경고했습니다. 김동현 기자가 취재했습니다.

존 힐 미사일방어청장은 앞서 지난 7일 워싱턴의 전략국제문제연구소 (CSIS) 강연에서 "북한의 잠수함발사탄도미사일이 완성되었다고 하더라도, 미국과 동맹들의 잠수함 역량에 높은 신뢰를 갖고 있다"며 "충분히 억제 가능하다 믿는다"라고 언급한 바 있습니다.

[녹취: 존 힐 청장] "Also I have high faith in the US. And the allies submarine forces that if something like that were to emerge over time that we'd be able to hold it back. So I'm less concerned about the platform."

하지만 전문가들은 한일 군사정보보호협정, 지소미아가 파기된다면, 대잠수함 탐지 역량에 치명적인 장애가 된다고 우려합니다.

미 해군참모대학 교수 겸 'J.C와일리 해양전략' 석좌인 제임스 홈스 박사는 8일 VOA와의 서면 인터뷰에서 사견임을 전제로 "지소미아 종료는 (대잠수함) 작전 면에서 미한일 세 나라 모두에 심각한 손상을 끼친다"라고 밝혔습니다.

[제임스 홈스 교수] "If Seoul and Tokyo have to exchange information through U.S. interlocutor, we are setting ourselves up for delays, misunderstandings and operational inefficiencies that could damage all of our interest-Korean and Japanese as well as American."

미한, 미일 간 양자 정보 공유체계로는 시간 낭비, 착오, 작전의 비효율성을 야기하기 때문에 한일 양국의 대잠 전력의 소통은 매우 중요하다는 설명입니다.

특히 "대잠수함전은 '바다'에서 운용되는 작전 환경 특성 때문에 수중에 있는 적을 탐지하고 추적하기 어려울 뿐 아니라 대잠수함 부대 간, 또는 작전 권한을 갖고 있는 사령부 간 교신도 어려운 기술 과학 분야"라고 평가했습니다.

(제임스 홈스 교수) "This is especially true if all three navies are trying to conduct anti-submarine warfare(ASW) operations in these waters. ASW is an especially difficult art and science because of the nature of the operating medium: water. Detecting, tracking, and persecuting undersea targets is hard enough, but it is also hard for ASW units to communicate among themselves or with shore commands that have authority over them."

이어 "해군이 각 잠수함에 특정 구간을 할당해 순찰하도록 하고 이 구역에 다른 잠수함들이 진입하지 못하게 하는 '수역 관리'를 강조하는 것은 이 때문이라고 밝혔습니다. 그렇지 않을 경우 적으로 오인해 아군끼리 어뢰를 발사하는 사태가 발생할 수 있기 때문에 특히 수중 작전에서 동맹국 지휘부간 긴밀한 공조는 매우 중요하다"는 겁니다.

(제임스 홈스 교수) "That is why place such emphasis on 'water space management' assigning each submarine a defined sector to patrol and forbidding other subs from entering that sector. Otherwise, we could have friendly subs firing on one another instead of hunting the 'red team', the DPRK Navy or perhaps PLA Navy. As you can see, smooth coordination among allies' commanders is at a premium in the undersea realm."

그러면서 한일 양국이 직접 정보 교류를 하지 않을 경우 발생할 수 있는 심각한 문제의 사례로 독도 영유권을 둘러싼 양측의 무력 충돌 가능성을 제시했습니다.

또한 미국의 대잠수함전 역량을 신봉하는 태도도 북한 잠수함의 위협을 억제하는데 문제가 될 수 있다고 지적했습니다.

북한의 잠수함이 상대적으로 노후한 것은 사실이나, 미국의 대잠수함전 능력은 냉전 종식 이후 더 이상 수중에서 가공할 상대를 만날 일이 없을 것이라는 인식 때문에 정체되었고, 북한 잠수함이 대잠수함 탐지와 추적을 회피할 가능성은 충분히 있다는 설명입니다.

[제임스 홈스 교수] "We should not be too triumphal about our ASW capability. Yes, it is true that North Korean subs are relatively backward, but it is also true that the U.S. Navy let its ASW capability languish after the Cold War in the belief that we would never again face another serious undersea rival. So, in effect you have an adversary who doesn't compare to the Soviet Navy facing off against a U.S. Navy whose ASW proficiency is no longer what is once was. Who prevails in such circumstances? I would hesitate to bet one way or the other."

홈스 교수는 북한 잠수함 또는 선박 추적에는 관련 수역의 지형을 가장 잘 알고 있는 한국 해군과 일본 해상 자위대가 최적의 역량을 보유하고 있다며, 이들 간의 불화는 공조 작전에 치명적이라고 덧붙였습니다.

앞서 미한일 3국은 지소미아 체결 직후인 2017년 4월, 제주도 인근에서 처음으로 연합 대잠수함전 훈련을 실시한 바 있습니다.

무라노 마사히 허드슨연구소 연구원은 VOA에 한일 간 지소미아가 종료된다면, 미한일 세 나라의 연합 대잠수함전을 실시할 수 있는 법적 근거가 없어진다고 주장했습니다.

한국 정부가 지소미아 대안으로 제시한 미한일 정보 공유 약정(TISA) 범위는 북한의 핵과 미사일 활동에만 제한되기 때문에 대잠수함 작전은 해당되지 않는다는 설명입니다.

[녹취: 무라노 마사히 연구원] "TISA covers only North Korea's nuclear and missile activities, not a comprehensive one.

That is why North Korea's SLBM launch should remind us of the importance of GSOMIA… North Korea's submarines are technically old and noisy, and if they were moving, we would easily detect them. However, North Korea has already understood it. Therefore, NK's missile submarines would stop as soon as they set sail and wait for the timing of a launch while hiding in the bottom of the Sea of Japan. It is very difficult to detect a submarine that has stopped moving."

부라노 연구원은 특히 북한의 잠수함은 구형이어서 이동할 경우 쉽게 탐지되지만, 북한도 이 같은 사실을 잘 알기 때문에 이동을 멈춘 상태에서 쏠 수 있도록 잠수함발사탄도미사일 사거리를 늘리는데 주력하고 있다고 평가했습니다.

때문에 북한잠수함이 출항하는 순간부터 세 나라가 추적정보를 공유할 수 있는 체계가 궁극적으로는 잠수함발사탄도미사일을 억제하는데 필수라는 설명입니다.

브루스 베넷 랜드연구소 선임연구위원은 북한 잠수함을 가장 먼저 발견한 잠수함이 인근의 동맹국 잠수함과 정보를 공유하는 것이 필수적이지만 이는 기밀 정보에 해당돼 지소미아가 종료되면 추적에 차질이 생긴다고 우려했습니다.

[녹취: 브루스 베넷 선임연구위원] "The fact that you're following an enemy submarine, you're not going to say out over open on communications lines, you've got to have an agreement, which allows for classified discussion, to talk about the actual, you know, when you're actually out there, and oops, I saw this Romeo class submarine, which appears to now be capable of firing ballistic missiles at exactly this location. That's going to be classified."

이언 윌리엄스 CSIS 미사일방어프로젝트 부국장은 적외선 위성을 통해 북한 잠수함의 탄도미사일 발사를 포착할 수 있지만 대응하기에는 이미 너무 늦다며, SLBM의 조기 경보는 대잠수함전 탐지 능력에 달렸다고 지적했습니다.

(녹취: 이언 윌리엄스 부국장) "Overhead infrared satellite will pick that up but too late at that point. Right. That is what the best way of dealing with this kind is more of an anti-submarine approach."

또 1982년 영국과 아르헨티나 간 포클랜드 전쟁 당시 아르헨티나의 잠수함은 소음이 매우 큰 구형이었지만 영국 해군은 이를 탐지하는데 어려움을 겪었다며 북한 잠수함 탐지 역시 비슷한 상황을 맞을 수 있다고 말했습니다.

VOA 뉴스 김동현입니다.

각광받는 공세적 억제력:
"주먹 먼저 내질러야 승리"

우리가 본 것은 매우 중대한 사건이었습니다. [중국의] 극초음속 무기 체계 실험에 관한 것이었고 매우 우려하고 있습니다. [냉전 시절 구소련의] 스푸트니크 사건*과 동일한 사건인지는 모르나, 나는 그와 매우 가까운 사건이라고 생각합니다. 우리의 모든 시선을 고정시켰습니다.

— 마크 밀리Mark Milley 미국 합참의장, 블룸버그TV 인터뷰, 2019년 8월 28일

◆ 구소련은 1957년 10월 4일 세계 최초의 인공위성인 스푸트니크 1호 발사에 성공했다. 핵무기 경쟁에서 커다란 전환점이었다. 이전까지는 폭격기를 통해서만 핵폭탄을 떨어뜨릴 수 있다고 생각했기 때문이다. 우주로 쏘아 올리는 인공위성 기술은 대륙간탄도미사일의 출현을 의미했고, 미국은 당시 대기권 밖에서 날아오는 미사일을 요격하는 기술을 갖추지 못했다. 이런 충격 때문에 '스푸트니크 쇼크'라는 신조어가 만들어졌다.

발사된 미사일에서 분리된 극초음속 활공 비행 전투부는 거리 600킬로미터 계선에서부터 활공 재도약하며 초기 발사 방위각으로부터 목표점 방위각으로 240킬로미터, 강한 선회 기동을 수행하여 1000킬로미터 수역의 설정 표적을 명중하였다.

— 북한 조선중앙TV, '극초음속미사일 시험 발사 연속 성공' 보도,
2022년 1월 12일

러시아 해군은 우리의 주권과 자유를 침해하려는 이에게 번개와 같은 속도로 대응할 준비가 돼 있다. ··· 고르시코프제독함이 극초음속미사일을 실전 배치하는 첫 번째 배가 될 것이다.

— 블라디미르 푸틴 러시아 대통령, 러시아 해군의 날 기념식 연설,
2022년 7월 31일

4년 전부터 '극초음속 비행체hypersonic vehicle'가 워싱턴D.C. 정부, 의회, 민간 단체 주최 강연회에서 유행어buzz word로 자리 잡기 시작했다. 극초음속 비행체란 음속◆의 5배가 넘는 무기 체계를 통칭한다. 그러나 단순히 엄청 속도가 빠른 특성에만 신경 쓴다면 미국 그리고 전 세계가 왜 그토록 극초음속미사일 출현에 긴장하고 있는지 파악하기 어려울 것이다. 사실 극초음속 비행체보다 빠른 무기는 이미 존

◆　소리의 속도는 온도와 대기 밀도의 영향을 받는다. 보통 건조한 대기에서 섭씨 20도에 기압 1013헥토파스칼hPa 기준 소리 속도는 초속 343미터(시속 1235킬로미터)다. 마하 1은 음속과 같은 빠르기를 의미한다. 따라서 어떤 물체가 마하 0.5라면 음속의 절반 속도, 마하 5 또는 마하 20이라면 음속의 5배 또는 20배 속도를 의미한다.

재한다. 대륙간탄도미사일은 빠르기가 시속 2만 4000킬로미터로 마하 20 이상 속도를 낼 수 있는 것으로 평가된다. 속도로만 따진다면 모든 대륙간탄도미사일도 극초음속 비행체로 분류할 수 있다.

극초음속 비행체가 위협적으로 평가되는 이유는 빠를 뿐 아니라 비행 궤적이 불규칙(변칙 기동)하기 때문이다. 대륙간탄도미사일은 발사된 뒤 일정한 포물선을 그린다. 상승 과정에서 대기권을 돌파해 우주로 나갔다 다시 대기권으로 진입하는 예측 가능한 궤적으로 비행한다. 궤적과 시간만 잘 맞춘다면 미사일 방어 탐지망으로 요격이 가능하다. 그러나 극초음속 비행체는 중간에 궤적을 바꾸기 때문에 요격 자체가 현존 기술로는 불가능에 가깝다. 야구공으로 따지면 강속구에 변화구까지 들어간 셈이다.

극초음속 비행체는 발사 방식에 따라 크게 항공탄도체aero-ballistic, 활공체glide vehicle, 순항미사일cruise missile 3가지로 나뉜다. 우선 극초음속 항공탄도체의 경우 비행기에서 발사된 뒤 로켓 추진체를 활용해 극초음속의 속도를 얻는다. '단검'을 뜻하는 러시아군의 '킨잘'이 대표적인 극초음속항공탄도체로, 2018년 3월 블라디미르 푸틴 러시아 대통령이 직접 공개한 극초음속 장거리 공대지미사일이다. 최고 속도는 마하 10, 최대 사거리는 2000킬로미터로 평가된다. 2022년 3월 19일 러시아-우크라이나전쟁에 처음으로 실전 사용되었다.

극초음속활공체는 탄도미사일의 몸통을 사용해 추진력을 얻는다. 공중으로 날아오른 뒤 일정 고도에서 활공체가 분리된다. 이 활공체는 초고속으로 글라이더처럼 비행하는데, 음속의 20배인 마하 20의 속도를 낼 수 있는 것으로 평가된다. 대표적인 무기로는 러시아

2018년 12월 26일 돔바롭스키 공군 기지에서 UR-100UTTKh 대륙간탄도미사일에 실려 발사되는 아방가르드.

출처: 러시아 국방부

의 아방가르드, 중국의 둥펑-17DF-17, 東風-17이 있다. 특히 아방가르드의 경우 활공체가 복잡하고 정교한 비행이 가능해 쉽게 미사일 방어망을 돌파할 수 있는 것으로 평가받는다. 러시아 국방부는 2019년 12월 27일 아방가르드를 첫 실전 배치했다며, 이 무기가 마하 27로 비행할 수 있다고 주장했다. 또 북한이 2022년 1월 시험 발사했다고 주장한 미사일도 극초음속활공체로 추정된다.

2019년 10월 1일 건국기념일 열병식에 등장한 둥펑-17.

출처: 중국인민해방군

마지막으로 극초음속순항미사일은 로켓으로 극초음속의 속도를 얻는다. 이후 '스크램 제트$_{scram jet}$'로 불리는 공기 흡입 엔진을 활용해 속도를 유지한다. 비행 중에 공기가 엔진으로 직접 주입되기 때문에 다른 무기보다 크기가 훨씬 작은 로켓 추진체를 사용할 수 있다. 덕분에 경제적으로 싸고, 훨씬 다양한 장소에서 발사될 수 있다. 또 활공체와 마찬가지로 궤적이 불규칙한 것이 특징이다. 현재 미국과 중국이 개발 중인 무기로, 펜타곤은 지난 2020년 3월 스크램 제트 엔진 실험을 실시한 바 있다.

핵 이빨 장착한 강속변화구에 속수무책

이처럼 극초음속 무기의 최대 강점은 불규칙한 궤적을 활용해 미사일 방어망을 돌파하는 데 있다. 그런데 여기에 핵탄두까지 달 수 있다면 어떻게 될까? 앞서 살펴봤듯이 마크 밀리 미국 합참의장은

2019년 8월 블룸버그TV와의 인터뷰에서 중국이 진행한 극초음속 무기 실험을 '스푸트니크 쇼크'와 유사하다고 강조했다. 이 인터뷰 직전 미국 언론들은 중국이 지구 궤도에서 떨어지는 핵 탑재가 가능한 극초음속 무기 발사 시험을 진행했다고 보도했다. 그런 사실을 현직 당국자로서는 밀리 의장이 처음으로 확인해준 것이다. 실제로 러시아의 아방가르드와 중국의 둥펑-17은 핵탄두를 탑재할 수 있는 것으로 평가된다.

그렇다면 왜 미국은 이와 비슷한 무기를 실전 배치하지 않았을까? 미국과 구소련은 무분별한 핵 경쟁이 가져올 수 있는 예측 불가능한 상황을 피하기 위해 1987년 중거리핵전력조약Intermediate-Range Nuclear Force Treaty, INF을 체결했다. 양측은 이 조약에 따라 사거리 500~5만 5000킬로미터인 지상 발사형 중거리·탄도·순항미사일을 폐기하고 더 이상 배치하지 않기로 합의했다. 그러나 극초음속 무기의 실전 배치는 당시에 관련 기술이 세상 밖으로 나오지 않았기 때문에 중거리핵전력조약에 구속받지 않는다. 게다가 중국은 중거리핵전력조약 서명 당사국도 아니다. 러시아와 중국이 중거리핵전력조약의 허점을 파고든 것이다. 이 때문에 도널드 트럼프 대통령은 미국의 손과 발만 묶는 중거리핵전력조약이 불공정하다며 2018년 10월에 조약 탈퇴를 공표했다. 조약 탈퇴와 동시에 미국도 뒤늦게 극초음속 무기 체계 개발에 뛰어들었지만, 실전 배치를 마친 러시아와 중국과 격차가 이미 벌어진 상태였다. 핵무기 달린 극초음속 무기야말로 억제력 관점에서 핵 균형을 무너뜨릴 수 있는 불안 요소인 셈이다.

한편 적성국의 주먹 장전 속도 역시 과거에 비해 획기적으로 빨라졌다. 북한이 최근 액체추진체 기반 미사일에서 고체추진체 기반 미사일로 기술 전환을 시도하고 있다는 보도를 자주 접했을 것이다. 액체연료 기반 로켓 추진체는 연료와 액화산소를 따로 탱크에 넣는 방식이다. 발사하려면 대량의 연료와 액화산소를 주입하는 데 시간이 필요하다. 이 과정에서 선제공격을 당할 위험성이 커진다는 의미다. 반면에 고체연료 기반 로켓 추진체는 이런 준비 과정이 필요가 없기 때문에 즉각 발사가 가능하다. 2023년 4월 13일 북한이 고체추진체 기반 대륙간탄도미사일을 쏜 것도 이 같은 기습 공격을 염두에 두었기 때문이다. 게다가 이런 미사일을 이동식 발사대TEL에 달고 다닌다면 사전에 포착하기가 더욱 어려워진다. 더 이상 적의 화살이 날아올 때까지 방패 쥐고 기다리는 전법은 통하지 않는 시대가 도래한 것이다.

미국, '발사의 왼편' 전략을 가동하다

2016년 4월 북한은 아직 개발 중이던 중거리 미사일 '무수단'을 3차례 쐈다. 결과는 3차례 모두 실패였다. 다시 5월에 한 차례, 6월에 두 차례 발사했으나 한 번만 성공했다. 10월에도 두 발 더 쐈지만 실패했다. 총 8차례 시도 중 1번만 성공해 발사 실패율은 무려 88퍼센트에 달했다. 이례적인 실패율에 주목하던 《뉴욕타임스》 기자는 2017년 3월 4일 그 비밀을 풀었다. 《뉴욕타임스》 특종 기사는 북한의 연쇄적인 실패가 '발사의 왼편Left of Launch'으로 불리는 미국의 비밀 사이버 공격 무기에 의한 것이라고 밝혔다.[5]

발사의 왼편이란 적성국의 미사일을 발사 전에 무력화시키는 작전 개념으로 《뉴욕타임스》 특종 기사 이전까지는 대중에게 생소한 개념이었다. 미사일의 발사부터 목표물에 도달하기까지 과정을 머릿속에 그려보면 쉽게 이해가 된다. 모든 미사일은 '발사 준비→발사→상승→하강'으로 이어지는 비행 단계를 거친다. 여기에서 요격 미사일로 무력화하는 전통적인 방어 방식은 '상승'과 '하강' 단계에서 이루어진다. 이를 '발사'보다 오른쪽에 있는 단계에서 대응한다고 해서 '발사의 오른편Right of Launch'이라 부른다. 사드나 패트리어트(PAC-3)에서 발사된 요격 미사일로 맞히는 방식을 말한다. 반면에 적이 미사일을 쏘기 전에 무력화시키려면 발사 이전 단계(준비)에서 대응해야 한다. 화살표를 기준으로 발사보다 왼쪽인 '준비' 단계에서 대응한다고 해서 '발사의 왼편'이라고 부른다.

《뉴욕타임스》 데이비드 생어David Sanger 기자는 자신의 저서 《퍼펙트 웨폰The Perfect Weapon》[6]에서 '발사의 왼편'에 관한 첫 특종 취재 과정을 상세히 묘사했다. 생어는 전통적인 미사일 방어(발사의 오른편)는 비용 대 효과가 나오지 않는 사업이라고 밝혔다. 총알을 총알로 맞히는 방식은 여전히 매우 어려운 작업이었고, 요격 성공률 또한 높지 않았다고 회고했다. 그는 2002년 말 아들 부시 정권 당시 시행한 탄도미사일 요격 시험을 사례로 들었다. 최상의 요격 조건 속에서 진행한 실험에도 50퍼센트 미만의 성공률을 보였다고 전했다. 저조한 실적 때문에 펜타곤은 그 이후부터 탄도미사일 요격 성공률을 공개하지 않고 있다. 의회 청문회에서 관련 질의가 나와도 당국자들은 비공개로 전환해서 정보를 공유하겠다는 입장을 고수해왔다. 게다가 북한은 다양한 장소에서 이동식 발사대를 활용해 불시에 미사일을 쏠 수 있는 역량을 갖추기 시작할 무렵이었다. 이 때문에 펜타곤이 적의 지휘 통제 체계를 망가뜨려 미사일을 사전에 무력화시키는 방안을 시행에 옮겼다는 설명이다.

상대방이 주먹을 휘두르기 선에 머리를 가격하는 선제공격인 셈이다. 특히 직접적인 원점 타격 대신 사이버 공격을 가할 경우 미국이 관여했다는 사실을 은폐하기도 쉽다. 갈등이 확산돼 전면전으로 치달을 가능성이 낮아질 수 있는 것이다. 생어는 당국자들이 역량을 감추기 위해 이 용어를 공개적으로 사용하는 것을 극도로 자제해 왔다고 덧붙였다. 그러나 내가 워싱턴D.C.에서 취재 활동을 시작한 2019년 이후부터는 이 같은 '금기'가 깨졌다.

2021년 2월 23일, 미국 유명 싱크탱크 전략국제문제연구소CSIS 에서 미군 제복 군인 가운데 두 번째로 높은 존 하이튼John Hyten 합동 참모본부차장은 북한의 탄도미사일 위협과 관련해 의미심장한 말을 남긴다.[7] 하이튼 대장은 사드나 패트리어트(PAC-3)와 같이 비행종말 단계terminal phase 요격에 초점을 맞춘 방어 전략은 요격기 수량을 고려할 때 한계가 분명하다고 운을 떼웠다. 그러면서 향후 '발사의 왼편' 에 무게를 실은 종합적인 방어 전략을 추진하겠다고 예고했다.

펜타곤 관계자들은 의회에서도 이 같은 방침을 분명히 했다. 미국 본토 방어를 책임지는 글랜 밴허크Glen VanHerck 북부사령관은 하이튼 차장의 예고 4개월 뒤 미국 상원 청문회에서 '발사의 왼편' 선택지를 적극적으로 도입하고 있다고 증언했다.

북부사령부와 북미항공우주방위사령부NORAD는 전략적 경쟁 상황에서 대통령과 국방장관에게 결정 공간과 억제력을 늘릴 수 있는 선택지를 제공하고자 발사의 왼편 구조 도입을 공격적으로 추진하고 있습니다.

— 미국 상원 군사위 전략군 소위 청문회, 2021년 6월 10일

한편 미사일 방어와 '발사의 왼편' 전략이 예산 배정에서 경쟁하는 관계라는 점은 미국 방산업계에서는 공공연한 비밀이다. 한정된 예산을 놓고 '발사의 왼편' 투입 예산 때문에 요격 미사일의 예산 삭감이 발생할 수 있기 때문이다. 그러나 미사일 방어를 관장하는 미사일방어청장MDA도 극초음속미사일 등 적성국들의 진화하는 위협을 우려하면서 '발사의 왼편' 전략 도입을 적극 옹호하고 나서기 시작했다. 2021년 6월 전략국제문제연구소 내 강당에서 존 힐John Hill 미사일방어청장은 "비싼 요격기에만 의존하는 방식이 모든 문제의 해결책은 아니"라고 인정했다. 적이 미사일 발사 버튼을 누를 때까지 마냥 기다리는 수동적 방어 태세에서 손가락을 분지르든 버튼을 망가뜨리든 미리 선제적으로 관여하는 적극적 공세로 무게 중심이 옮겨 가고 있는 것이다.

한국 언론에서는 미군의 '발사의 왼편' 전략이 마치 사이버전에 국한된 것처럼 해석하는 기사가 자주 보인다. 가령《주간조선》은 미국의 '발사의 왼편' 실효성이 의심된다며, 북한의 인터넷망은 매우 제한적이고 폐쇄적이어서 위력을 발휘하기 힘들 것이라는 분석을 내놓기도 했다.[8] 아마 사이버전에 초점을 맞춘 생어 기자의 특종 보도 때문인 듯했다. 그러나 나의 취재 결과 미군의 '발사의 왼편' 전략은 사이버보다 훨씬 공격적인 선택지까지 포함하는 것으로 드러났다.

익명을 요구한 미군 관계자는 "사이버전뿐 아니라 미사일을 동원한 선제 원점 타격 선택지도 포함한다"라고 전했다. 사실이라면 상당히 논쟁적인 정책이다. 유엔 헌장은 2차 세계대전 당시 진주만 공습처럼 선제적으로 상대를 공격하는 '예방 전쟁'을 금지하고 있기 때문이다. 조금 더 진실에 다가서고 싶은 욕망이 꿈틀댔다. 도널드 트럼프 정부가 2017년 의회에 제출한 기밀 보고서를 입수하고 나서야 뒤늦게 관련 내용을 확인할 수 있었다.

극비 문서에서 드러난 실체: "선제공격도 포함"

총 5장으로 이루어진 기밀 해제 보고서[9]는 발사의 왼편 역량에 대한 개념과 적용 지침을 담고 있었다. 한때 비밀문서로 취급되었던 만큼 민감한 내용은 일반 대중이 볼 수 없도록 공란 처리된 부분이 대다수였다. 보고서는 '발사의 왼편' 전략 시행 선택지를 '적의 공격을 받지 않은 경우'와 '공격받은 이후'의 상황으로 나눴다. 논란이 될 수 있는 '적의 공격을 받지 않는 경우'에 대해 적지 않는 설명을 할애했다. 펜타곤은 "적의 공격이 임박했다고 판단될 경우" 한 국가 또는 집단 안보상 국제적으로 보장하고 있는 내재적인 권한인 집단적 자위권right of collective self-defense◆으로 '발사의 왼편'을 사용할 수 있다고 명

◆ 외국으로부터 불법적 공격을 받았을 때 자국을 보호하기 위해 국제법상으로 허용되는 무력 행사를 의미한다. 유엔 헌장 제51조는 유엔 회원국에 대한 무력 공격이 발생할 경우 개별적 또는 집단적 자위의 고유 권리 행사를 보장하고 있다. 이 같은 권한은 제3국이 공격받더라도 자국에 대한 공격으로 간주하고 무력 행사를 할 수 있도록 보장하고 있다.

Report to Congress

**Declaratory Policy, Concept of Operations, and
Employment Guidelines for Left-of-Launch Capability**

May 10, 2017

The estimated cost of this report or study for the
Department of Defense is approximately $4,330.00
for the 2017 Fiscal Year. This includes $50.00 in
expenses and $4,280.00 in DoD labor.

Generated on 5/9/17   RefID: 6-E3093EE

17-L-1553/OGC/0007

내가 입수한 기밀 해제 의회 제출 보고서에는 '발사의 왼편' 전략에 따른 펜타곤의 교리가 담겨 있다. 세간의 인식과는 달리 물리적 선제공격도 발사의 왼편 수단으로 명시돼 있다.

시했다. 보호 범위에는 미국 본토뿐 아니라 동맹국, 우방partners, 기타 중요한 미국의 핵심 이익들까지 포함된다.

보고서는 '발사의 왼편'의 선택지로 운동역학적kinetic 또는 비운동역학적non-kinetic 수단이 모두 포함될 수 있다고 밝혔다. 군사학에서 운동역학적 수단은 미사일이나 총알 등 추진체가 미는 힘에 의해 나가는 무기를 말한다. 반대로 비운동역학적 수단은 미는 힘 없이 나가는 무기인 레이저, 전자전(사이버전), 해킹 등을 의미한다. '발사의 왼편'이 물리적 원점 타격 등 공격적인 선택지를 포함하고 있다는 점을 명백히 밝히고 있는 것이다.

눈여겨볼 대목은 적 공격이 임박했다고 판단하는 중요한 요소로 '대응 시간의 길이'를 강조한 점이다. 제한된 기회의 창windows of opportunity을 놓쳐 피해가 확산되는 것을 방지하지 못할 수 있기 때문이라는 설명이다. 풀어보자면 극초음속미사일이나 고체연료 미사일처럼 발사 결정 주기가 짧고 기습적으로 쏠 가능성 있는 표적일수록 '발사의 왼편'을 고려할 가능성이 높다는 것이다. 게다가 북한은 이런 형태의 공격 역량을 적극적으로 확보하는 데 총력을 기울이고 있다. 때마침 보고서가 의회에 제출된 2017년은 북한 김정은 위원장이 대놓고 괌에 대한 미사일 타격을 시사한 시기이기도 하다.

앞서 소개한 것처럼 펜타곤은 더 이상 미사일이 날아오기를 기다리는 수동적 방어 태세에 의존하지 않겠다는 입장을 명확히 했다. 공세적 방어 개념이 도입되면서 공격과 방어의 개념 자체가 모호해진 것이다. 여기에는 소리보다 빠른 극초음속미사일의 등장이 결정적인 계기가 되었다. 목표물에 도달하기까지 불과 20분 정도밖에 소요되지 않아서 대처 시간이 그만큼 짧아졌기 때문이다. 이 같은 기조는 트럼프 행정부 말기 고위 관리의 발언에서도 확인되었다. 2020년

10월 7일 허드슨연구소가 주최한 행사에서 라이언 매카시 미국 육군 장관♦은 "앞으로의 전쟁은 주먹을 빨리 휘두르는 이가 승리한다"라고 강조했다.[10]

> 오늘날 전쟁은 주먹을 더 빨리 휘두를 수 있는 자가 승리합니다. 미국과 대등한 적성국과 경쟁하는 환경에서 미사일이 처리하는 데 수분이 걸리거나, 요격하는 데 수분이 소요되면 우리는 죽은 목숨입니다.
> — 미국 상원 군사위 전략군 소위 청문회, 2021년 6월 10일

매카시 장관도 화살을 맞히기보다는 궁수를 맞히는 이른바 원점 타격의 중요성을 강조했다. 또 이를 실현하기 위해 중국과 러시아와 경쟁 관계에 놓인 오늘날 미군의 표적 제거 소요 시간을 수분에서 수초 단위로 줄여나가야 한다고 했다. 북한마저 극초음속미사일 개발과 도입을 서두르고 있는 상황에서 이 같은 타격 셈법의 전환은 한반도라고 예외는 아니다.

그렇다면 '발사의 왼편' 셈법은 현재 바이든 행정부에서도 그대로 유지되고 있을까? 윤곽은 2021년 5월 상원 신임 주한미군사령관 인준 청문회에서 드러났다. 신임 주한미군사령관으로 지명된 폴 라캐머라 대장은 앞으로 조기 경보가 매우 중요한 요소가 될 것이라

♦ 한국의 육군본부에 해당하는 미국 육군부는 민간과 군인 조직으로 이원화되어 있다. 민간인 최고위직은 육군장관이고, 군인 최고위직은 육군참모총장이다. 육군장관은 미 육군의 모든 부대와 기관을 총괄하는 최고 수장으로서 국방장관의 지휘 통제에 따라 육군에 대한 군정권을 행사한다.

고 강조했다. 이어 자신은 조기 경보 관점에서 특히 'C4ISRT'가 매우 중요하다고 보고 있다고 답변했다. 펜타곤에서는 군 작전의 핵심 체계를 '지휘command, 통제control, 통신communication, 컴퓨터computer, 정보intelligence, 감시surveillance, 정찰reconnaissance'이라는 6개 핵심 요소의 영문 앞 글자를 따서 'C4ISR'로 부른다. C4ISRT는 여기에 '표적 타격targeting'을 추가한 새로운 개념이다. 라캐머라 사령관의 발언을 풀어보자면 지금부터는 우리가 먼저 적 미사일을 발견하고(조기 경보) 바로 표적을 때릴 수 있는(표적 타격) 역량을 갖추는 것이 중요하다는 의미다. 4년 전 펜타곤이 의회에 제출한 '발사의 왼편' 적용 지침을 그대로 따르는 것이다.

한국과 일본도 공세적 방어로 전환

수동적 방어에서 공세적 방어로 전환한 것은 미국만이 아니다. 윤석열 대통령은 대선 기간이던 2022년 1월 11일 신년 기자회견에서 선제공격을 향후 국방 정책의 핵심 과제로 삼겠다고 예고했다. 윤석열 당시 국민의힘 후보는 "마하 5 이상(극초음속)으로 핵을 탑재한 미사일이 발사되면 수도권에서 대량 살상하는 데 걸리는 시간이 1분 이내"라는 점을 강조했다. 사실상 요격이 불가능하다는 점을 들며, 그런 조짐이 보일 때 "3축 체제의 가장 앞에 있는 킬체인이라는 선제타격밖에 막을 수 있는 방법이 지금은 없다"라고 말했다.

한국형 3축 체계는 먼저 쏘고 방어한 뒤 응징하는 것을 골자로 한다. 펜타곤 관계자들이 3K로 부르는 이 개념은 킬체인Kill Chain, 한국형미사일방어체계Korea Air and Missile Defense, KAMD, 대량응징보복Korea Massive

Punishment & Retaliation, KMPR으로 구성돼 있다. 타격 순환 체계를 뜻하는 킬체인의 핵심은 적의 탄도탄 등을 적극적으로 추적한 뒤 선제공격해 방어하는 개념이다. 이와 관련해 나는 2020년 6월경 빈센트 브룩스 전 주한미군사령관으로부터 한국형 선제공격 교리에 대한 의견을 들을 수 있었다. 그는 방패만 들고서는 날아오는 적의 화살을 견디기 어려운 시기에 이르렀다고 지적했다. 때로는 화살을 방어하는 동시에 적 궁병을 살상하기 위해서는 원점 타격을 동반해야 한다고 말했다. 이런 맥락에서 선제공격을 의미하는 '킬체인'과 '한국형미사일방어체계'는 긴밀히 연계돼 있다고 말했다.

가장 대표적인 무기로 한국이 독자 개발한 현무-II 지대지탄도미사일이 있다. 최대 속도는 마하 3.65, 탄도 중량은 500킬로그램~2톤이다. 탄두에는 수백 개의 자탄이 들어 있어 반경 수백 미터를 파괴할 수 있는 무기로 알려졌다. 사거리에 따라 A형(300킬로미터), B형(500킬로미터), C형(1000킬로미터) 3가지 종류로 나뉜다. 한국 공군의 경우 지하 벙커 안까지 파고 들어가 때릴 수 있는 독일-스웨덴산 타우러스를 보유하고 있다. 마하 0.95 속도에 사거리는 500킬로미터에 달하며 강화 콘크리트 6미터를 뚫을 수 있는 관통력을 지녔다.

실제로 한국 공군은 2017년 9월 12일 직도 사격장에 설치한 콘크리트 시설을 겨냥한 실사격 훈련을 실시한 바 있다. 공군이 공개한 영상에 따르면 F-15K에 장착한 타우러스는 F-15K에서 분리된 뒤 미끄러져 나가듯 목표물을 향해 날아가다가 갑자기 급상승하더니 수직으로 내리꽂혔다. 지상 철근 건물을 뚫고 들어간 타우러스는 이후 지하를 파고 들어간 뒤 폭발했다. 지하 지휘 통제 시설, 이동식 발

실전 배치형 현무-ⅡA 미사일 발사 모습.

출처: 대한민국 국방부

F-15K에서 발사된 타우러스가 목표물에 내리꽂히는 모습. 타우러스 미사일은 대표적인 관통형 미사일이다.

출처: 대한민국 공군

사대, 대량살상무기를 보유한 북한군의 특성을 고려한 무기다. 문재인 정부는 2019년 한반도 긴장 완화 조치의 일환으로 한국형 3축 체계를 지칭하는 용어를 핵·WMD 대응 체계로 변경했다.◆ 그러나 개명만 했을 뿐 사실상 한국형 3축 체계 관련 투입 예산은 오히려 이전보다 갑절 늘었다. 박근혜 정부 당시 관련 예산은 2014년과 2016년 각각 1조 170억 원, 1조 690억 원이었다. 반면에 문재인 정부 시기인 2020년에는 6조 156억 원으로 6배가량 늘었다.[11]

한편 가장 큰 변화를 보이는 나라는 일본이다. 2020년 6월 22일 워싱턴D.C.를 발칵 뒤집은 사건이 있었다. 이날 아베 신조 일본 총리는 미국산 미사일 방어 체계 이지스어쇼어Aegis Ashore 2대 도입을 전면 재검토하겠다고 발표했다. 아울러 처음으로 적 기지를 공격할 수 있는 장거리·고정밀 타격 무기 도입도 검토하겠다고 덧붙였다. 이지스어쇼어는 미국 록히드마틴사가 개발한 미사일 방어 체계다. 이지스함에 쓰이는 방공 요격 체계를 그대로 지상으로 옮겨서 배치한 것이다. 북한의 탄도미사일에 대처할 무기 체계로 일본 본토 2개 지역에 이지스쇼어가 배치될 계획이었다. 이지스어쇼어의 조달 예상 비용은 자그마치 약 32억 달러였다.[12]

나는 당시 이지스어쇼어 철회가 미치는 영향에 대해 미국 당국에 집중 문의했다. 펜타곤 관계자는 "동맹은 어느 때보다 굳건하다"라는 준비된 멘트만 반복할 뿐이었다. 그러나 주일미군 관계자는 익

◆ 한국형 3축 체계에서 킬체인은 '전략표적타격', 한국형미사일방어체계는 '한국형미사일방어', 대량응징보복은 '압도적 대응'으로 개명되었다.

2022년 11월 18일 일본 해상자위대 소속 구축함인 마야함에서 SM-3블록-IIA 미사일을 발사하고 있다. 마야함은 이날 SM-3블록-IIA 미사일로 중거리탄도미사일을 요격하는 데 성공했다. SM-3블록-IIA 미사일은 이지스함 또는 지상형인 이지스어쇼어에 탑재하기 위해 미국과 일본이 공동 개발했다.

출처: 펜타곤 국방영상정보배포서비스

명을 전제로 "아직 철회가 결정된 것은 아니"라며 당황한 기색이 역력했다. 일본 정부는 결국 철회를 결정했다. 이지스어쇼어 요격기 발사 시 추진체가 주민들에게 떨어질 수 있다는 것이 표면상 이유였다. 하지만 본질적인 이유는 따로 있었다. 극초음속미사일이나 이스칸데르 미사일처럼 미사일 방어를 회피할 수 있는 신무기 등장 때문이다.

2020년 7월 19일 일본국제안보연구소 주최로 화상 간담회가 열렸다. 대담 참여자로 일본 방위성 산하 방위연구소의 다카하시 스기오 시뮬레이션 실장, 일본 집권 여당 자민당의 중의원인 나가시마 아키히사 전 방위성 부장관, 무라노 마사히 미국 허드슨연구소 연구원 등이 나서 토론했다. 이들은 일본 정부의 이지스어쇼어 도입 철회 결정 배경으로 하나같이 비용 대 효과 문제를 꼬집었다.[13] 이지스어쇼어는 중국의 극초음속미사일, 북한이 최근 선보인 회피 기동형 미사일(KN-23) 등 진화하는 위협에 대처하기에는 효율이 떨어진다는 설명이었다.

일본 방위연구소의 다카하시 실장은 특히 북한이 그동안 탄도미사일의 사거리를 늘려온 점을 강조했다. 미사일 방어망을 뚫을 수 있는 북한의 최신식 미사일 사거리가 일본에 도달하는 것은 시간문제라고 지적했다. 북한의 신형 저고도 탄도미사일에 대한 위협을 고려하면, 고고도 탄도미사일만 요격할 수 있는 이지스어쇼어로는 비용 대 효과가 나오지 않는다는 설명이다. 한편 허드슨연구소의 무라노 연구원도 북한 미사일뿐 아니라 최근 중국의 순항미사일, 극초음속미사일 위협 역시 대두되는 상황에서 이지스어쇼어의 대안을 살펴보는 것은 합리적이라고 생각한다고 밝혔다. 여기서 언급한 대안

이란 적에 대한 공격을 방어의 선택지로 고려하는 것을 의미했다. 아베 신조 총리가 이지스어쇼어 철회 대안으로 일본의 공격 능력 확보 방안을 검토하기로 발표한 직후였다. 일본 방위성 부장관을 지낸 나가시마 아키히사 자민당 중의원은 공격 선택지 도입을 적극 환영했다. 다만 적 기지 공격 능력이라기보다 자위적 반격 능력이라는 점을 강조했다. 어디까지나 일본의 공격 범위는 자위권의 범위 내에 국한할 것이고, 표적 대상도 극히 제한된 범위에서 시행될 것이라고 설명했다.

그러나 '자위적 반격 능력'은 "국제 분쟁의 수단으로 무력 행사를 영원히 포기"하고 "교전권을 인정하지 않는다"는 일본 헌법 9조 원칙을 우회하기 위한 수사에 불과하다. 앞서 아베 신조 총리는 2014년 7월 1일 평화헌법의 정신을 고려해 행사할 수 없다고 해석해오던 '집단적 자위권'의 제약을 해제했다. '일정 요건'이 충족하면 집단적 자위권을 행사할 수 있다는 각의 결정문을 의결함으로써 평화헌법의 해석을 바꾼 것이다. 이를 위해 일본이 집단적 자위권을 행사할 수 있는 '존립 위기 사태'라는 새로운 단계가 추가되었다. '존립 위기 사태'란 일본과 밀접한 관계에 있는 타국에 대한 무력 공격이 발생해 일본의 존립이 위협받고 국민의 생명 또는 자유 및 행복 추구의 권리가 뿌리부터 전복될 명백한 위협이 있는 사태를 지칭한다.[14] 이 밖에도 방치하면 일본에 대한 직접적인 무력 공격에 이를 위협이 있는 경우(중요 영향 사태)에 대해서도 집단적 자위권 행사를 허용하고 있다.

이 두 단계는 타이완이나 한반도 유사시 일본이 개입할 수 있는 주요 근거가 된다. 일본 방위성은 적 기지 공격 능력이 필요한 근거로 북한의 진화하는 위협을 꼽아왔다. 2022년 발간한 《방위 백서》에서는 북한이 "다양한 미사일을 동시에 쏘는 포화 사격, 임의의 시간과 장소에서 발사하는 기습적 타격 능력을 증진"하고 있다고 평가했다. 이는 북한이 미사일 개발 역량과는 별도로 "실전적 운용 능력 향상도 도모"하고 있는 것을 의미한다고 밝혔다. 특히 미사일 방어망을 돌파하기 위한 역량을 보유하기 위해 신형 단거리탄도미사일, 극초음속미사일 발사 시험을 계속하고 있다는 점을 강조했다. 방위성은 이 같은 능력의 향상이 "발사 조짐을 조기에 파악하고 요격하기 어렵게 하는 등 정보 수집, 경계, 요격 태세 부문에서 새로운 어려움을 야기하고 있다"라고 명시했다.[15]

한편 방위성 산하 방위연구소는 더 노골적으로 적 기지 공격 능력 확보의 필요성을 설파해왔다. 2020년 10월 보고서에서는 20년간 약 1000억 엔(약 100조 원)을 투자한 탄도미사일방어체계BMD에 더 이상 의존하기 어렵게 되었다고 밝혔다. 극초음속미사일 등 적성국의 미사일 방어망 돌파 역량이 고도로 진화했기 때문이라고 지적했다. 또 다양한 종류의 미사일을 한꺼번에 퍼붓는 '포화 공격'도 근거로 들었다. 만일 공격 측 미사일이 수비 측 요격 미사일 수량을 넘어설 경우 방어망이 돌파될 수 있다고 분석했다. 따라서 적성국이 미사일을 발사하기 전에 무력화할 수 있는 '미사일 측의 억지력'이 추가돼야 한다고 주장했다. 적 기지 공격 선택지가 추가될 경우 공격 측은 수비 반격을 회피하면서 발사 준비를 해야 하므로 포화 공격 시도를 어렵게 만든다는 설명이다.[16]

결국 일본은 2022년 12월 적성국의 미사일 기지를 직접 타격할 수 있는 공격 능력을 보유하겠다고 공표했다. 기시다 후미오 일본 정부 내각은 '국가 안보 전략 개정안'을 의결하면서 '반격 능력'이라는 표현으로 적 기지 공격 능력을 명시했다. 기시다 총리는 기자회견에서 "반격 능력은 상대방에게 공격을 단념시키는 억세력이 되는 만큼 반드시 필요하다"라고 강조했다. 이런 능력을 확보하기 위해 1000킬로미터 이상의 장거리 순항미사일을 1000발 이상 확보하고, 극초음속미사일을 2030년경 배치하기로 했다. 2023년부터 5년간 투입되는 예산 규모만 5조 엔(약 47조 원)에 달한다.

트럼프식 '화염과 분노'에서
나타난 지표들

끊임없이 펼쳐진 녹음 사이로 새파란 하늘을 머금은 호수가 잔잔히 얼굴을 드러낸다. 2022년 6월 인적이 드문 미국 최북단 메인주에서 오랜 지인이 나를 반겼다. 상대는 15년 전 아프가니스탄에서 함께 고생했던 미군 법무참모 휴 콜베트. 당시는 중령이었지만 2년 전까지만 해도 메인주 방위군에서 가장 높은 주방위사령관을 역임했다. 수채화에 나올 법한 평화로운 풍경의 개인 별장에서 나는 뜻밖의 일화를 들을 수 있었다.

휴 콜베트 장군은 5년 전 마크 밀리 합동참모본부의장으로부터 주방위군에 파병 비상 대기령을 걸라는 전보를 받았다고 회고했다. 3개월 안에 한반도 파병을 위한 군수, 장비 조달을 끝마치라는 지시도 함께 떨어졌다고 했다. 콜베트 장군은 미국과 북한 정상 간의 신경전이 단순히 설전에만 그친 것이 아니었다고 밝혔다. 정말로 북한과 전쟁을 준비하고 있었다고 담담하게 말했다. 미군은 약 130만 명의 현역병을 유지하고 있다. 현역병과 별도로 주방위군은 평시에 주 내부 치안 유지 또는 자연재해 상황에 동원된다. 그러나 미국은 아프가니스탄전쟁과 이라크전쟁에서 보듯 병력 부족 상황에 대비해 주방위군을 해외에 파병할 수 있는 선택권을 항상 갖고 있다. 육군과 공군으로 이루어진 미국 50개 주의 방위군 규모는 약 78만 명이다. 이 중 당시 콜베트 장군의 관할 아래 있는 메인주 병력은 약 2300명이었다. 2017년 당시 미국에서도 가장 한적한 주 가운데 하나인 메인주에서 어느 누구에게는 생사의 갈림길이 될지 모르는 여정을 준비하고 있었던 것이다. 구체적으로 어떤 주에 비상동원령이 내려졌는지는 알 수 없으나 메인주만은 아니었을 것이라는 점은 분명했다.

2017년 7월 4일 북한은 처음으로 대륙간탄도미사일 화성 14형 미사일을 동해상으로 발사했다. 이동식 발사대에 실린 이 미사일은 김정은 위원장이 직접 지켜보는 가운데 사거리를 의도적으로 줄이기 위해 고각으로 세워져 발사되었다. 북한이 주장하는 실제 사거리는 1만 킬로미터로 사실이라면 미국 서부가 사정권에 들어간다. 미국의 독립기념일을 맞이해 북한이 보낸 깜짝 선물이었다. 2017년 8월 9일 백악관 기자회견장에서 도널드 트럼프 대통령은 양팔을 겨드랑이에 넣은 채 카메라 앞에서 돌직구를 날렸다.

북한은 어떤 위협도 미국에 가하지 말아야 할 것이다. 세상이 지금까지 보지 못한 화염과 분노에 직면하게 될 것이다. 그(김정은)는 일반적인 성명의 수준을 넘어선 협박을 해왔고, 방금 내가 말한 것처럼 화염과 분노에 직면하게 될 것이다. 솔직히 말해 세상이 한 번도 보지 못한 화염과 분노 그리고 힘을.

이듬해 2018년 6월 싱가포르 정상회담이 극적으로 열리기 전까지 미국과 북한 정상 간 주고받을 서슬 퍼런 핵 협박 전주곡이 울려 퍼진 순간이었다. 나는 아직도 당시 트럼프 대통령의 발언을 헤드라인으로 내보낸 미국 ABC 뉴스 진행자 발언이 기억에 남아 있다. "지금껏 미국의 어느 대통령도 이처럼 직접적으로 핵 위협을 했던 적이 없었던 걸로 압니다. 세계가 대통령의 발언에 주목하고 있는 가운데, 한반도가 전운에 휩싸이고 있습니다."

특히 김정은 위원장이 2018년 신년사에서 미 본토 전역이 자신들의 핵 타격 사정권 안에 있다고 언급하자 핵 위협은 최고조에 이른다. 검은 뿔테 안경을 쓴 김정은은 회색 양복을 입고 굳은 표정으로 "핵 단추가 내 사무실 책상 위에 항상 놓여 있다는 것은 위협이 아닌 현실임을 똑바로 알아야 한다"라고 강조했다. 그러자 트럼프 대통령은 자신의 트위터로 바로 맞받아쳤다.

누가 자원이 고갈되고 식량난을 겪는 그의 정권에 알려줄래? 나 또한 핵 단추를 갖고 있는데, 그가 갖고 있는 것보다 훨씬 크고 강력하다고. 게다가 내 단추는 작동까지 한다고.

이 발언을 두고 마이크 폼페이오 당시 중앙정보국장은 대통령의 반응이 기발했다brilliant고 자신의 회고록에서 밝혔다. 그는 트럼프 대통령의 대답에 실제로 북한이 깜짝 놀랐고, 이후 미사일을 단 한

김정은이 2018년 신년사에서 핵 단추를 언급하자, 도널드 트럼프 대통령은 이틀 뒤 트위터
에서 자신의 핵 단추가 더 크다고 강조했다.

출처: 도널드 트럼프 트위터

차례밖에 쏘지 않았다고 지적했다. 그러면서 대통령의 발언이 북한
에 대해 억제력을 발휘한 순간이라고 평가했다.

> 우리의 언어는 김[정은]뿐 아니라 시진핑, [이란의] 아야톨라와 블라디미
> 르 푸틴을 겨냥한 것이기도 했다. 그들 역시 미국이 다시 게임에 돌아왔
> 고, 위험을 감수할 의지가 있다는 것을 알 필요가 있었다.
> — 마이크 폼페이오, 《한 치도 양보하지 마라Never Give an Inch》[17]

그러나 내가 주목한 것은 수사학rhetoric의 거친 수위가 아니라 대
화에서 드러난 미군의 '발사의 왼편' 지표다. 실제로 미군은 트럼프

대통령의 화염과 분노 발언 약 한 달 뒤인 2017년 9월 25일 대북 공습을 가정한 폭격기 전개 임무를 시행했다.[18] 미군은 이날 B-1 전략폭격기와 더불어 사이버전 목적의 특수기 등 20대의 항공기를 동원했다. 이들 비행기는 서해 북방한계선을 넘어 북한 영공에 들어서기 직전에 멈췄다. 강한 시위성 메시지를 보낸 것이다.

대북 억제력 강화를 위한 전략폭격기의 전개는 이전에도 봤던 양상이었다. 다만 사이버전 전용기를 동반한 점은 이례적이었다. 아쉽게도 취재는 그 이상 더 나아가지는 못했다. 하지만 만일 전개된 사이버 전용기가 '발사의 왼편'과 연관된 무기 체계였다면? 핵 단추가 작동하지 않을 것이라는 트럼프 대통령의 발언이 단순한 수사가 아니었을 수도 있다. 실제 '발사의 왼편' 전략을 시행하기 위한 예행연습일 가능성이 있기 때문이다. 전개 임무에 관여했던 미군 관계자는 기밀이어서 이야기 못 한다면서도, 미군은 항시 '발사의 왼편' 선택지를 보유하고 있다고 밝혔다.

각도 틀면 김정은이 표적

한편 북한이 2017년 미국 독립기념일에 쏜 대륙간탄도미사일 '화성 14형'에 대한 한미연합군의 반응도 주목할 필요가 있다. 주한미군과 한국군은 북한에 화답이라도 하듯 바로 다음 날인 7월 5일 에이태킴스ATACMS와 현무-Ⅱ 미사일을 각각 동해상으로 발사했다. 주한미군과 한국군이 보유한 에이태킴스는 최대 사거리 300킬로미터로 한 발에 수류탄 위력과 비슷한 자탄 900여 발을 탑재하고 있다. 위력은 축구장 3~4개 면적을 초토화할 수 있는 것으로 평가된다.[19] 현

2022년 12월 14일 미국 화이트샌즈 미사일 발사장에서 에이태킴스 발사 훈련이 진행되었다.

출처: 펜타곤 국방영상정보배포서비스

무-II와 에이태킴스 모두 적 미사일 부대의 원점 타격을 염두에 둔 무기이기도 하다.

당시 빈센트 브룩스 한미연합군사령관은 성명을 내고 "우리의 선택적인 자제self-restraint가 유일하게 평시와 전시를 구분 짓고 있다"라고 밝혔다. 이어 "이번 동맹 차원의 사격 훈련이 보여주듯 양 동맹 통수권자들의 명령이 떨어지는 즉시 그 선택을 바꿀 수 있다"라고 경고했다. 약 3주 뒤인 7월 28일 북한이 또다시 화성 14형 미사일을 고각 발사하자 이번에도 한미연합군은 똑같이 발사 다음 날 에이태킴스와 현무-II 미사일을 각각 동해상으로 발사했다. 브룩스 사령관은 발사 직후 재차 성명을 내고 "에이태킴스는 신속 전개와 원거리 정밀 타격력으로 동맹이 어떤 기상 조건에서든 긴급성이 요구되는 표적에 전방위적으로 대응할 수 있는 능력을 제공한다"라고 강조했다.

한미연합군의 이 같은 대응 조치는 이후 북한이 미사일 도발을 할 때마다 관례적인 시위가 된다. 가령 2022년 6월 7일 북한이 8발의 단거리탄도미사일을 발사하자 주한미군과 한국군은 에이태킴스 8발을 10분간 동해상으로 발사했다. 단순히 '네가 발사했기 때문에 우리도 위협적인 무기를 쐈다'는 비례적 대응 원칙에 불과한 것일까? 나는 빈센트 브룩스 전 사령관에게 직접 물어본 뒤 숨겨진 진의를 발견할 수 있었다.

당시 한미연합군이 발사한 미사일의 사거리는 약 299킬로미터로 한국군의 현무-Ⅱ와 주한미군의 에이태킴스 미사일은 각각 휴전선을 따라 동해상에 꽂혔다. 브룩스 전 사령관은 미사일을 쏜 지점에서 사거리 각도를 그대로 틀면 김정은 위원장이 전날 미사일을 참관했던 북한의 발사 원점 좌표와 정확히 일치한다고 밝혔다. 또 첫 번째 발사의 경우 최고 수뇌부 사이의 조율 때문에 시간이 걸렸지만, 이후 대응에서는 시간 차를 수분 간격으로 현격히 줄였다고 했다.

각도만 틀면 김정은이 서 있던 발사 원점에 정확히 꽂힌다는 이야기는 어떤 언론에서도 나오지 않은 새로운 사실이었다. 정찰 자산을 통해 먼저 보고 언제든 날려버릴 수 있다는 경고를 김정은에게 직접 보낸 것이다. 브룩스 전 사령관은 한국 대중에게는 사거리만 공개했기 때문에 그 진의를 잘 모를 수 있었지만 적어도 북한 수뇌부에는 각인되었다고 본다고 말했다. 특히 한국군과 주한미군이 동시에 다른 무기 체계로 정밀 타격한 것은 보기보다 상당히 어려운 작업이라고 밝혔다. 그러면서 성공적인 대응 사격은 유사시 연합 전력의 역량을 선보인 것이라고 평가했다.

'화염과 분노' 시절 거칠었던 수사 뒤에는 '발사의 왼편'이라는 보이지 않는 비수가 숨겨져 있었던 것이다.

도쿄발 미사일에
서울이 불바다가 된다?

'선제공격'에 무게를 싣기 시작한 미국, 한국, 일본이지만 우려의 시선도 적지 않다. 가장 큰 문제는 오판 위험성이다. 적이 발사하기 전에 미사일을 무력화하려면 조기 경보가 신속하고 정확해야 발사 원점을 파악할 수 있다. 그러나 상대는 더욱 발사 주기를 짧게 가져갈 것이 뻔하다. 지난 2018년 폴 셀바 미국 합참차장은 북한이 탄도 미사일을 12분 안에 쏠 수 있는 역량을 갖췄다고 평가한 바 있다.[20] 상대가 여러 대의 이동식 발사대를 전개할 경우 추적이 더욱 어려워진다. 실제로 1차 이라크전쟁 당시 미군은 이동식 발사대 원점 타격에 실패한 이력이 있다. 또 핵탄두 장착 미사일이 이 중에 섞여 있다면 최우선 표적을 선정하는 데도 혼란이 가중될 수 있다.

이미 한국의 독자적 보복 능력이 역내 불안정을 야기할 수 있다는 분석 보고서가 나오기 시작했다. 이언 바우어스Ian Bowers 덴마크 왕립국방대학교 교수와 헨리크 힘Henrik Hiim 노르웨이 국제문제연구소 선임연구원은 지난 2021년 한국이 대북 보복 역량을 급속도로 늘리고 있다고 지적했다. 한국군의 이런 움직임은 북한 지도부의 오판으로 이어질 가능성이 있다고 분석했다. 북한의 핵 투사 결정 셈법을 더욱 촉진할 수 있다는 설명이다. 두 사람은 적 수뇌부를 직접 노리는 '대량응징보복' 전략도 전면전 유발의 불안 요소로 꼬집었다. 한국군이 핵무기만을 선별해 선제공격을 시도할 경우에도 북한이 수뇌부를 노리는 '참수 작전'으로 오인할 여지가 있다는 설명이다. 이 경우 북한은 정권의 안전을 보장할 수 없다고 오판해 핵 공격 또는 전면전을 일으킬 수 있다고 분석했다. 또 유사시 최고지도자(김정은)와 통신이 끊기게 될 경우에 대비해 핵무기 발사 명령권을 다른 이에게 위임할 가능성도 있다고 지적했다.[21]

그러나 두 사람의 연구는 어디까지나 남북한 일대일 대치 국면을 상정한 것이다. 미국과 일본까지 공세적 방어로 전환하면 셈법은 훨씬 복잡해진다. 앞서 소개한 것처럼 트럼프 대통령의 '화염과 분노' 시절 미국은 '발사의 왼편' 전략을 진지하게 고려했다는 정황이 포착되었다. 북한 전력을 100퍼센트 선제적으로 제거하지 않는 한 한국을 겨냥해 보복에 나서는 상황은 상상의 영역이 아니다.

일방적인 '발사의 왼편' 전략

나는 '발사의 왼편' 시행을 놓고 동맹국의 의견이 얼마나 반영될 수 있는지 펜타곤에 문의했다. 익명을 요구한 펜타곤 고위 관계자는 "발사의 왼편은 전적으로 한 나라의 주권 영역"이라고 밝혔다. 시행 과정에서 "동맹과 논의는 하겠지만 최종 결정 권한은 미국 대통령에게 있다"라고 말했다. 또 "한국이나 일본이 자위적 목적에 따른 선제 공격을 시행할 경우에도 최종 결정 권한은 해당 주권국에 있다"라고 덧붙였다. 미국이 말릴 수는 있지만 막을 수는 없다는 이야기다.

한미 간에는 이미 대북 타격 셈법을 놓고 이견이 첨예하게 대립한 사건이 있었다. 2015년 8월 비무장지대에서 북한군이 매설한 목함지뢰에 한국군 2명이 부상을 당했다.◆ 한국군은 북한의 도발로 규정하고 대북 심리전 방송을 재개했다. 북한은 즉각 반발했다. 공개 경고장을 보내 확성기 철거를 요구했다. 불응 시 무차별적 타격을 하겠다고 엄포까지 놨다. 이후 북한은 군사분계선 인근에 14.5밀리미터 고사포 1발과 76.2밀리미터 직사포 3발을 발사했다. 한국군은 대응사격으로 맞받아쳤다. 155밀리미터 자주포 29발을 북측으로 쏘았다. 그러자 북한은 최후통첩을 보냈다. 조선노동당 중앙군사위원회 비상확대회의를 열고 대북 심리전 방송을 중단하지 않으면 군사적 행동에 나서겠다고 했다. 김정은은 이 자리에서 전방 부대에 준전시 상태를 선포했다. 그러나 한국도 물러서지 않았다. 한민구 국방장관은 같은 날 대국민 담화문을 발표하고 추가 도발한다면 가차 없이 단호히 응징하겠다고 경고했다. 자칫 전면전으로 확대될 듯한 대치 구도가 펼쳐졌다. 그러나 북한의 대화 제의로 반전이 일어났다. 이후 양측은 판문점 남측 평화의 집에서 무박 4일간 장시간 협상을 벌였다. 최고조에 이르렀던 갈등은 북한이 무력 도발에 유감을 표하고, 한국이 대

◆ 2015년 8월 4일 경기도 파주시 한국 육군 제1보병사단 예하 수색부대 부사관(하사) 2명이 비무장지대에서 북한군이 매설한 목함지뢰를 밟아 중상을 입은 사건.

북 심리전을 중단하는 것으로 일단락되었다.

　살얼음판이었던 무대의 주연이 남북이었다면, 장막 뒤에서 미국은 어떤 역할을 맡았을까? 나는 당시 주한미군 제8군 사령관을 지낸 버나드 샴포Bernard Champoux 예비역 중장을 만나 의외의 일화를 들을 수 있었다. 샴포 전 사령관은 당시 미국은 한국 측이 강경 대응을 요구하자 어려운 입장에 놓였다고 회고했다. 정전협정 이행을 관장하는 유엔군사령부는 접경 지역 교전 수칙으로 비례성 원칙을 유지하고 있다. 남북한이 평시에 공격을 당한 양과 규모에 맞게 비례적으로 대응하는지 감시한다. 샴포 전 사령관은 그러나 "한국 측의 요구는 비례적 대응 원칙을 넘어선 것이었다"라고 말했다. 구체적으로 어떤 선택지를 요구했는지에 대해서는 함구했다. 그러나 "한국 측의 요구가 갈등을 더욱 확산시킬 개연성이 높았다"라고 말했다. 그러면서 미국은 한국이 갈등을 확산시키지 않도록 설득하는 데 애를 먹었다고 토로했다. 실제로 북한군이 서부 전선에 포격 도발을 한 직후 한국군은 F-15K, F-16 등 전투기를 동원한 훈련을 실시했다. 샴포 전 사령관은 평시 주한미군의 역할은 단순히 북한을 억제하는 데서만 그치는 것이 아니라고 말했다. 특히 목함지뢰 도발 사건의 경우 한국군에 의한 확전을 억제하는 데도 핵심 역할을 했다고 밝혔다.

한일 선제공격 조정 채널의 부재

　긴밀한 조정이 가능한 한미연합군 내에서도 이처럼 타격 셈법을 두고 이견이 발생한다. 그러니 지소미아 종료 사례가 보여주듯 한국과 일본 사이에 신속한 조정 능력을 기대하기란 사실상 어렵다. 이

것은 신뢰 문제다. 미국이 매년 우방국들과 알래스카와 네바다주에서 실시하는 '레드플래그 훈련'에서도 한일 간의 서먹함이 잘 드러난다. 한국 공군 F-15K 전투기가 훈련에 참가할 경우 절대로 일본 공군 기지를 경유하지 않는다. 공중급유기를 동원해 알래스카로 직항하는 경로를 취한다. 왜일까? 한국 공군 관계자에게 물어봤다. 한일 간에 자국 전투기가 체류할 수 있는 법적 근거가 없다는 것이 이유였다. 지소미아 체결 직후 한미일은 잠수함 탐지 훈련을 실시했는데 이는 미국이라는 공통분모가 있었기 때문에 가능했다. 한일 양자 훈련은 창군 이래 단 한 차례도 실시한 적이 없다.

일본이 적 기지 공격 능력에서 염두에 두는 대상은 북한과 타이완, 유사시 중국이다. 다만 표면적으로는 동해상에 빈번하게 탄도미사일을 쏘는 북한을 겨냥하고 있다. 일본《방위 백서》는 북한 핵과 미사일 능력 표현 수위를 매년 높여왔다.《2020년 판 방위 백서》에서는 처음으로 북한이 탄도미사일에 핵탄두를 탑재해 일본을 직접 공격할 수 있는 것으로 평가했다.[22] 일본은 사태를 방치하면 자국에 대한 직접적인 무력 공격이 예상되는 상황(중요 영향 사태)에서 임의로 집단적 자위권을 행사할 수 있다. 만일 북한 미사일이 도쿄를 겨냥하고 있다고 판단할 경우 선제적으로 순항미사일 또는 극초음속미사일을 발사할 수도 있다. 이렇게 하면 자위대의 한반도 진출 논란에서도 자유롭다. 1000킬로미터 넘는 사거리로 자국의 영토에서 고정밀 타격하기 때문이다.

우리는 북한이 명목상 대한민국의 부속 영토이기 때문에 장거리 타격도 한국의 사전 승인이 필요하다는 입장을 견지하고 있다. 그러나 이와 관련한 펜타곤의 속내는 다르다. '발사의 왼편'은 한 국가의 주권적인 결정이므로 자국의 집단 안보가 위협받을 경우 자위 조치로 행사할 수 있다는 시각을 갖고 있다. 일본이 북한의 공격을 받거나 공격이 임박했을 경우에 대북 공격을 감행하는 것은 전적으로 일본의 고유 권한이라는 입장이다. 문제는 선제공격 뒤 예상되는 북한의 보복이다. 북한의 총구가 도쿄가 아니라 서울로 향할 경우 2차 피해는 고스란히 한국이 입게 된다.

반대 상황 또한 가정할 수 있다. 북한은 이미 미국 본토와 괌, 하와이를 시야에 둔 대륙간탄도미사일ICBM, 중거리탄도미사일IRBM. 일본을 겨냥한 준중거리탄도미사일MRBM, 한국을 표적에 둔 단거리탄도미사일SRBM을 모두 확보하고 있다.◆ 미국에 대한 직접적인 보복은 위험성이 크기 때문에 대신 한국과 일본을 인질로 삼을 수 있다. 미국이 '발사의 왼편'을 실시할 경우 한국 또는 일본을, 일본이 적 기지 '반격 능력'을 구사할 경우 한국을, 한국이 '킬체인'을 실시할 경우 일본을 대상으로 보복 공격을 가할 수 있는 것이다. 북한으로서는 한미일 삼각 공조 체제를 분열시키기에 좋은 선택지다.

보복을 우려하는 2차 피해국은 선제공격을 실시하려는 당사국 결정에 강한 반대를 제기할 수 있다. 그러나 자위적 선제공격은 어디까지나 주권적 권리다. 북한의 미사일 발사 주기가 점점 짧아지는 추

◆ 미국 합동참모본부가 발간하는《국방 군사 용어 사전》에 따르면 대륙간탄도미사일은 유효 사거리가 5500킬로미터 이상, 중거리탄도미사일은 3000~5500킬로미터 미만, 준중거리탄도미사일은 1000~3000킬로미터 미만, 단거리탄도미사일은 1000킬로미터 미만이다.

세를 감안하면 선제공격 결정을 내릴 수 있는 시간적 여유가 없다.

특히 한국과 일본에서 각광받고 있는 선제공격은 내셔널리즘 (국가주의)에 기반한 측면이 강하다. 아베 신조 총리가 '보통 국가'를, 윤석열 대통령이 '강한 안보'를 기치로 자국의 선제공격 선택지를 공약으로 내세우지 않았는가? 두 나라 모두 자국의 영토 보전과 이웃 국가의 2차 피해를 놓고 자국 이익을 선택할 가능성이 높다. 북대서양조약기구와 같은 집단 안보 기구가 없는 상황에서 각국의 독자적 선제공격 역량 증진이 위험성을 띠는 이유다. 선제공격 선택지를 두고 한일 간에 제2의 지소미아 사태가 벌어질 가능성이 농후하다. 미사일 공격이 눈앞에 닥쳤을 때 미국을 경유하지 않는 한일 간 선제공격 의견 조율 채널 개설이 시급히 논의돼야 하는 이유다.

3국 정보 공유, '발사의 왼편'에도 적용될까?

이쯤에서 한일지소미아(한일군사정보보호협정)의 원래 의미를 되새길 필요가 있다. 세간에서는 지소미아가 북한에서 날아오는 미사일에 대한 정보 공유를 골자로 한다고 알려져 있다. 다시 말해 수동적 미사일 방어에 적용되는 개념으로 이해하고 있다. 그러나 앞에서 살펴봤듯 지소미아의 범위는 '각 당사국의 국가 안보와 이익 보호에 필요한 방위에 관련된 모든 정보'로 훨씬 포괄적이다.

최근 미사일 방어 전략이 공세적으로 바뀌고 있는 추세를 고려하면 정보 공유의 초점도 변할 수밖에 없다. 특히 날아오는 미사일을 요격하거나 발사되기 전에 선제적으로 제거하려면 모두 발사 원점에 대한 조기 경보가 필수적이다. 더군다나 북한은 지하 시설, 이동식 발사대, 위장술, 고체연료 미사일 등 다양한 방식으로 조기 경보에 탐지되는 것을 피하고 있다. 선제공격을 실시하려고 해도 불완전한 정보에 기반할 수밖에 없는 한계가 발생한다. 미국, 한국, 일본 모두 북한 내 표적물에 대해 완벽한 그림을 손에 넣지 못하기 때문이다. 불완전한 정보는 오판으로 이어질 수 있다. '발사의 왼편' 실시를 위해 세 나라의 실시간 정보 공유가 필요한 시점이다.

한미일 정상은 2023년 3월 3자 북한 미사일 경보 실시간 정보 공유 체계를 연내에 도입하기로 결정했다. 한국 국방부는 3국이 실시간 공유하는 범위가 미사일 발사가 이루어지기 전후가 아니라 발사가 이루어진 상황에서 경보 정보(발사 원점, 비행 방향, 속도, 탄착 예상 지점)에 국한된다고 강조했다.[23] 한국 국방부의 설명대로라면 선제공격보다는 미사일 발사 뒤 정보 공유에 초점을 맞추고 있는 것으로 이해된다. 더욱이 한 나라의 선제공격이 한국 또는 일본에 2차 보복을 야기할 수 있다는 점을 고려하면 섣불리 정보를 공유하기도 어려워진다.

그러나 '발사의 왼편'을 실시하는 상황은 갈등이 발생한 이후에도 적용된다는 점에 유념할 필요가 있다. 앞서 소개한 펜타곤의 기밀 해제된 의회 제출 문서에서는 '발사의 왼편'을 실시하는 상황을 적의 공격이 아직 없는 경우와 적의 공격을 받은 이후로 나누고 있다. 다시 말해 선제공격은 북한이 먼저 미사일을 쏘더라도 2차, 3차 표적물에 대해 실시할 수 있다는 의미다. 이미 어느 한쪽이 보복 공격을 받은 뒤라면 '발사의 왼편'을 실시하기 위한 3자와의 정보 공유 역시 수월하다. 이미 피해를 입은 당사국의 보복 의지가 강하기 때문이다.

이 경우 이미 구축해놓은 3자 경보 정보 공유 체계 역시 수동적 방어에서 공세적 방어로 활용될 가능성이 높다.

다만 다시 문제가 되는 것은 한미일 간 역할 분담이다. 한국은 일본의 한반도 관여를 원하지 않는다. 반면에 일본은 북한의 사거리 확대로 인해 더 이상 자신들이 후방 기지가 아니라고 강조하고 있다. 한반도 유사시 일본의 역할을 분명히 하지 않는다면 계속 갈등의 불씨로 남을 가능성이 높다. 어느 한쪽이 독자적 선제공격을 강행할 경우 잠재적 2차 피해국과 이해가 상충하는 상황이 벌어지기 때문이다. 3자 경보 정보 공유 체계만으로는 유사시 공세적 방어 전략을 효율적으로 이행하는 데 분명한 한계가 있다. 오판을 미연에 방지하기 위해서라도 각자의 선제공격 계획을 조율할 수 있는 3자 채널이 필요한 이유다.

맷집 승부 난타전의 관건은 '회복탄력성'

얼굴에 잔주름과 노쇠함이 역력하다. 화려했던 영광의 길을 뒤로 하고 다시 한 번 도전에 나서는 전직 권투 챔피언. 불가능해 보이는 길을 떠나고자 하는 그를 아들이 말리자 이렇게 일갈한다. "얼마나 세게 때리느냐가 중요한 게 아냐! 얼마나 세게 맞고 계속해서 앞으로 나아갈 수 있느냐, 얼마나 버텨낼 수 있느냐, 그것이 바로 승리하는 비결이야." 영화 〈록키 발보아〉에 나오는 대사다. 때리고 또 때려도 다시 오뚝이처럼 일어나는 인파이터 유형만큼 두려운 존재는 없다. 맷집으로 상대방의 공격을 버티면서 점진적으로 승리에 다가선다. 그러나 무조건 맞는다고 능사는 아니다. 체력에 한계가 있기 때문이다. 얼마나 효율적으로 맞느냐가 관건이다.

중국과 러시아, 북한은 모두 미국의 역내 진입을 막는 반접근/지역거부 전략을 쓰고 있다. 잠수함발사탄도미사일, 극초음속미사일 개발에 열심인 이유에도 이런 배경이 작용한다. 항공모함 접근 자체를 차단해 미국 본토 증원 병력이 오지 못하도록 하려는 것이다. 한국과 일본에 배치된 전진 기지(주한미군, 주일미군)는 어떻게 처리할까? 수량을 앞세운 포화 공격, 방어망을 뚫는 회피 기동형 미사일 공격으로 활주로를 파괴하고 군사 시설과 무기 체계를 초토화하는 방법이 있다.

한국은 십자포화 과녁 한가운데 있다. 주한미군 평택 기지의 경우 이런 공격에 매우 취약하다. 밀집돼 있기 때문이다. 당초 주한미군의 한강 이남 이전 계획이 새로운 위협이 부상하기 전에 추진된 탓이 크다. 워싱턴D.C. 조야에서는 주한미군의 밀집된 배치 태세에 대한 우려가 매우 높다. 안킷 판다Ankit Panda 카네기국제평화기금Carnegie Endowment for International Peace, CEIP 선임연구원은 현재의 전진 배치 태세에 회의적인 전문가 중 하나다. 그는 특히 한국과 일본의 미군 전진 기지들은 중국의 극초음속미사일 둥펑-17 등에 가장 취약하다고 지적했다.[24] 또 미사일 방어 강화, 위장을 통해 약간의 생존성을 높일 수는 있겠지만, 손쉬운 표적이 된다는 사실은 변함없다고 말했다.

미군, 역동적 병력 전개로 적 화력 분산

이런 고민 속에서 나온 펜타곤의 대안이 '역동적 병력 전개Dynamic Force Employment, DFE'다. 나는 2021년 6월 케네스 윌즈바흐Kenneth S. Wilsbach 태평양공군사령관이 주최한 화상 기자회견에서 이 작전 개념이 어떻게 적용되는지 상세히 들을 수 있었다.[25] 윌즈바흐 사령관은 "중국뿐 아니라 러시아와 북한도 역내 미 공군 기지를 겨냥해 미사일 역량을 고도화하고 있다"라고 지적했다. 이 문제에 대처하기 위해 태

미국의 전략폭격기 B-1B와 주일미공군 소속 F-16, 일본 항공자위대 소속 F-2 전투기가 지난 2020년 4월 22일 일본 북부 해안에서 역동적 병력 전개 훈련을 진행했다.

출처: 펜타곤 국방영상정보배포서비스s

평양공군은 분산 배치 태세, 즉 기민한 전투 전개Agile Combat Employment, ACE를 도입하게 되었다고 밝혔다. 바큇살 모양으로 중추 비행 시설에서 역내 주변 공항에 빠른 시간 내로 항공 전력을 전개하는 방식을 적용했다고 말했다. 이런 기민한 배치 태세는 중추 비행장뿐 아니라 외곽 공항들까지 겨냥하도록 유도해 적의 화력을 분산시키는 효과가 있다는 설명이다.

실제로 주한미군 제7공군도 한 달 뒤 분산 배치 태세 훈련을 대외에 공개했다.[26] 군산 기지에서 급작스러운 상황 발생을 전제로 F-16 전투기가 비상 활주로 이륙 훈련을 했다. 또 적의 공격을 받아 활주로가 파괴된 상황을 가정해 포크레인을 동원해 신속하게 복구하는 훈련도 함께 진행되었다. 외곽 공항들을 겨냥하도록 유도해 적의 화력을 분산시킨다는 의미는 우선 적의 공격에 맞는 것을 전제로 한다. 더 이상 날아오는 복수의 미사일을 100퍼센트 요격할 수 없다는 뜻이기도 하다. 권투에 비유하자면 중요 부위를 가리고 피할 수 없는 타격은 맷집으로 견뎌내는 것이다. 따라서 맞은 뒤 얼마나 빨리 추스를 수 있는가 하는, 이른바 '회복탄력성'이 중요한 의미를 갖는다.

펜타곤은 2020년 4월 한반도 유사시를 대비해 괌에 전진 배치했던 B-52H 전략폭격기도 전부 역동적 병력 전개의 일환으로 본토로 불러들였다. 데이비드 이스트번David Eastburn 펜타곤 대변인은 당시 나에게 이 같은 결정이 "더 뛰어난 작전 복원력을 갖기 위함"이라고 밝혔다.[27] 또 앞으로 "미국의 전략폭격기들은 우리가 선택하는 시기와 속도에 따라 계속해서 괌을 포함해 인도태평양에서 활동할 것"이라고 강조했다. 요컨대 더 이상 전략폭격기를 한 곳에 고정시켜놓지 않고 이곳저곳으로 예상치 못하게 전개하겠다는 의미다. 특히 전략폭격기는 유사시 핵폭탄을 투하할 수 있는 미국의 3대 핵무기 운반 체계 중 하나다. 적의 포화 공격으로부터 고정된 표적으로 있지 않고, 어디서 나타날지 모르게 배치해 항상 적이 긴장하도록 하겠다는 것이다.

나는 펜타곤의 전략 변화를 조금 더 깊이 이해하기 위해 전략폭격기 괌 전진 배치 계획을 설계했던 당사자를 만나 인터뷰했다. 미국 공군본부 초대 정보·감시·정찰 참모본부장을 지낸 데이비드 뎁툴라David Deptula 미국 공군우주군협회 산하 미첼항공우주전력연구소 소장(예비역 중장)은 전략가로 통한다. 현역 시절 전략폭격기의 괌 상시 배치 안CBP를 성사시킨 인물이기도 하다. 자신의 성과가 철회되는

데이비드 뎁튤라 미국 공군우주군협회 산하 미첼항공우주전력연구소 소장(오른쪽)은 현역 시절 전략폭격기의 괌 상시 배치 안을 관철시킨 인물이다.

상황이 아쉬울 법하다는 내 질문에 뎁튤라 소장은 "변화하는 전략 환경상 어쩔 수 없다"라고 말했다.

그는 우선 전략폭격기 운용 조건이 악화되었다는 점을 꼽았다. 2004년 미군이 보유하고 있던 181기의 전략폭격기는 예산 삭감에 따라 23퍼센트 줄어든 140기가 되었다고 말했다. 공급 부족과 수요 급증에 대처하기 위해서는 더 이상 한 지역(한반도) 임무에 고정된 전략폭격기 배치 태세를 사용할 수 없게 되었다는 설명이다. 다만 전략폭격기가 언제, 어디서 전개될지 모르게 하는 '역동적 병력 전개'는 억제력을 강화하는 측면이 있다고 답했다.

역동적 병력 전개는 공군에만 적용된 개념이 아니다. 트럼프 행정부 당시 마크 에스퍼 국방장관은 예고 없이 병력을 재빨리 전개하는 방식은 거대 패권 경쟁에서 승리하기 위한 필수 요소라고 강조한 바 있다. 또 육해공군, 해병대의 신속대응군IRF에 역동적 병력 전개 개념을 도입하기 위해 5억 달러의 예산을 배정하기도 했다.[28] 미군의 신속대응군은 열흘 안에 전쟁 지역으로 파병되는 부대를 말한다. 에스퍼 장관은 2020년 1월 미 육군 제82공수사단의 신속한 중동 파병을 역동적 병력 전개의 대표적 예시로 꼽았다.

역동적 병력 전개의 적용은 '한반도 붙박이' 주한미군 시대가 끝나가고 있음을 나타내기도 한다. 오늘 한국에 있더라도 역내 수요에 따라 내일 타이완, 일본 등으로 유연하게 부대를 전개할 수 있기 때문이다. 반대로 이야기하면 한반도 유사시 전 세계에 배치된 미군이 관여한다는 의미기도 하다. 역동적 병력 전개가 집중포화 공격을 막는 수단이라면, 상대에게 한 방 먹일 '카운터펀치'는 무엇일까?

평택은 대중국 폭격용 기지

한번은 주한미군 밀집 태세의 취약성에 대해 펜타곤 당국자에게 물어본 적이 있다. 그는 알 수 없는 미소를 지으며 반문했다. "미스터 킴, 평택이 일제강점기 당시에 일본 육군 항공 기지로 사용된 사실을 알고 있나요?" 그의 설명에 따르면 평택에서 날아간 폭격기가 때린 곳이 상하이와 난징 등이었다고 한다. 역사적 사실 외에 질문에 대한 답변은 내 상상력에 맡긴다며 여운을 남겼다. 하지만 짧은 답변속에 많은 의미가 함축돼 있었다.

마크 에스퍼 국방장관이 자신의 회고록에서 왜 주한미군 기지 위치가 중국과의 전략적 경쟁에서 중요하다고 밝혔는지 그 의도가 드러나는 순간이었다. 게다가 에스퍼 장관은 자신의 회고록에서 주한미군 제7공군의 4세대 전투기를 모두 F-35로 바꾸려고 추진 중이었다고 밝혔다.[29] 당시 주한미군사령관이던 로버트 에이브럼스 대장도 이 발상을 지지했지만, 북한이 어떻게 반응할지를 포함해 정치·외교적으로 달성하기 어려운 목표라는 의견을 보냈다고 한다. 결국 에스퍼 장관이 차선책으로 내세운 것이 6개월마다 F-35 편대를 미 본토에서 순환 배치하는 안이었다. 에스퍼 장관은 배치 목적이 기존 한반도 배치 태세에 변화를 줘서 준비 태세와 역량을 강화하는 데 있었다고 회고했다. 이 안은 에스퍼 국방장관이 사표를 제출하면서 끝내 실현되지는 못했다.

회고록을 읽은 뒤 에이브럼스 사령관의 전임인 브룩스 사령관과 통화를 했다. 에스퍼 장관의 견해에는 동의하지 않는다며, 한국군이 자체 보유한 20여 대의 F-35만으로도 북한을 억제하는 데 충분하다고 판단한다고 답변했다. 그렇다면 에스퍼 장관이 염두에 둔 억제력 강화의 대상은 북한 외에도 다른 국가를 겨냥하고 있었던 것일까? 오산 공군 기지에서 상하이까지 직선거리는 833.79킬로미터다. 육상 공군 기지에서 이륙하는 F-35A 전투기의 전투 행동 반경은 1093킬로미터, 항속 거리는 2200킬로미터에 달한다. 오산 공군 기지에서 이륙할 경우 중국 동부 해안의 주요 도시가 사정권에 들어온다. 공교롭게도 주한미군의 F-35 배치 안에 지지를 보낸 에이브럼스 사령관은 현직 사령관으로서는 이례적으로 주한미군이 한반도 외 임무에 투입될 수 있다고 시사한 바 있다. 대중국용 항공 전력의 전투 행동 반경을 생각했을 때 일본보다 더 안쪽으로 들어와 있는 한국이야말로 침몰하지 않는 거대 불침 항공모함인 셈이다.

F-35가 대중국용 어퍼컷이라면, 주한미군의 대다수를 차지하는 육군은 어떤 공격 역량을 염두에 두고 있을까? 현재 바이든 정권의 육군 최고 수뇌부인 크리스틴 워머스Christine Wormuth 육군장관은 2021년 5월 자신의 의회 인준 청문회에서 중국과의 경쟁에서 이기기 위한 육군 전략을 제시했다.

> 유럽과 인도태평양에서 직면하고 있는 반접근/지역거부 전략에 대처하기 위해 매우 먼 거리에서 목표물을 타격할 수 있는 능력 획득을 최우선적으로 추진해야 한다고 생각합니다.
> — 미국 상원 군사위 전략군 소위 청문회, 2021년 5월 13일[30]

특히 워머스 지명자는 미 육군은 인도태평양 역내 중국과의 잠재적 무력 충돌 상황에서 매우 중요한 역할을 수행할 수 있다고 말했다. 이어 역내 미 육군의 항구적 주둔은 중국 본토와 가까운 지형에서 효과적으로 경쟁할 수 있다는 측면에서 매우 중요하다고 강조했다. 인도태평양 내 항구적인 주요 미군 기지는 한국과 일본에 몰려 있다. 육군장관 지명자는 고정밀·장거리 타격 무기를 배치할 장소로 사실상 한국을 지목한 것이다.

그렇다면 구체적으로 어떤 고정밀·장거리 타격 무기를 개발 중일까? 미 육군의 차세대 고정밀·장거리 타격 무기 개발은 미래사령부에서 관장한다. 나는 2020년 8월 24일 미 육군 미래사령부 소속 고정밀·장거리 타격 역량 다차원기능팀장이 주재하는 간담회에 참석한 적이 있다. 존 래퍼티John Rafferty 준장은 미 육군이 개발 중인 고정

미 육군이 개발 중인 차세대 사거리연장자주포ERCA는 최대 유효 사거리가 130킬로미터에 이른다.

출처: 펜타곤 국방영상정보배포서비스

밀 장거리 타격 무기를 소개했다.

첫째는 차세대 사거리연장자주포Extended Range Cannon Artillery, ERCA로 유효 사거리는 70킬로미터며 포탄의 종류에 따라서 최대 130킬로미터까지 날아갈 수 있다고 소개했다. 현재 운용 중인 사거리 45킬로미터의 M109A6 팔라딘 자주포 대체용으로 2023년 실전 배치를 목표로 하고 있다. 둘째는 신형 단거리전술탄도미사일인 정밀타격미사일Precision Strike Missile, PrSM로 500킬로미터 이상을 날아갈 수 있다. 주한

주한미군의 에이태킴스를 대체할 정밀타격미사일PrSM은 500킬로미터 이상을 날아갈 수 있다.

출처: 펜타곤 국방영상정보배포서비스

미군이 보유한 사거리 300킬로미터 에이태킴스 대체용으로, 이 또한 2023년 실전 배치를 목표로 추진 중이다. 특히 2025년에는 2발의 미사일로 육지와 해상에 있는 적성국의 방공 체계를 동시에 타격하는 기능을 도입할 계획이다.

2021년 10월 21일 버지니아주 인근에서 육군과 해군이 공동으로 극초음속 비행 실험을 실시했다. 이 실험을 토대로 육군은 자체 무기인 장거리극초음속미사일 개발에 착수 중이다.

출처: 펜타곤 국방영상정보배포서비스

한편 이 2가지 무기 체계 외에도 미 육군은 장거리극초음속미사일Long-Range Hypersonic Weapon, LRHW을 2023년 가을경 실전 배치할 예정이다. 미 육군은 사거리가 최소 2775킬로미터라고 밝혔다. 한국과 일본에 실전 배치가 유력한 무기로 손꼽힌다. 주한미군에 배치된다면 베이징뿐 아니라 중국 내륙까지 사정거리에 들어온다.

한국이 중국의 제1도련선 가장 안쪽에 위치해 있기 때문에 포화 공격에 취약한 것은 사실이다. 그러나 역동적 병력 전개는 적성국의 화력을 분산시키면서 최대한 버텨낼 수 있도록 한다. 동시에 레이더에 잡히지 않는 공중 자산, 사정거리가 긴 지상군의 고정밀·장거리 타격 체계는 오히려 중국의 허를 찌르는 회심의 일격인 셈이다.

4장

우크라이나, 타이완
그리고 한반도

북한이 쏘아 올린
최신식 미사일과 "외부 도움"

"외교 안보 취재는 사실fact 확인과 상상력 사이 조화의 결과물이야."
TV 방송국 기자 초년병 시절 한국 외교부, 통일부, 국방부 취재의 높은 벽에 막혀 빌빌거리던 나에게 한 당국자가 건넨 진심 어린 조언이다. "기자가 상상으로 글을 쓴다니, 그러니 기레기 소리나 듣지." 당장 이런 비아냥대는 소리가 들려올 것 같다.

그러나 민감한 정보 중 대중에게 공개되는 진실은 정말 한 줌에 불과하다. 드러난 각각의 사실을 토대로 상상력을 동원해 큰 그림으로 다시 그려보는 작업은 외교 안보를 취재하는 기자에게는 필수적인 역량이다. 특히 북한처럼 모든 정보가 통제되는 사회에 메스를 댈 경우 단순히 특정 사건에 집중해서는 큰 그림이 보이지 않는다. 북한의 대외 관계와 대내 동향, 최근 김정은의 행보 등 여러 문맥을 하나의 긴 실로 꿸 때 조금이나마 진실에 접근할 수 있는 것이다. 미국, 러시아, 중국이 세계를 무대로 신경전을 벌이는 체스판에서 북한은 어떤 수를 읽고 있을까?

2019년 5월 4일 북한은 또다시 세계의 이목을 집중시키는 깜짝 이벤트를 열었다. 이번에는 핵 실험도, 미국을 긴장시켰던 대륙간탄도미사일 발사도 아니었다. 북한이 농해상으로 발사한 미사일의 추정 사거리는 불과 200킬로미터. 그러나 기존에 발사했던 단거리 미사일과는 다른 뚜렷한 특징이 있었다. 이동식 발사대에 달린 이 미사일은 중간에 날아가다가 갑자기 상승한 뒤(풀업 기동) 떨어졌다. 비행 궤적을 불규칙적으로 수정하는 미사일. 북한이 처음 선보인 기술이었다.

북한의 신무기 등장에 미국의 전문가들은 긴장과 충격의 도가니에 빠졌다. 특히 북한이 이후 공개한 미사일 영상에 대해 대부분 러시아산 이스칸데르 미사일과 유사하다는 점에 주목했다. 이스칸데르 미사일은 러시아군이 운용하는 전술탄도미사일로 불규칙한 비행 궤적 때문에 군사 전문가들 사이에서는 미사일 방어망을 뚫을 수 있는 창으로 불려왔다. 북한이 이런 기술을 확보했다면 한반도에 배치한 패트리어트(PAC-3) 미사일뿐 아니라 사드 또한 무용지물이 될 수 있는 중대한 사안이었다. 한국 국방부도 이스칸데르 미사일의 특성과 상당히 유사하다는 평가를 내렸고, 미국은 KN-23◆이라는 명칭을 부여했다. 이후 북한은 계속해서 이 미사일을 쏘아댔다. 2차 시험은 그해 5월 9일 비행 사거리 420킬로미터, 3차 발사는 7월 25일 2발 각

◆　미국 우주미사일사령부가 북한이 발사한 미사일을 자체적으로 식별하기 위해 부여하는 코드 번호.

북한이 2019년 5월 4일 처음 선보인 회피 기동형 미사일. 한미 군 당국은 해당 미사일을
KN-23으로 분류했다.

출처: 북한 조선중앙TV

러시아의 이스칸데르 미사일. 전문가들은 미사일의 모양, 기동 방식 등에서 KN-23과 이스
칸데르가 상당히 유사한 특징을 보인다고 진단했다.

출처: 러시아 국방부

각 600킬로미터였다. 4차 발사는 8월 6일, 5차 발사는 이듬해 1월 27
일… 그렇게 2023년 3월 14일까지 총 10차례 발사한 것으로 당국은
추정하고 있다.

전문가들 "러시아가 북한 미사일 개발을 도왔다"

미사일 전문가들이 가장 의아하게 생각한 대목은 뜬금없이 등
장한 북한의 신무기가 단 한 번도 발사 과정에서 실패하지 않았다는
점이다. 마치 이미 검증된 제품을 들여놓고 그동안 사용하지 않다가
포장지를 뜯은 듯했다.

독일의 미사일 전문가인 마르쿠스 실러Markus Schiller 박사에게 어
떻게 생각하는지 화상 인터뷰로 문의했다. 이른 새벽 전화를 받은 실
러 박사는 단번에 자체 개발 가능성을 일축했다. 미사일은 과학이라
며, 아무리 이론적 검증을 완벽히 끝낸 발사체라도 발사 실패율은 필
연적이라고 설명했다. "실패는 성공의 어머니"라는 격언은 미사일 개
발 과정에서 금과옥조처럼 적용된다고 그는 말했다. 무기의 실전 배
치 전 시험 평가 과정을 여러 차례 반드시 거치는 것도 앞선 시험 발
사 단계에서 미처 파악하지 못한 부분을 보완하기 위함이라고 설명
했다. 그런데 북한이 쏘아 올린 KN-23에서는 이 같은 경향이 전혀
보이지 않는다고 지적했다. 실러 박사는 공개된 자료만 토대로 본다
면 북한이 외부 도움 없이 무에서 유를 창조하는 것은 과학적으로 불
가능하다고 못 박았다. 그러면서 KN-23과 이스칸데르 미사일의 유
사성을 놓고 따져본다면 무기 획득 과정에서 러시아 당국의 개입이
있었을 가능성이 있다고 추론했다.

한편 브루스 베넷 랜드연구소 선임연구위원은 러시아 당국이 아니더라도 민간에 의한 기술 유입 가능성도 있다고 지적했다. 베넷 박사는 과거 자신이 면담한 익명의 고위 탈북자의 일화를 들려주었다. 그는 면담에서 1990년대부터 100여 명 규모의 구소련 출신 핵 또는 미사일 과학자들이 북한의 미사일 개발에 획기적인 도움을 주었다고 증언했다고 한다. 구소련의 붕괴로 경제적 어려움을 겪던 러시아 방산업계 관계자들의 외국행은 금전을 대가로 한 무기 기술 확산을 의미하는 것이었다. 베넷 박사는 이 증언을 토대로 구소련 과학자들이 여전히 북한에서 활동하고 있을 가능성이 있다고 분석했다. 또 김정은 위원장 시대 들어서 구소련 출신 과학자들의 제한된 권한과 역할이 대폭 확대되었을 가능성이 있다고 말했다. 그는 옛 소련 출신 과학자들이 북한에 유입된 지 30여 년이 지난 현재, 그동안 이들로부터 전수받은 지식 일부를 양산화하는 지식 기반 체계를 구축했을 가능성이 있다고 지적했다.

실제로 냉전 당시 미국과 소련의 로켓공학이 급속도 발전한 것도 2차 세계대전 뒤 망명한 독일 출신 미사일 과학자들을 확보하고 효과적으로 관리한 것이 배경이었다. 나치 독일의 V-2 로켓 개발을 주도했던 베르너 폰 브라운Wernher von Braun 박사는 미국으로 망명한 뒤 20여 년 동안 펜타곤과 나사NASA(미국항공우주국)에서 고위직을 두루 지낸 바 있다. 오바마 정권 당시 백악관 대량살상무기 조정관을 지낸 게리 세이모어 박사는 구소련 붕괴 이후 실직하게 된 과학자들이 북한의 핵과 미사일 개발에 핵심적으로 관여한 것은 사실이라고 말했다. 이들이 여전히 북한에서 활동하는지는 알 수 없지만, 다른 나라와 비교해 북한이 획기적으로 속도를 올린 데는 이들이 결정적 기반이 되었다는 설명이다. 그러나 러시아 출신 민간인 관여설만으로는 실패율 제로의 이례적 기록을 설명하기에는 개연성이 부족했다.

징말로 실러 박사의 분석처럼 러시아 정부 차원의 개입이 있었을까? 표면적으로는 북핵 실험 이후 러시아의 대북 무기 수출은 유엔안보리 결의상 불가능하다. 이와 관련해 펜타곤 당국자는 나에게 기술 유입의 추적은 상당히 어려운 작업이고 민감한 사안이라고 말했다. 러시아 당국이 통제하고 있는 국영 기업 역시 제한돼 있다는 점도 추적이 어려운 배경으로 꼽았다. 중앙 정부가 아닌 러시아 특권 계층인 이른바 '올리가르히oligarch'◆가 소유하고 있는 방산 기업을 통해서 유출되었을 가능성도 배제할 수 없다는 설명이다. 이 당국자는 다만 중앙 정부의 개입이 있었다면, 그것은 동북아 내 방해꾼spoiler 역할을 수행하고자 하는 러시아의 셈법과 일치하는 면이 있다고 말했다. 방해꾼 역할이란 북한을 무장시켜 한반도에서 미국 주도의 동맹 영향력을 견제하는 것을 의미한다.

그동안 핵보유국인 중국과 러시아는 표면적으로 북한의 핵 고도화에는 강한 반대 입장을 표명해왔다. 반면에 재래식 전력 강화에 대해서는 침묵으로 일관하거나 무장에 도움을 주고 있다는 정황이 자주 드러났다. 가령 2022년 4월 25일 북한 조선인민혁명군 창건 90주년 기념 열병식에서는 북한 특수부대 병사들이 중국제로 보이는

◆ 구소련 붕괴 이후 러시아의 경제를 장악한 특권 계층을 의미한다. 이들의 영향력은 러시아의 에너지, 방산 등 국영 기업에까지 손을 뻗치고 있다.

자동소총과 방탄복을 입고 등장했다. 이 특수부대는 불펍bullpup식 소총◆을 들고 행진했는데, 중국제 QBZ-97과 상당히 유사하다는 분석이 나왔다.[1]

만약에 회피 기동형 미사일 역량 획득에서 외부 도움을 받았다면 다른 최신 무기 분야에서도 러시아와 중국에 손을 뻗치고 있지 않을까? 2019년 4월 3일 상원 군사위 청문회에서 극초음속미사일의 위험성을 설명받던 무소속 앵거스 킹Angus King 의원은 증인으로 출석한 새뮤얼 그리브스Samuel Greaves 미사일방어청장에게 북한의 자체 개발 가능성을 물었다.[2]

북한도 극초음속미사일 개발을 하고 있습니까? 아니면 중국과 러시아만 하고 있는 것인가요?

그 문제는 비공개 자리에서 논의할 필요가 있습니다. 다만 제가 우려하는 것은 [북한의 극초음속미사일 자체 개발에 대한] 잠재성입니다. 만일 그것이 아니라면 [외부 세계로부터의] 기술 확산에 의한 것일 가능성이 높습니다.

극초음속미사일 기술은 이 당시까지만 해도 러시아와 중국에서만 보유한 최첨단 기술이라고 간주해왔다. 그런데 고위 군 당국자가

◆ 불펍식 소총은 개머리판과 방아쇠 사이에 탄창을 끼우는 형태다. 총 전체의 길이에 비해 긴 총열을 가질 수 있는 장점이 있다.

처음으로 북한의 극초음속미사일 확보에서 러시아 또는 중국의 도움 가능성을 시사한 것이었다. 한 가지 분명한 것은 미국과 러시아, 중국 간 거대 패권 경쟁 기류에 북한도 적극 올라타려는 모습이 최근 들어 자주 포착된다는 점이다. 특히 미국을 중심으로 한 동맹의 블록화 현상이 강화될수록 북한 역시 러시아와 중국 사이 연대를 강조하고 있는 장면이 자주 포착되고 있다.

공동 대표단 꾸려 이란을 방문한 북한과 중국

2020년 9월 28일 한미연구소가 주최한 화상 간담회에서 미 국방부 중국 담당 부차관보 채드 스브라지아Chad Sbragia는 의미심장한 발언으로 청중의 주목을 받았다. 발언은 미국 국방정보국DIA 출신 브루스 벡톨Bruce Bechtol 앤젤로주립대학교 교수의 질문 과정에서 나왔다. 벡톨 교수는 최근 북한과 중국이 최근 이례적으로 공동 대표단을 꾸려 이란을 방문했다는 첩보를 입수했다며, 사실 확인을 요청했다. 이런 민감한 질문에 대해 보통 당국자들은 답변을 회피하기 마련이다. 그러나 스브라지아 부차관보는 그런 사실 자체를 부정하지 않았다.

중국과 북한이 어떤 목적 때문에 공동 대표단을 구성했는지, 방문 뒤에 〔이란과〕 각각 별도 회담으로 논의했는지 여부에 대해 그 의도를 충분히 알지 못합니다. 따라서 추측은 자제하겠습니다. 다만 확실히 말할 수 있는 것은 미국은 이들 3개 나라의 교류에 대해 매우 깊이 우려하고 있다는 점입니다.

스브라지아 부차관보는 특히 과거에 북한과 이란이 미사일 개발 분야에서 명백히 협력해왔다고 지적했다. 간담회가 끝난 뒤 직접 벡톨 교수에게 관련 첩보에 대해 물어봤다. 벡톨 교수는 이스라엘 대외 정보기관인 모사드Mossad 관계자로부터 개인적으로 얻은 첩보라고 밝혔다. 또 자신이 질문하고 이날 펜타곤 당국자가 확인해주기 전까지는 언론에 알려지지 않은 사실이었다고 설명했다. 북한과 중국이 공동 대표단을 꾸려 이란을 방문한 것은 2020년 초였다. 그는 정보분석가로서 40여 년 동안 북한의 동향을 주시해왔지만 단 한 번도 이런 움직임을 포착한 적이 없었다는 점도 설명했다. 방문 사실 외에는 세 나라의 구체적인 의도는 모른다고 말했다. 다만 북한이 이란에 판매할 불법 무기나 제공할 핵 개발 사업과 관련한 논의의 장을 여는 데 중국도 함께 참여했을 개연성이 높다고 밝혔다.

이란은 그해 10월 18일부로 유엔 안보리 결의에 따른 재래식 무기 금수 조치 효력이 끝났다.[3] 더 이상 국제 사회의 눈치를 볼 필요가 없는 이란으로서는 전차나 전투기 등에 한해서는 중동 오일 머니를 통해 마음껏 수입할 수 있는 위치에 놓이게 된 것이다. 그동안 제재를 피해 불법 수입해왔던 북한의 무기와 금수 조치 만료 이후 중국으로부터 수입할 첨단 무기 사이에 관계 조정이 필요한 국면이었다. 벡톨 교수는 북중 공동 대표단의 이란 방문은 자칫 경쟁 관계에 놓일 수 있는 두 나라 거래에 대한 교통정리 성격인 것으로 추정했다. 진실은 알 수 없지만 표면에 드러나지 않는 불법 무기 거래선이 동북아시아에만 국한된 것이 아님은 분명했다.

한편 2022년 러시아의 우크라이나 침공으로 그동안 모호했던 북한과 러시아의 커넥션이 드러났다. 우크라이나 전선에서 막대한 탄약과 병기 소모를 겪고 있는 러시아가 북한에 지원을 요청하자 미국은 강한 우려를 나타냈다. 미국 정부가 공개한 러시아행 북한산 무기 목록에는 로켓과 미사일 등이 포함돼 있었다. 그동안 러시아에서 북한으로만 유입될 것이라고 생각되었던 무기 거래선이 이번에는 역방향으로 움직이기 시작한 것이다. 더욱이 존 커비John Kirby 백악관 국가안전보장회의 전략소통조정관은 2023년 3월 30일 러시아가 더 많은 북한 무기를 지원받기를 원하고 있다고 지적했다.[4] 커비 조정관은 기자들과 만나 북한은 무기 지원을 대가로 러시아로부터 식량 지원 등을 받기를 원할 수 있다고 설명했다.

무기 지원 대가로 러시아 기술 제휴받는 북한

북한산 불법 무기와 러시아산 식량의 맞교환. 그러나 북한의 관점에서 이것이 자신들이 원하는 공정한 거래일까? 이런 의문이 증폭된 계기는 김정은 위원장이 2021년 1월 노동당 제8차 당대회에서 제시한 국방력 발전 5개년 계획이었다. 김 위원장이 제시한 5대 과업은 극초음속 무기 개발, 초대형 핵탄두 생산, 1만 5000킬로미터 사정권 안의 타격 명중률 제고, 수중과 지상 고체연료 대륙간탄도미사일 개발, 핵잠수함과 수중 발사 핵전략 무기 보유 등이다.

5가지 모두 중국과 러시아조차 실전 배치를 마친 지 오래되지 않았거나 다른 나라와 제휴하기를 꺼리는 최신 기술이다. 또 북한에서 김정은이 제시한 정책 목표를 반드시 관철하지 않으면 좌천 또는 노동교화형에 처해진다는 사실은 익히 알려진 이야기다. 그렇다면

2023년 7월 26일 북한 김정은 위원장이 한국전쟁 정전협정 체결일 70주년을 맞아 방북한 세르게이 쇼이구 러시아 국방장관을 접견했다. 두 사람은 회담 뒤 '무장 장비 전시회 2023' 전시회장을 찾았다. 두 사람 뒤로 보이는 무인기는 미군의 무인공격기 MQ-9 리퍼와 모양이 유사해 세간의 주목을 받았다.

출처: 북한 조선중앙통신

이 같은 목표를 5년 안에 달성하려면 외부 도움이라는 도움닫기만큼 빠른 길도 없다. 북한이 러시아에 대한 재래식 무기 지원을 대가로 극초음속미사일 등 김정은이 제시한 5대 목표 관련 기술 제휴를 요구할 가능성이 높은 이유다. 러시아-우크라이나전쟁은 3년 전 미국 미사일방어청장이 제기했던 확산 가능성에 대한 우려를 현실화하는 환경을 제공하고 있다.

　　러시아 정부는 과거 자국 내 어려운 사정 때문에 국방 기술을 헐값에 내어준 사례가 있었다. 구소련의 부채를 승계받은 러시아가 대한민국에 국방 물자를 현물로 상환하기로 합의한 불곰사업◆은 대한민국 방산 기술의 획기적 발전 계기가 되었다. 러시아로부터 받은 무기들을 역설계한 것이 한국의 K-2 흑표 전차, 중거리 지대공미사일 천궁, 지대지미사일 현무 등 이른바 K 방산 명품들이다. 한국이 미국과 동맹 관계에 있다는 사실은 급한 불을 꺼야 하는 러시아 입장에서는 큰 장애물이 아니었다. 1990년대 러시아에 가장 긴요한 것이 자금이었다면, 지금 당장 필요한 것은 대우크라이나 전쟁 승리에 필수적인 탄약 수혈이다. 더군다나 우크라이나 침공으로 최근 러시아는 서방 세계로부터 대대적인 국제 제재를 받고 있는 실정이다. 러시아의 긴급 지원 요청에 북한이 어떻게 주판을 튕기고 있는지 주목해야 하는 이유다.

◆ 러시아는 한국 정부가 구소련에 지급한 차관 14억 7000만 달러를 승계했다. 경제난에 시달리던 러시아 정부는 헬기나 방산 물자 등 공산품으로 상환하기로 합의했다. 이에 따라 1995~1998년, 2002~2006년 2차에 걸쳐 러시아산 T-80U 전차 33대, BMP-4 장갑차 33대, Metis-M 대전차미사일 70문 등이 도입되었다. 2008년 이후 3차 사업은 러시아-우크라이나전쟁 등으로 현재 중단된 상태다.

김정은의 러시아 방문은 불법 무기 확산의 도화선?

북한 김정은 위원장은 2023년 9월 10일 평양에서 전용 열차를 타고 러시아 방문길을 떠났다. 사흘 뒤 블라디미르 푸틴 러시아 대통령과 극동 지역에 위치한 보스토치니 우주 기지에서 만났다. 4년 5개월 만의 정상회담이었다. 김 위원장은 회담에 앞서 안가라 로켓을 배경으로 방명록에 서명하면서 "첫 우주 정복자들을 낳은 로씨야(러시아)의 영광은 불멸할 것"이라고 적었다. 회담은 비공개로 이루어졌고 양 정상 간 서명이나 기자회견은 없었다. 그러나 이번 정상회담의 개최 취지가 누가 봐도 '군사 협력', 특히 러시아 최첨단 기술의 북한 유입에 있다는 점은 명확했다. 푸틴 대통령은 북한의 인공위성 개발을 도울 것인지 묻는 러시아 현지

2023년 9월 13일 북한 김정은 위원장은 러시아 아무르주 스보보드니 보스토치니 우주 기지에서 블라디미르 푸틴 러시아 대통령과 정상회담을 가졌다. 김 위원장의 방러는 16일까지 이어졌으며 러시아의 주요 첨단 무기와 생산 시설을 둘러보았다.

출처: 북한 조선중앙통신

방송사의 질문에 "그래서 우리가 이곳에 온 것"이라며 북한과 군사, 기술 협력 등 "모든 문제를 논의할 것"이라고 답변했다.

정상회담 이후에도 김 위원장은 하바롭스크주 콤소몰스크나아무레에 있는 수호이 생산 공장을 방문했다. 이이 세르게이 쇼이구 러시아 국방부 장관과 함께 극초음속미사일 KH-47M2 킨잘 등 전략 무기를 시찰했고, 블라디보스토크에 있는 러시아 태평양함대사령부도 방문했다. 또 17일에는 극동연방대학교를 방문해 러시아 측으로부터 자폭 무인기 5대, 수직 이착륙 기능을 갖춘 정찰용 무인기 1대 등을 선물 받았다.

이번 북러 정상회담은 푸틴 대통령이 대놓고 북한에 기술 지원을 하겠다고 공표했다는 점에서 과거 민간 차원에서 불거졌던 러시아 기술 유입 논란과는 차원이 다르다. 특히 김 위원장이 답사한 장소와 러시아의 최첨단 무기들은 5년 안에 반드시 완수할 것을 지시한 5대 과업(극초음속 무기 개발, 초대형 핵탄두 생산, 1만 5000킬로미터 사정권 안의 타격 명중률 제고, 수중과 지상 고체연료 대륙간탄도미사일 개발, 핵잠수함과 수중 발사 핵전략 무기 보유)과 밀접하게 연관돼 있다.

빈센트 브룩스 전 한미연합사령관은 북러 정상회담 직후 나와 나눈 대화에서 "러시아 기술의 북한 유입은 한반도 준비 태세 측면에서 분명히 악영향을 끼치며, 이에 대응해 면밀한 검토가 이루어져야 한다"라고 밝혔다. 또 두 정상이 공표한 사안인 만큼 어떤 형태로든 적절한 시기에 관련 실험을 대외적으로 공개할 가능성이 높다고 지적했다. 정찰위성 실험이나, 극초음속미사일 실험 등 러시아와 기술을 제휴한 성과를 조만간 보여줄 가능성이 있다는 분석이다. 다만 브룩스 전 사령관은 러시아가 어느 수준의 기술을 북한에 전수할지는 향후 미러, 중러 관계 등 대외적 변수가 작용한다고 지적했다. 북한이 동북아에서 '방해꾼' 역할을 넘어서 통제하기 어려운 수준으로 무장력을 강화하는 것은 러시아로서도 원하지 않는 선택지라고 설명했다.

브루스 베넷 랜드연구소 선임연구위원은 이와 관련해 북한을 바라보는 러시아와 중국의 태도는 사뭇 다르다고 지적했다. 두 나라는 과거 북핵 실험을 규탄한 유엔 안전보장이사회 결의안에는 찬성했다. 하지만 현시점에서 러시아의 시선은 어디까지나 극동이 아닌 유럽 무대에 쏠려 있다고 지적했다. 그러면서 핵 강대국 북한의 존재는 중국으로서는 상당한 부담이지만 러시아의 관점에서는 어느 정도 용인할 여지가 있다고 분석했다. 이에 따라 향후 핵무기 관련 기술의 직접적인 유입 또한 배제해서는 안 된다는 입장을 내비쳤다.

* 이 섹션은 2023년 8월 책의 원고 마감 한 달 뒤 김정은 위원장의 러시아 방문이 전격 이루어져 추가 해설의 장으로 마련했다. 이번 북러 정상회담은 앞서 이 책에서 예측했던 두 나라의 군사 협력 정황을 공식화한 사건으로 우크라이나 사태와 한반도가 결코 동떨어진 사안이 아니라는 점을 여실히 보여준다.

미국은 왜 한국 미사일 사거리 제한을 없앴나?

"기쁜 마음으로 미사일 지침 종료 사실을 전합니다." 백악관 공동 기자회견장 연단에 선 문재인 대통령이 선언했다. 박정희 대통령 시절부터 옭아맸던 미사일 사거리 제한의 족쇄가 42년 만에 풀린 역사적 순간이었다. 2021년 5월 21일 조 바이든 대통령의 취임 이후 처음 열린 한미 정상회담에서 미국은 한국에 뜻밖의 선물을 선사했다. 국내 언론은 미사일 자주권을 되찾았다고 대서특필했다.

한국은 미사일 지침이 자율적인 규제라고 주장해왔다. 그러나 실상은 미국의 입김이 크게 작용했다. 한국군의 과도한 반격 능력이 확전으로 이어질 수 있다는 우려에 따라 마음대로 탄두 중량과 미사일 사거리를 늘릴 수 없었기 때문이다. 북한의 역량이 진화함에 따라 당초 180킬로미터 이하였던 사거리는 2001년부터 2020년까지 총 4차례 개정을 거치면서 800킬로미터 이하까지 확대되었다. 특히 북한이 6차 핵 실험을 강행했던 2017년 3차 개정 때는 탄두 중량 제한도 없어졌다.

그런데 4차 개정 당시 허용했던 사거리 800킬로미터 이하의 미사일이면 북한 전역이 이미 사정권에 든다. 미국 정부는 어떤 의도를 갖고 사거리 지침 종료를 허락한 것일까? 단서는 이날 정상회담의 의전에서 찾을 수 있다. 조 바이든 대통령은 한미 정상회담이 열리기 직전에 이례적으로 명예훈장 수여식을 열었다. 또 외국 정상으로는 처음으로 문재인 대통령도 함께 참석해줄 것을 요청한다. 훈장의 주인공은 랠프 퍼킷 주니어Ralph Puckett Jr. 예비역 대령이었다. 그는 1950년 11월 25일과 26일 사이 제8군 레인저 중대장(중위)으로 참전해 205고지 사수 임무에 혁혁한 공을 세웠다. 평안북도 운산군에 위치한 205고지는 유엔군이 한국전에 참전한 대대 규모의 중공군과 사투를 벌이던 장소다. 백악관은 전날 보도자료를 내고 중공군이 5번이나 파상 공격을 퍼부었고, 퍼킷 중대장이 수류탄 파편에 부상을 당했음에도 퇴각하기를 거부한 사실을 강조했다. 6번째 파상 공격을 받고 고지를 사수할 수 없는 상황에 이르자 그는 고지 아래로 후송되었다. 그러나 고지를 점령한 적들에게 끝까지 맹렬한 야포 사격을 명령했다고 덧붙였다.

내 취재에 따르면 퍼킷 대령은 이미 명예훈장 다음으로 높게 평가되는 수훈십자장을 받은 상태였다. 미 의회가 다시 공로를 재평가해 명예훈장으로 올려주었는데 백악관이 수여 일정을 의도적으로 한미 정상회담 당일에 맞춘 것이었다. 중공군과 싸운 전쟁 영웅을 한미 정상회담 당일, 그것도 시작 바로 직전에 내세운 것은 예사롭지 않은 의전이었다. 게다가 바이든 대통령은 "전쟁이 벌어진 국가의 대

2021년 5월 한미 정상회담에 앞서 조 바이든 대통령은 이례적으로 명예훈장 수여식을 열었다. 랠프 퍼킷 주니어 예비역 대령은 한국전 당시 중공군과 격전을 벌이다 부상을 당했다. 외국 정상이 명예훈장 수여식에 함께 참석한 것은 처음 있는 일이었다.

통령이 함께 참석했다"라며 대내 행사에 처음으로 외국 정상을 초대했다. 의도적으로 중국을 의식해 한미 동맹의 견고함을 연출한 것이다. 심지어 이날 공동 기자회견에서 문재인 대통령은 "대만[타이완]해협의 안정과 평화가 대단히 중요하다는 데 인식을 함께했다"라고 밝혔다. 그동안 타이완 문제 언급을 자제해오던 한국으로서는 이례적인 표현이었다.

미사일 지침 종료는 대중국 견제 의도
미사일 사거리 지침 종료를 허가한 미국의 속내는 한국의 자주권 인정이 아닌 대중국 견제에 있었다. 미국은 중국을 겨냥한 한국의 역할을 기대했다. 실제로 전임 클린턴 행정부와 오바마 행정부에서 한국과의 1, 2차 미사일 지침 개정 협의에 깊이 관여했던 게리 세이모어Gary Samore 전 백악관 대량살상무기 조정관은 4차 개정 지침만으로도 충분히 북한에 대한 억제가 가능하다고 밝혔다. 또 한국이 일본을 잠재적 적대국으로 의식한다고 하더라도 800킬로미터면 충분하다고 말했다. 다시 말해 미사일 사거리 지침 종료는 대북용이 아니라 대중용이라는 분석이다.

그렇다면 사거리 800킬로미터를 초과하는 미사일은 어떤 것이 있을까? 준중거리탄도미사일MRBM은 사거리가 최대 3000킬로미터다. 이 정도 사거리면 중국의 산업이 밀집된 동부 지대뿐 아니라 내륙 지방까지 미사일 투사가 가능해진다. 또 사거리 800킬로미터를 초과하는 잠수함발사탄도미사일SLBM이나 극초음속미사일 개발도 가능하다. 상황을 더 큰 그림으로 이해할 필요가 있다. 일본도 2022년 12월 적성국의 미사일 기지를 직접 타격할 수 있는 공격 능력을 보유하겠다고 발표했다. 특히 1000킬로미터 이상 장거리 순항미사일과 극초음속미사일 등 장거리·고정밀 타격 능력을 확보하겠다고 표명한 상태다. 한반도 지도를 거꾸로 뒤집어보자. 길쭉한 일본이 러시아와 중국의 해안을 감싸고 타이완까지 이어진다. 한국은 그보다 더 안쪽 중국의 심장부 가까이에 있다. 이 두 나라는 모두 미군이 항구적으로 주둔하고 있는 지역이다. 중국이 미국 본토 증원군을 차단하기 위해 2개의 도련선을 설정했다면, 외곽의 일본과 안쪽의 한국은 중국을 직접 타격할 수 있는 2개의 '독침'인 셈이다.

미국이 그동안 러시아와 맺은 중거리핵전력조약INF 때문에 중거리 미사일을 배치하지 못하는 사이에. 중국은 다양한 종류의 미사일을 배치해 해상 만리장성인 반접근/지역거부 역량을 갈고닦아왔다. 미국이 뒤늦게 중거리핵전력조약에서 탈퇴하고 중거리 미사일을 개발하겠다고 공표했지만 충분한 양을 실전 배치하는 데 시간이 걸린다. 한국과 일본의 자체 미사일 전력 강화는 미국이 중거리 미사일을 역내에 배치하기 전까지 시간 벌기용인 셈이다. 실제로 내가 취재한 많은 미국의 국방 전문가는 한국의 미사일 사거리 지침 종료가 미국의 중거리 미사일 배치 문제와 밀접하게 연계돼 있다고 봤다.

브루스 베넷 랜드연구소 선임연구위원은 한국군이 사거리 1500킬로미터 이상 미사일을 보유하게 될 경우 중국은 향후 주한미군이 동일한 사거리의 미사일을 배치해도 마땅히 반발할 이유를 찾기 힘들 것이라고 전망했다. 실제로 폴 라캐머라 주한미군사령관도 2021년 5월 18일 상원 군사위 인준 청문회에서 장거리 · 고정밀 타격 역량 확보를 최우선 과제로 추진하겠다고 예고한 바 있다. 미국은 중거리 미사일 외에도 극초음속미사일 개발을 추진하고 있는데 이들 무기는 모두 한국이 유력 배치 후보지로 거론되고 있다. 미사일 사거리 해제가 반드시 역량 개발로 이어지는 것은 물론 아니다. '자주성'이라는 상징물만 가져가는 데 초점을 두었을 수도 있기 때문이다. 실제로 부승찬 국방부 대변인은 미사일 지침 종료 직후 정례 기자회견에서 "주변국의 영향을 보고 결정한 것이 아니다"라고 밝혔다. 또 청와대 고위 관계자도 기자들과 만나 "미국과 중국은 우리에게 모두 중요한 나라"라는 점을 강조했다.[5]

관건은 이 결정을 허용해준 미국이 향후 어떤 셈법을 갖고 대중국 견제에 한반도를 활용하는지에 달렸다. 미국은 중국이 실전 배치해놓은 다양한 미사일이 심각한 역내 불균형을 초래하고 있다고 판단해 중거리핵전력조약에서 탈퇴했다. 중국을 군축 협상에 끌어들이기 위해서라도 상당량의 중거리 미사일을 역내에 배치할 필요가 있다. 한국이 중거리 미사일을 자체 개발하지 않더라도 미국산 중거리 미사일 배치는 필연적이다.

이와 관련해 일본의 움직임을 주목할 필요가 있다. 《요미우리신문》은 2023년 1월 24일 복수의 미일 소식통을 인용해 "미국 정부가 지상 발사형 중거리 미사일의 주일미군 배치를 보류할 방침을 굳혔다"라고 보도했다.[6] 일본이 최근 북한, 중국 등 주변국의 미사일 기지를 직접 타격하는 반격 능력을 보유하기로 결정한 만큼 미국산 중거리 미사일을 대체할 수 있다고 판단했다는 내용이다. 물론 이 기사는 전망에 불과하고 여전히 미국이 어떤 결정을 내릴지는 불투명하다. 그러나 일본은 1000킬로미터 이상 장거리 미사일을 실전 배치하겠다고 공표했다. 한국과 달리 중국을 겨냥한 억제 계획에 적극 참여하겠다는 의사를 밝힌 셈이다. 애초 미사일 사거리를 해제해준 미국의 속내를 고려할 때 한반도 내 미국산 중거리 미사일 배치 계획은 착착 진행될 것이다. '자주성 회복'에 취해 있기에는 시간이 촉박하다.

미국 중거리 미사일 한반도 배치는 전술핵 재배치 설득 명분

만약에 미국의 중거리 미사일이 한반도에 실전 배치될 경우 한국이 활용할 수 있는 이점은 전혀 없을까? 사안의 민감성 때문에 익명을 요구한 복수의 미국 군사 싱크탱크 관계자들은 "한국 보수층이 원하는 전술핵 재배치 문제를 설득할 수 있는 환경이 마련될 수 있다"라고 전망했다. 미국의 중거리 미사일은 재래식 무기로 개발하고 있다고 지적했다. 그러나 유사시에는 핵 탑재가 가능한 이중 용노로 사용될 수 있는 만큼 한반도 배치 시 전술핵 재배치 문제도 함께 고려될 수 있다고 분석했다.

2장에서 언급한 것처럼 현재 펜타곤은 한반도의 전술핵 재배치에 대해 회의적이다. 대부분의 전술핵이 유럽에 배치돼 있고, 미국 본토에 있는 것은 예비용으로 보관하고 있기 때문이다. 그러나 유사시 핵을 투사할 수 있는 무기 체계가 한반도에 배치된다면, 싱크탱크 관계자들의 분석처럼 전술핵 배치에 대한 셈법 역시 달라질 수 있다. 더욱이 한국은 현재 탄두 중량 8~9킬로톤의 고위력 현무 미사일을 개발 중이다. 이 정도 위력의 미사일은 탄두 자체의 크기 때문에 별도의 핵탄두 소형화를 거치지 않아도 탑재가 가능할 것으로 추산하고 있다.

경우에 따라서는 한반도에 배치된 미국산 전술핵무기를 한국산 무기 체계에 공유하는 방안도 협상 테이블에 올려놓을 수 있을지 모른다. 앞서 존 볼턴 백악관 국가안보보좌관이 언급한 것처럼 한국은 미국산 중거리 미사일 배치 유력 후보지 중 하나다. 한국은 과거에 대북 방어용 사드 배치 직후에도 중국으로부터 경제 보복을 당했다. 개발이 완료되고 미국이 "한국에 배치하겠다"라고 선언한 뒤에 대책을 마련하기에는 너무 늦다. 지금부터 철저히 손익 계산을 해놓을 필요가 있다.

펜타곤이 타이완 유사시
한국을 언급한 이유

타이완 병합은 분명 그들[중국]의 야망 중 하나입니다. 그런 위협은 6년 안에 현실화될 수 있다고 봅니다.

— 미국 상원 군사위원회 청문회, 2021년 3월 9일

필립 데이비슨Philip Davidson 인도태평양사령관의 평가는 워싱턴 D.C.뿐 아니라 세계를 충격에 빠뜨렸다. 역내 미군 최고위 사령관의 발언인 데다 침공 예상 시점이 너무나 빨랐기 때문이다. 이날 공개된 중국의 역량도 예상을 뛰어넘는 것이었다. 미국 상원 군사위 공화당 간사인 로저 위커Roger Wicker 의원은 기밀 해제된 중국 해군력 전망을 공개했다. 2025년경 전진 배치될 것으로 예상되는 중국과 미국의 항공모함 비율은 3 : 1, 강습상륙함은 6 : 2였다. 데이비슨 사령관도 전망치의 분석은 정확하다며, 중국이 21세기에 상당한 투자를 하고 있을 때 미국은 전진 배치 태세에 소홀했다고 시인했다. 그는 미국 본

토에서 유사시 병력을 증원할 수도 있지만 문제는 '대응 시간'이라고 강조했다. 미국 서해안에서 중국이 설정한 제1도련선까지 도달하는 데 약 3주, 알래스카에서는 17일 걸린다고 밝혔다. 데이비슨 사령관은 이 때문에 유사시 일본의 역할이 중요하다고 말했다. 가까운 위치와 다수의 함정, 군용기를 보유한 일본이 미국의 제1의 동맹인 이유라고 강조했다.

데이비슨 사령관의 발언에 백악관은 논란 진화에 나서기 바빴다. 백악관은 특정 시점에 반드시 무력 침공이 일어날 것으로 예상한 취지는 아니었다고 해명했다. 그러나 이후 워싱턴D.C. 정가에는 중국의 타이완 무력 침공을 둘러싼 분석이 넘쳐나기 시작했다. 중국의 움직임은 이 같은 우려를 부채질했다. 중국은 낸시 펠로시Nancy Pelosi 하원의장의 타이완 방문에 항의해 2022년 8월 4일부터 사흘간 타이완 포위 군사 훈련을 진행했다. 8월 4일에는 둥펑 미사일 11발을 타이완 주변 해역에 발사하기도 했다. 이 중 한 발은 타이베이시 인근 상공을 뚫고 지나갔다. "우리는 최대한의 성의와 노력으로 평화 통일을 위해 노력하겠지만, 무력 사용을 포기하겠다는 약속은 결코 하지 않을 것이며 모든 필요한 조치를 취하기 위한 선택지를 남겨놓을 것이다." 4개월 뒤 시진핑 중국 국가주석은 공산당 제20차 당대회 개막식에서 타이완 재통일을 공표했다.

워싱턴D.C. 싱크탱크인 전략국제문제연구소는 2023년 1월 중국의 타이완 침공에 따른 모의 전쟁war gaming 상황을 분석한 보고서를 발표했다.[7] 침공 시점은 2026년으로 중국은 우선 대규모 폭격을 통해 타이완의 공군력과 해군력을 무력화한다. 이후 중국 해군은 전략 로켓군의 지원을 받아 타이완을 봉쇄하고 선박과 항공기의 타이완 접근을 차단한다. 해상 봉쇄가 완료된 직후 수만 명의 중국군이 수륙양용 전차와 민간 화물선을 통해 타이완 상륙을 시도하고 공수부대들은 해안 교두보에 낙하하기 시작한다. 결론부터 이야기하자면 중국의 침공은 실패한다. 일본 자위대의 지원을 받은 미국 잠수함, 폭격기 그리고 전투기가 수륙양용 상륙부대를 궤멸시키고, 타이완군이 공수부대들을 제압하기 때문이다. 14일간 치러진 전쟁에서 중국은 155대의 전투기를 잃고 138척의 군함이 파괴된다. 또 중국군 전사자 규모는 약 1만 명으로 추산된다.

그러나 전략국제문제연구소는 승리가 모든 것이 아니라고 강조했다. 타이완의 자유는 지켰지만 세계에 큰 파급 효과를 미칠 경제적 손실을 입게 된다. 미국은 항공모함 2척과 군함 17척, 전투기 270대를 잃는다. 전사자는 약 3200명이다. 또 괌에 소재한 앤더슨 공군 기지가 초토화된다. 일본 역시 주일미군 기지가 공격받으며, 112대의 전투기가 파괴되고, 26척의 군함을 잃는다.

전략국제문제연구소의 분석 내용 중에 한국이 종종 언급된 점이 눈에 띈다. 전략국제문제연구소는 복수의 아시아 전문가의 분석을 인용해 인도, 필리핀, 싱가포르, 한국, 태국, 베트남의 경우 중립을 고수할 가능성이 크다고 전망했다. 특히 한국의 경우 일본보다 군비지출이 훨씬 높지만 중국 국력에 대한 두려움과 북한의 적대적 행위가 변수라고 지적했다. 타이완 유사시 북한이 이를 기회로 보고 추가적으로 한국에 대한 도발을 일으킬 가능성이 높아진다는 설명이다. 또 주한미군 제7공군의 경우 4개 편대 중 2개를 타이완에 투입할 수 있지만 나머지는 대북 억제용으로 한반도에 남겨둘 가능성이 있다고 지적했다.

인도태평양사령관이 타이완 침공 가능성을 언급한 지 2년이 지났지만 한국과 일본 언론 사이에는 이 문제를 대하는 태도에서 온도 차이가 존재한다. 한국 사회에서는 타이완 문제가 마치 중동 분쟁이나 우크라이나 침공처럼 멀리 떨어진 문제처럼 인식되는 듯하다. 그러나 한국은 인도, 태국, 베트남과는 달리 어느 한쪽이 공격을 받으면 개입해야 하는 쌍무적 관계에 놓여 있다. 필리핀도 이런 의무를 지고 있지만 한국에는 병력을 투사할 수 있는 주한미군이 상주하고 있다.

실제로 펜타곤 고위 관리들이 연달아 타이완 유사시 한국의 역할에 대해 아리송한 발언을 내기 시작했다. 인도태평양사령관의 타이완 침공 전망 발언이 나온 지 한 달이 지난 2021년 4월 26일 존 커비 국방부 대변인은 타이완해협 안정 유지에 동맹국들의 동참을 권장할 것인지 묻는 질문에 이례적으로 한국을 언급한다.

미국은 타이완 문제와 관련해 현상 변경을 바라지는 않습니다. 누구도 무력 분쟁 상황을 원하지 않습니다. 한국과 일본과의 양자적 안보 관계를 개선함으로써 일본, 한국과 3자적 기회 모색을 통해 타이완 문제에 대한 새로운 접근법을 모색하고자 합니다.

때마침 마치 펜타곤의 이런 입장에 화답이나 하듯 일본 방위성에서는 적 기지 반격 능력 보유 여부를 검토하겠다고 표명하기 시작했다. 반면에 한국은 쥐 죽은 듯이 조용했다.

3달 뒤 이번에는 제복 군인 중 최고참인 마크 밀리 합참의장이 가세했다. 2021년 7월 21일 펜타곤 기자회견장에서 로이드 오스틴 국방장관과 함께 연단에 오른 밀리 합참의장은 중국의 타이완 침공 가능성에 대한 대책과 관련한 질문을 받고 이렇게 말했다.

우리는 타이완 문제와 관련해 어떤 종류의 미래가 닥치더라도 적절한 역량을 갖고 대처할 수 있도록 일본뿐 아니라 한국, 필리핀, 호주 그리고 역내 다른 동맹 및 우방과 긴밀히 공조하고 있습니다.

타이완 유사시 미국이 한국에 기대하는 구체적인 역할은 도대체 무엇일까? 펜타곤이 언급한 한미일 간 새로운 접근법의 내용이 궁금해졌다. 펜타곤 당국자들에게 문의했지만 '기밀'이라는 답변만 돌아올 뿐이었다. 그러나 일본의 화답 형태를 두고 봤을 때 분명 수면 아래에서는 구체적인 논의가 진행되었을 개연성이 컸다.

한국은 병참 기지 · 중국 본토 견제용

나는 전직 펜타곤 관리들에게 문의해봤다. 이들의 한 가지 공통된 의견은 타이완 침공이 한반도 방위 태세에 직접적인 영향을 미친다고 밝힌 대목이다. 《2018 국방 전략서》를 설계한 엘브리지 콜비 전 국방부 전략군사 부차관보는 "타이완 유사시 한국은 중국의 공격에 따른 직접적인 방어에도 전념해야 한다"라고 강조했다. 산둥반도에서 한반도까지는 160킬로미터가 채 되지 않는다며, 한국에 대한 직접적인 공격 가능성도 매우 높다고 밝혔다. 익명을 요구한 전직 고위 관리는 한국의 경우 북한 변수 때문에 타이완에 대규모 병력 지원을 기대하기는 힘들다고 말했다. 그러나 일본처럼 타이완과 가깝기 때문에 병참 지원 역할을 기대할 수 있다고 말했다. 특히 미국은 한반도 유사시 본토 증원군을 지원하기 위한 대량의 탄약과 장비를 한국에 저장해두고 있다. 이 무기의 소유권은 미국에 있기 때문에 언제든지 타이완 대응에 전용이 가능하다고 이 관리는 말했다. 또 한국군의 무기 역시 대여 등의 방식을 통해 타이완 방어전에 지원해줄 것을 기대한다고 덧붙였다.

한편 한국의 장거리·고정밀 타격 역량에 거는 기대 역시 컸다. 한 전직 관리는 지상형 미사일은 해상형 또는 공중형과는 달리 탄약 재보급의 용이함이 장점이라고 밝혔다. 해상과 공중 자산의 경우 실을 수 있는 무기 적재량에 한계가 있기 때문이다. 그러면서 향후 한국군이 사거리 1500킬로미터 이상 미사일을 지상에 배치할 경우 중국에 대한 억제력이 비약적으로 상승할 것으로 내다봤다. 서울에서 타이베이 사이 직선거리는 약 1485킬로미터다. 오키나와 나하에서 타이베이까지 630킬로미터보다는 멀지만 괌에서 타이베이까지 2750킬로미터보다는 가깝다. 이런 지리적 이점 때문에 한반도는 타이완 유사시 미국이 병력 투사 발판platform으로 활용될 가능성이 높다.

이 밖에도 한국은 가까운 거리상 피난민을 수용할 수 있는 후방 기지 역할도 함께 수행할 수 있다. 실제로 러시아-우크라이나전쟁으로 많은 피난민이 폴란드 등으로 몰려간 점을 고려하면 타이완 유사시에도 비슷한 상황을 예상할 수 있다. 특히 중국은 점령 직후 반도체 위탁 생산(파운드리) 세계 점유율 1위 업체인 TSMC 공장을 눈독 들일 것이다. 그러나 반도체와 같은 최첨단 공정은 전문 인력 없이는 운용이 불가능하다. 유사시 중국과 미국은 반도체 관련 인재를 확보 하거나 빼내는 일을 최우선 목표로 설정할 것이다. 이 인재들의 망명 선택지는 가장 가까운 일본 또는 한국행일 가능성이 높다. 이 과정에 서 피난민을 수송할 수 있는 항공, 선박의 동원 또한 불가피하다. 전 투 병력이 아니더라도 상당한 공군, 해군의 이동 수단을 보유하고 있 는 한국에 기대를 걸 수밖에 없는 이유다. 중국의 공격을 막기 위해 유엔 깃발 아래 수송선과 수송기를 동원할 수도 있다. 이 경우 한국 에 본부를 둔 유엔군사령부를 활용하는 방안 또한 논의될 수 있다.

한국군의 역할은 향후 타이완 침공 과정이 어떻게 확대되느냐 에 따라 달라질 것이다. 그러나 한 가지 확실한 것은 펜타곤은 어떤 형태로든 한국의 직간접적인 지원을 기대하고 있다. 한국 정부가 중 국의 타이완 침공 시 전개될 다양한 각본에 따라 만반의 준비를 해놓 아야 하는 이유다. 특히 미군이 타이완 사태에 개입할 경우 동맹으로 서 한국은 '연루'의 위험성에서 자유롭지 못하다. 미국뿐 아니라 일 본과의 역할 분담은 어떻게 할지, 북한이라는 변수에 대해 미국으로 부터 어떤 억제력 보장을 받을지 지금부터 심각하게 고민해봐야 할 문제다.

전작권 전환을 오히려 반기는 미국의 셈법

스파르타쿠스는 고대 로마와 동맹 관계를 유지하던 발칸반도 트라키아 지방 부족 출신이다. 병력 제공은 로마의 동맹 또는 속주민에게 부과된 의무. 스파르타쿠스도 로마의 요청에 따라 보조병♦으로 이민족 토벌 작전에 참가한다. 그러나 트라키아 출신 보조병들은 전투 과정에서 가장 희생자가 많이 나오는 임무, 이른바 '몸빵'으로 투입된다. 논공행상뿐 아니라 배식에서도 노골적인 차별을 받는다. 불만이 고조되는 가운데, 이민족이 자신들의 고향을 우회 공격할 것이라는 소식에 트라키아 보조병들은 크게 동요한다. 고향을 지키기 위해 회군을 요청하지만 로마 군단장은 단칼에 거부한다. 또 무단 이탈

♦   로마군은 크게 로마 시민으로 이루어진 로마 군단과 동맹 또는 후원 관계에 있는 속령에서 차출된 비시민 출신 보조군으로 구성되었다. 로마는 보조병을 제공받는 대가로 동맹과 속령의 외교권을 제외한 완전한 정치적 자치를 보장했고, 이들을 군사적으로 보호할 의무를 지녔다.

시 반란으로 간주해 처단하겠다고 으름장을 놓는다. 폭발한 트라키아 병사들은 군단장을 폭행하고 로마 병사들을 죽이지만 곧 제압당한다. 스파르타쿠스는 로마로 압송돼 검투사로서 목숨을 연명한다.

2010년 미국 케이블 방송사 스타즈Starz가 방영해 세계적인 인기를 끌었던 드라마 〈스파르타쿠스Spartacus〉의 첫 장면이다. 이 드라마는 기원전 73년부터 2년간 고대 로마에서 발생한 검투사들의 실제 반란 사건을 각색해 다룬다. 도입부에서 묘사된 군단장과 트라키아 보조병 사이 갈등은 한국 내 전시작전통제권(전작권)✦을 둘러싼 논쟁의 본질을 잘 묘사했다. 현재 평상시의 작전통제권, 이른바 '평시작전통제권'은 한국군에 있고, 전쟁이 일어날 경우에 한 해 한미연합사령관이 전작권을 행사한다. 그러나 한미연합사령관이 미군이라는 점을 고려하면 전작권 전환을 옹호하는 측은 '자주권'의 문제라고 강조한다. 2021년 송영길 당시 국회 외교통일위원장의 발언에서 이 같은 생각을 엿볼 수 있다.

전시작전통제권 전환이 아닌 환수가 정확한 표현입니다. 진정한 주권 국가가 되기 위해 전작권을 반드시 환수해야 합니다.
— 송영길 국회 외통위원장, MBC 라디오 〈김종배의 시선집중〉, 2021년 3월 19일

✦　전시작전통제권은 한국에서는 대통령이 가지는 통수권의 차하위, 합동참모의장이 대통령으로부터 위임받아 행사하는 지휘권의 하위 개념이다. 말 그대로 전쟁이 일어날 경우 병력을 통제할 수 있는 권한을 의미한다.

반면에 한국의 보수층은 전작권 전환을 반대하는 이유로 너무 앞서서 미국으로부터 독립 노선을 추구하는 점을 꼽고 있다. 한국군의 역량이 아직 부족한 상황에서 핵무기까지 보유한 북한을 상대하려면 아직 전작권 전환은 이르다는 입장이다. 전시작전통제권은 노무현 정부 당시 2012년에 전환을 목표로 했다. 하지만 이명박 정부가 들어서자 안보 공백 우려로 2015년 12월로 연기되었다. 이후 박근혜 정부 들어 어느 특정 시점이 아닌 조건부 전환◆으로 바뀌었다. 한국군이 전작권을 넘겨받을 수 있는 능력을 확보하고, 주변 안보 환경이 적절할 때 전환하기로 미국과 합의한 것이다. 조건부이기 때문에 한국군의 핵심 군사 능력을 평가하는 3단계 검증 절차◆◆도 마련되었다.

　　문재인 정부에서는 전임 정부의 '조건부' 합의를 '시한부'로 변경하려는 시도가 이어졌다. 공식적으로는 조건부 이행이라는 점을 대외에 밝혔다. 그러나 국정자문위가 2017년 공개한 100대 국정 과제에서는 '임기 내 전환'을 명시했다. 이어 문재인 대통령은 같은 해 8월 정부는 "전작권 조기 환수를 목표로 한다"라고 공표했다. 시한부

◆　　전작권 전환 3대 선제 조건은 다음과 같다. 1) 연합 방위를 주도할 수 있는 한국군의 핵심 군사 능력 확보, 2) 북한의 핵과 미사일 위협에 대한 한국군의 초기 필수 대응 능력, 3) 전작권 전환에 부합하는 한반도와 지역 안보 환경.

◆◆　　1단계는 기본 운용 능력IOC 검증, 2단계는 완전 운용 능력FOC, 3단계는 완전 임무 수행 능력FMC 평가다. 2023년 6월 현재 한국군은 2단계 검증을 마친 상태다. 그러나 각 단계를 통과했다고 해서 자격시험처럼 합격/불합격으로 간주해서는 안 된다. 각 단계에서 발견된 미비점은 계속해서 보완해나간다. 3단계까지 통과한 뒤 3대 선제 조건과 더불어 민감해서 대중에 공개되지 않은 비공개 조건들까지 충족하면 최종적으로 양국 수뇌부가 전작권 전환 여부를 논의해서 결정하게 된다..

처럼 들리는 대통령의 발언에 워싱턴D.C.의 반응은 강경했다.

　나는 2019년 12월 워싱턴D.C. 주한미군전우회 행사에 참석한 미국 합동참모본부 고위 관리로부터 전작권 전환에 대한 미국의 입장을 들을 수 있었다. 제프리 앤더슨Jeffrey Anderson 합참 아시아 정치군사 문제 담당 부국장은 이날 행사장에서 미국의 입장을 분명히 했다. 그는 "과거와는 달리 시간은 전작권 전환 추진의 중요한 요소가 아니"라고 강조했다. 오히려 두 나라가 합의한 조건을 한국 측이 완전히 충족하는 것이 중요하다고 말했다. 또, 전작권이 전환되더라도 "미래 연합사령부의 사령관 국적이 한국으로 바뀌는 것일 뿐 기존 연합사 구성과 보고 체계는 크게 달라지지 않을 것"이라고 말했다. 당시 주요 한국 언론들도 현장에 대거 와 있었다. 앤더슨 부국장은 마치 "한국 대통령이 뭐라고 하든 합의한 대로 해야 한다"라고 한국 국민에게 호소하는 듯 보였다.

　나는 국내 논쟁이 미국의 속내를 제대로 꿰뚫고 있지 못하다는 생각이 든다. 일각에서는 미국이 전작권을 놓지 않는 이유가 한국을 한반도 외의 전장 무대에 끌어들이기 위한 사슬 역할을 하기 때문이라고 주장한다. 또 아시아에 항구적인 주둔 기지가 필요한 미국으로서는 전작권을 한국에 양보해줄 이유가 없다는 주장도 나온다. 그러나 중국과의 패권 경쟁이 격화되면서 워싱턴D.C. 내에서는 오히려 전작권 전환을 반기는 목소리가 많아졌다. 언론에서는 단 한 건도 다루어지지 않았지만, 현재 한미연합사령관 · 주한미군사령관으로 재직 중인 폴 라캐머라 대장의 인준 청문회 중 조시 홀리 상원의원(공화당)의 발언에서 이 같은 속내를 엿볼 수 있는 중요한 장면이 나왔다.

2021년 5월 18일 상원 인준 청문회에 출석한 폴 라캐머라 신임 주한미군사령관 지명자.
출처: C-SPAN

"미국이 중국, 북한과 동시 갈등 상황에 놓이게 될 경우, 한국군으로의
전작권 전환이 우리[미군] 병력을 재배치하거나 기존 임무를 수정하는
데서 유연성을 제공하겠습니까?"
"네 의원님, 제 이해로는 그런 것으로 알고 있습니다."
— 상원 군사위 신임 주한미군사령관 인준 청문회, 2021년 5월 18일

　　홀리 의원의 발언은 타이완 유사시 상황과 한반도를 연계해서
바라보는 워싱턴D.C. 주류 시각을 반영했다. 대화에서 주목해야 할

단어는 '동시 갈등 상황' '병력 재배치' '임무 수정' 그리고 '유연성'이다. 기존 임무의 수정이란 주한미군에 부과된 고유의 임무, 즉 한반도 방어 임무의 수정을 시사한다. 또 홀리 의원이 강조한 '유연성'은 '전략적 유연성strategic flexibility'을 의미한다. 쉽게 말하면 한반도 방위를 위해서만 썼던 주한미군 병력을 다른 지역의 위급 상황 시 언제든지 빼 갈 수 있다는 의미다. 전작권과 주한미군의 전략적 유연성 간 상관관계가 드러난 순간이었다.

주한미군의 전략적 유연성은 비단 주한미군사령관 인준 청문회에서만 강조된 것이 아니다. 펜타곤 안에는 장관, 부장관 다음으로 6개의 차관직이 있다. 이들 중 장관에게 예산, 전략 기획, 역내 전략, 군축 등 전반을 조언하는 핵심 요직은 정책 담당 차관이다. 2021년 3월 4일 바이든 행정부의 국방부 정책 차관을 지명하는 상원 군사위 청문회 자리에서 콜린 칼Colin Kahl 지명자는 사전에 제출한 답변서에서 주한미군의 전략적 유연성을 보장하는 것이 중요하다는 점을 분명히 했다.[8]

상원에서는 칼 지명자에게 주한미군이 한국 방어 임무에 계속 초점을 맞춰야 하는지, 아니면 다른 역내나 국제적 작전에 투입돼야 하는지를 물었다. 칼 지명자는 "우리 군이 역내와 전 세계에 걸쳐 떠오르는 위협에 대처하기 위해 운용상의 유연성operational flexibility을 반드시 유지할 필요가 있다"라고 대답했다. 이어 《국방 전략서》에서 명시한 목표들을 달성하기 위해 국방부는 계속해서 모든 전구에 있는 사령부의 조정을 고려할 것"이라고 예고했다. 1장에서 다룬 것처럼 《국방 전략서》에서 미국이 최우선 위협으로 간주하고 있는 것은 중국과 러시아다. 지역을 좁혀놓고 보면, 미국의 관점에서 인도태평양 또는 동북아시아 내 최대 위협은 단연 중국이다. 칼 지명자의 발언은 중국의 타이완 침공 사태에 따른 주한미군의 투입 가능성을 배제하지 않겠다는 의미로 해석될 수 있다. 특히 주한미군 배치 조정 문제에 대해서 칼 지명자는 미군의 안보 노력은 주한미군 병력 규모를 지칭하는 '마법의 숫자magic number'나 특정 역량에 얽매여 있지 않다고 강조했다.

주한미군 철수가 아닌 차출

이쯤에서 전시작전통제권과 주한미군의 전략적 유연성이 구체적으로 어떻게 긴밀히 연계돼 있는지 궁금증이 몰려올 것이다. 2020년 7월 나는 펜타곤 대변인실 관계자로부터 의미심장한 귀동냥 정보를 얻었다. 곧 미국육군참모대학교United States Army War College 산하 싱크탱크에서 인도태평양 전략과 관련된 보고서가 공개되는데 미스터 킴도 평소에 관심 두고 있는 분야인 만큼 한번 연락해보라는 권유였다. 전략연구원Strategic Studies Institute, SSI이 작성한 100여 쪽 분량의 보고서 《육군의 변신: 인도태평양사령부의 초경쟁과 미 육군의 전구戰區 설계An Army Transformed: USINDOPACOM Hypercompetition and US Army Theater Design》[9]가 그것이었다.

대중에게 공개하기 전에 내가 손에 넣은 그것은 단순한 정책 제언 보고서가 아니었다. 당시 국방장관으로 재직 중이던 마크 에스퍼가 육군장관 시절 직접 전략연구원에 용역 발주한 결과물이었다. 발주 당사자가 펜타곤 최고위 인사였기 때문에 이 보고서에 담긴 내용은 향후 미군의 역내 정책과 관련한 결정에 영향력을 미칠 수 있는 사안이었다. 더군다나 당시 펜타곤은 전 세계 미군의 배치를 조정하는 미군 배치 태세 검토를 진행 중에 있었다. 보고서는 한 구절 한 구절이 한국인 관점에서는 충격적인 내용을 담고 있다. 서두에는 한국전을 염두에 둔 현재의 동북아 배치 셈법은 "전략적으로 무책임하다"라고 노골적으로 지적하고 있다.

> 상대적으로 적은 수의 기지 안에 매우 밀집돼 있는 미군의 전진 배치는 한때는 비용 효과가 있는 것으로 간주되었으나 현재는 전략적으로 무책임하다. 역내에 전진 배치돼 있는 대부분의 미군은 중화인민공화국의 반접근/지역거부의 영향력 아래 있다.
> ─《육군의 변신: 인도태평양사령부의 초경쟁과 미 육군의 전구 설계》

앞서 칼 지명자가 의회에 강조한 표현도 그대로 사용했다. 보고서는 집필 목적과 관련해 "《국방 전략서》목표에서 명시한 인도태평양사령부 책임 구역 요구 사안을 2028년 이후 시점에 최적화하기 위한 방안을 모색하는 단 하나의 논제에서 시작했다"라고 밝혔다. 펜타곤의 최상위 지침인《국방 전략서》는 중국과 러시아를 최대 위협, 북한과 이란을 2순위 위협, 테러 단체를 3순위 위협으로 나누고, 각각의 위협에 대한 자원 배분을 달리해야 한다고 강조해왔다. 이 보고서도 인도태평양 내 미국의 적극적인 군사적 경쟁자는 중국과 러시아, 북한이지만 현 추세를 감안할 때 중국이 2028년에도 미국의 가장 필연적인 도전자로 남아 있을 것으로 분석했다.

러시아의 경우 유럽 전역에 초점을 맞출 것으로 전망했다. 반면에 북한은 계속 핵과 생화학무기 등 대량살상무기와 운반 체계의 실전 배치를 지속할 것으로 예상하지만 재래식 전력은 오히려 위축될 것으로 예상했다. 이 때문에 북한의 위협에 대처하기 위한 미국의 방위 셈법의 시급성과 중요성은 향후 10년간 낮아질 가능성이 크다고 주장했다. 나아가 미국이 향후 러시아와 북한에 대한 대처에 지나치게 초점을 맞춰 대중국 전략 전환에 '기회비용'이 발생하는 것은 신중하지 못하며 위험하다고 평가했다. 특히 보고서가 북한의 위협을 중국보다 덜 중시해도 되는 핵심 근거로 삼은 것이 한국군으로의 전작권 전환이었다.

> 이 연구의 가장 근본이 되는 가설의 근거는 한국이 앞으로 한반도의 재래식 육상 방어에서 더 큰 책임을 이양(전작권 전환)받게 될 것이라는 점이다. … 미군에서 한국군 지휘관으로의 전시작전통제권 전환 과정과 한국 육군의 현대화는 한국의 신뢰를 제고하는 동시에 위급 상황에서 미군의 대규모 육상 전투 수요를 줄일 것이다.
> ─《육군의 변신: 인도태평양사령부의 초경쟁과 미 육군의 전구 설계》

한국군으로의 전작권 이양이 완료된다면 주한미군의 기갑 전력 등 대규모 전투를 위한 병력을 더 위급한 지역에 사용될 수 있도록 조정해야 한다고 보고서는 제언한다. 전작권 전환 이후 주한미군 부대의 편성은 정보, 사이버, 미사일 방어 등 보조적인 성격으로 전환해야 한다고 강조한다. 바꿔 말하자면 '몸빵'은 한국군이 하고 주한미군은 보조하는 역할로 출혈을 최소화한다는 이야기다.

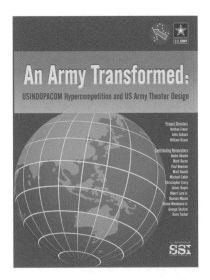

2020년 7월 미국육군참모대학교가 공개한 정책 제언 보고서는 한반도 유사시에 대비한 현재 미군 역내 배치 태세가 전략적으로 무책임하다며, 중국을 염두에 둔 배치 태세로 전환해야 한다고 강조했다.

이 보고서의 충격적인 내용은 내가 기사를 작성한 뒤 한국 언론에도 재인용돼 알려질 수 있게 되었다. 보고서 작성 내용의 이면이 궁금했던 터라 직접 집필진과의 인터뷰를 진행했다. 집필을 총괄했던 네이선 프레이어Nathan Freier 미국육군참모대학교 교수는 바이든 행정부가 들어선 뒤 2022년부터 1월부터 약 1년 5개월간 미국 국방부 부장관의 최선임 자문역을 맡기도 했다. 프레이어 교수는 자신들의 권고는 주한미군 철수가 아니라는 점을 분명히 했다. 그러나 중국과의 초경쟁 시대에 본격적으로 들어선 오늘날, 미국의 자원이 무한정하지 않다고 강조했다. 약 3만여 명에 달하는 주한미군을 한반도 위급 상황에만 사용하는 군대로 묶어두는 것은 바람직하지 않다고 지적했다.

　이 같은 배치 셈법 의도는 2022년 마크 에스퍼 국방장관이 자진 사퇴 이후 출간한 회고록에서 더욱 명확해진다.[10] 에스퍼 장관은 현재 아시아에서의 미군 배치 태세가 동남아와 견주어 동북아에 지나치게 집중돼 있다고 명시했다. 그 이유는 미국이 계속해서 북한과 대치하며 생긴 2차 세계대전 종전 이후의 유산legacy 때문이라고 밝혔다. 이어 2035년경을 목표로 현대화를 진행 중인 중국과의 싸움에서 승리하기에 적절하지 않은 배치 태세라고 지적했다. 이에 따라 주한미군 또는 주일미군에서 순환 배치 병력을 차출하는 방식을 적극적으로 추진했다고 회고했다.

　주한미군 '차출'과 '철수'는 엄연히 다른 조치다. 차출은 마치 한반도라는 저금통에서 다른 지역에 긴급 자금을 투입할 필요가 있을 경우 잠시 동전을 빼내 썼다가 상황이 나아지면 다시 제자리에 돌려놓는 방식이라고 상상하면 이해하기 쉽다. 미국의 관점에서는 북한과 중국에서 가장 가까운 거리에 있는 한국의 지정학적 위치는 병력 투사의 발판platform으로서 포기하기 힘들기 때문이다. 혹자는 이렇게 물어볼 수도 있을 것이다. "한국과 상의 없이 미군 마음대로 주한미군을 차출하는 것은 동맹 정신 위반 아닌가?" 그러나 미국은 이미 2009년 이라크전쟁과 아프가니스탄전쟁에 필요한 수요에 따라 주한미군에 주둔 중이던 아파치 2개 대대 중 절반을 차출한 바 있다. 익명을 요구한 펜타곤 관계자는 이와 관련해 병력뿐 아니라 미국이 배치해놓은 자산은 전적으로 자국의 수요에 따라 이동시킬 수 있는 권한이 있다고 말했다. 이 관계자가 말한 자산에는 한반도 유사시 한국에

2021년 12월 22일 아파치 공격 헬기의 여섯 번째 최신 개량형인 AH-64E Ver6가 오산 공군 기지로 들어오고 있다. 이 헬기는 평택 캠프 험프리스 제2전투항공여단 4대대에 배치되었다.

출처: 펜타곤 국방영상정보배포서비스

비축해둔 미군 탄약도 포함된다. 또 차출 과정에서 동맹과의 조율은 당연히 하겠지만 최종 결정권은 미국 자체에 있다고 이 관계자는 덧붙였다.

나는 2020년 10월 데이비드 맥스웰David Maxwell 아시아태평양전략센터 부대표를 만나 주한미군의 유연한 배치와 관련한 견해를 물었다.[11] 맥스웰 선임연구원은 한미연합사령부 작전참모(대령 제대)를 지낸 미군 출신 한반도통이다. 당시는 한미안보협의회의ROK-US Security Consultative Meeting, SCM 성명문에서 그동안 관례적으로 넣었던 '주한미군 규모 2만 8500명 유지' 문구가 빠진 데 대해 관심이 집중되었던 시기였다. 2만 8500명은 2008년 이명박 대통령과 조지 부시 미국 대통령이 한미 정상회담에서 주한미군 규모를 현 수준으로 유지한다고 합의하면서 고정한 숫자다. 이후 2019년부터 미국 의회에서 이듬해 국방 예산 등을 반영하는 국방수권법National Defense Authorization Act, NDAA에 이 숫자를 주한미군 감축 제한 조항으로 명시했다. 이 조항은 미국 행정부가 의회 동의 없이 함부로 주한미군을 2만 8500명 밑으로 줄이는 데 예산을 사용하지 못하도록 하고 있다. 이 때문에 도널드 트럼프 대통령이 주한미군 철수 발언을 할 때마다 이 감축 제한 조항은 법적 안전판으로 여겨졌다. 그러나 미국 의회가 2021년 가결한 '2022년도 국방수권법'부터 이 조항이 삭제되었다.

맥스웰 부대표는 현재 전 세계 미군 중 유일하게 주한미군만이 한반도 방위라는 단일 목표를 수행하기 위해 배치되어 있다고 지적했다. 그러나 "미국이 가진 자원은 무한하지 않다"라고 밝혔다.

주한미군을 정말 한반도에 남기도록 하고 싶으면 그들[한국]은 전략적 유연성을 받아들여야 합니다. 왜냐하면 단일 임무에만 부대를 배정할 수 있는 여유가 없어졌기 때문입니다. 한반도 지역 이외에 주둔하고 있는 다른 미군 부대들은 2가지 이상의 긴급 사태에 대응하도록 설계돼 있습니다.

나는 맥스웰 부대표에게 만일 중국과의 무력 충돌 시 주한미군이 차출되고 한국군이 주도적인 한반도 방위를 전담하게 된다면, 한국은 중국과의 충돌 문제에서는 빠져도 무방한 것인지 물었다. 그러자 맥스웰 부대표는 "있을 수 없는 일"이라고 말했다. 한미상호방위조약의 범위는 한반도에 국한된 것이 아닌 아시아 전체를 아우른다며, 한국 역시 미군을 지원해야 한다고 말했다.

맥스웰 부대표의 발언은 펜타곤 최고 지침인《국방 전략서》의 논리를 그대로 따르고 있다. 중국과 러시아라는 최우선순위 위협에 대처하기 위해 자원을 집중한다. 그로 인해 발생할 수 있는 '기타 문제'의 관여는 동맹과 우방에 맡기고 미국은 뒤로 빠진다. 한편 최우선 위협은 미국 홀로 맞서 싸울 수 없기 때문에 동맹과 우방의 부담 분담을 늘려 거대 패권 경쟁에 참여를 유도한다. 이 같은 논리를 전작권 전환 문제와 결부하자면, 한반도 방위는 미국이 이제는 전적으로 신경 쓰기 어려운 상황이니 세세한 문제는 한국에 맡기겠다는 취지다. 전략적 유연성이 중국에 맞서 실제 주한미군 병력을 다른 지역으로 빼내기 위한 장치라면, 전작권 전환은 한국이 북한 문제를 떠맡도록 하는 매개체인 셈이다.

📽️ **취재 메모**   VOA 2020. 7. 30. 기사

"최대 위협은 중국… 주한미군 철수·감축 옹호 아냐"

마크 에스퍼 국방장관이 직접 발주한 인도태평양 역내 미 육군 배치와 관련한 보고서가 최근 공개되면서 중국에 초점을 맞춘 배치 전략의 윤곽이 드러나고 있습니다. 보고서 작성 책임자인 네이선 프레이어 교수는 이 같은 셈법 변화에 주한미군도 예외가 아니라고 말했습니다. 김동현 기자가 인터뷰했습니다.

김동현 기자) 이번 보고서는 2년 전 마크 에스퍼 국방장관이 직접 발주한 연구과제인데요. 구체적으로 어떤 성격을 띠고 있나요?

프레이어 교수) "우선 이번 인터뷰와 보고서 내용이 미 국방부와 육군을 포함해 미국 정부의 공식 입장을 반영하지 않는 개인 의견이라는 점을 분명히 하고 싶습니다. 연구를 진행한 미국육군참모대학교 전략연구원은 본질적으로 미 육군의 싱크탱크입니다. 정책입안자들에게 정책 조언을 제공할 뿐입니다. 연구는 2년 전 에스퍼 당시 육군장관의 요청에 따라 진행되었습니다. 당시 육군장관실에서 인도태평양 역내 전역 설계와 관련해 전략과 작전개념, 군 역량, 배치상황, 지휘 통제, 상호조약 등 5가지 구체적 질문이 내려왔습니다. 이를 한 문장으로 축약한 논제가 '미국의 국방 전략(NDS) 목표에 명시한 인도태평양사령부 책임구역 요구사안을 2028년과 그 너머에 최적화하기 위한 미 육군의 기초적 전역설계'입니다. 대외적으로는 지난 17일 공개되었지만, 연구결과는 훨씬 일찍 보고되었습니다."

김동현 기자) 보고서에서는 한반도에 초점을 맞춘 역내 미군 배치 태세를 전략적으로 무책임한 것으로 평가했습니다. 현재 전 세계 미군 배치 재검토가 진행 중인데 어떤 시사점이 있나요?

프레이어 교수) "다시 말하지만, 국방부가 어떤 판단을 내리고 있는지에 대해서는 언급을 자제하겠습니다. 저희 연구결과에 대해서만 언급하자면, 한국 뿐 아니라 일본, 괌, 하와이 등 인도태평양 전역 내 미군의 재구성과 관련한 검토는 중국과의 초경쟁을 실현하기 위해 불가피하다는 점입니다. 다시 말하자면 변화된 요구사안에 따라 현재 역내 배치된 각각의 미군 내 구성비율에 조정이 필요하다는 이야기입니다. 다만 대중국 전략 외에도 역내에 한국 등과의 상호방위조약에 기초한 기타 수요 또한 있기 때문에 이 또한 동시에 충족하면서 미군 배치재검토를 들여다보는 것이 매우 중요하다고 생각합니다."

김동현 기자) 향후 주한미군의 대규모 지상기동전 역량의 수요가 줄어들 것으로 전망했습니다. 유사시 기존 육군 중심에서 해군이나 공군 자산 기반의 전투지원 성격으로 전환하는 것을 의미하나요?

프레이어 교수) "꼭 그렇지는 않습니다. 현재 미 육군은 땅, 바다, 하늘, 우주, 사이버 등의 전장환경에서 모두 수행 가능한 다영역 작전에 기반한 군대로 탈바꿈 중입니다. 이런 증대된 육군의 역량에 비추어 어떻게 합동전을 수행할 수 있는지를 고려해야 합니다. 주한미군의 경우, 향후 한반도에서 미사일 방어에 대한 수요는 매우 증대될 것입니다. 물론 공군이나 해군도 이 같은 역량이 있지만 미 합동군 내에서 육군만이 갖고 있는 독자성이 있습니다. 사이버전에 대한 수요 또한 증가할 것으로 예상됩니다. 앞선 질문에서 답했듯이 향후 미군 구성비율의 재편에 방점이 놓일 것입니다. 물론 여전히 주한미군의 지상전 관련 수요가 없어지지는 않겠지만, 중국과의 초경쟁 구도라는 상황에서는 미군 내 구성 요소들에 대한 거래Trade-off는 자연적으로 발생할 수밖에 없습니다."

김동현 기자) 군사 전문가들은 군 현대화가 반드시 전쟁 승리를 장담하는 요소는 아니라고 지적합니다. 또 한반도의 경우 종단거리가 짧은 데다가 한국군 자체도 인구고령화에 따른 병력 감축이 현실화되고 있습니다.

프레이어 교수) "그런 우려에 대해 동의합니다. 군에서도 '양'quantity 또한 '질'quality로서의 성질을 띠고 있다는 표현을 흔히 사용합니다. 다만 현재 미국은 무한한 자원을 갖고 있지 못하고, 전략적 선택이 필요한 시기에 놓였습니다. 이미 미국은 다양한 이유 때문에 중동에서 병력을 줄이고 있는 상황입니다. 미국의 관점에서는 현재 중국과 러시아가 최우선 위협입니다. 북한과 이란은 이런 최대 위협보다는 하위 부류이고요. 저희 연구는 북한의 위협을 무시하거나, 주한미군의 철수 또는 감축을 옹호하고 있는 것이 아닙니다. 물론 중국과 북한은 양자택일을 하는 것이 아니라 상호보완적으로 대처해야 한다고 생각합니다. 다만 보고서는 중국과 북한 사이에서 위협 대처를 최적화하는 선택을 해야만 한다면 중국 쪽에 더 집중해야 한다는 점을 제시하고 있습니다."

김동현 기자) 최근 에스퍼 장관은 순환 배치 등을 언급하며 역내 병력의 유연한 접근법을 강조했습니다. 2009년 이라크전 수요에 따라 주한미군의 아파치 헬기대대가 차출되고 대신 A-10 전투기를 투입한 것과 같은 사례를 의미하는 것인가요?

프레이어 교수) "네 정확합니다. 과거 주한미군의 A-10 도입과 같은 사례가 정확히 저희 연구진이 강조하고 있는 유연한 접근법의 대표적 선례입니다. 이는 공군 등 다른 군과의 합동군 관점에서 일어나거나, 육군 내에서도 취할 수 있는 선택지입니다. 하나의 자산에서 손실된 역량을 다른 방식으로 채워 넣는 셈법을 말하는 것이죠. 한 가지 강조하고 싶은 대목은 대중국 초점전략으로 전환하더라도 미국의 한반도 방위공약의 약화를 의미하지 않는다는 것입니다. 중국의 역내 위협이 계속 증강할 것으로 전망되는 가운데, 역내 국가들과의 공동이익에 바탕을 두면서 향후 이들 파트너와의 중국에 대한 위협인식을 공유, 확대해 나가는 것이 중요하다고 생각합니다."

김동현 기자) 보고서에는 한국이 만일 인도태평양 역내 안보 관점의 중심지로 발돋움한다면, 향후 정보, 지휘 통제, 지속성에 방점을 둔 역량이 더욱 더 큰 가치를 띨 것이라고 명시했습니다. 구체적으로 어떤 의미인가요?

프레이어 교수) "우선 한국의 관점에서 말하자면, 자체적 군 현대화 역량증진으로 향후 한반도를 넘어선 안보수출국으로서 확대된 역할을 기대할 수 있다는 의미입니다. 또 미국의 관점에서 보자면, 미군의 지상기동전 역량의 수요 하락은 주한미군 내 구성 변화를 동반하기 때문에 그와 같은 역량들이 좀 더 확대된 역내로 파병할 수 있는 환경이 조성될 수 있다는 의미입니다. 우리는 한국이 매우 정교한 안보구조를 갖고 있다고 보고 있으며, 미국과의 밀접한 관계를 고려하면, 독일과 유럽국가와 같이 미국과 한국의 군사력 투사 발판Platform으로 발전할 수 있을 것이라고 보고 있습니다."

김동현 기자) 보고서는 인도태평양에서 북대서양조약기구, 나토와 같은 집단안보체제가 들어설 가능성이 매우 낮은 것으로 평가하고 있습니다. 구체적인 설명 부탁드립니다.

프레이어 교수) "그렇습니다. 인도태평양 역내는 냉전 이후 미국을 중심으로 각각의 역내국가들이 관계를 맺는 바퀴축과 바퀴살 관계Hub and Spoke를 유지해왔습니다. 이는 역내국가들 간 역사적 갈등 관계 등의 원인도 있습니다. 따라서 나토와 같은 집단안보체제가 당장 들어서기는 어렵다는 의미입니다. 그러나 개인적인 견해를 말하자면, 우선 집단안보체계 형성을 위한 초기 기능적 잠재성은 있다고 봅니다. 특히 미사일 방어분야의 경우 미국, 한국, 일본, 호주, 필리핀 등의 관련국들이 모두 북한과 중국에 대한 공동위협을 인식하고 있습니다. 또 해양주권의 경우도 마찬가지입니다. 다만 현재로선 초기 단계이기 때문에 미국을 중심으로 한 상호보완적 대처가 가장 현실적이라고 보고서에서는 밝혔습니다."

네이선 프레이어 미국육군참모대학교 교수로부터 최근 발표한 보고서 내용과 한반도 시사점에 대해 들어봤습니다. 인터뷰에 김동현 기자였습니다.

탄력받는
미일연합사 창설 안

"그것은 아닌 것 같습니다." 전하규 국방부 대변인은 2023년 7월 13일 회견에서 향후 유엔사 회원이 아닌 나라가 유엔사에 참여를 희망할 경우 받아들일 의향이 있는지 묻는 질문에 단칼에 부정했다. 일본을 의식한 답변이었다.

한반도 유사시 일본의 개입은 한국 사회 보수·진보 할 것 없이 용납할 수 없다는 입장을 견지하고 있다. 그러나 미국은 역내 문제에서 홀로 방위 부담을 떠안는 것을 불공정한 처사라고 보고 있다. 미국이 역내 국가 중 동맹이자 상당한 군사력을 보유한 한국과 일본에 눈을 돌릴수록 일본의 개입 가능성이 높아지는 이유다. 최근 미중 패권 경쟁이 격화되면서 워싱턴D.C.에서 부상하고 있는 미일연합사령부 창설 안은 이 문제와 긴밀히 연계돼 있다. 한미연합사령부와는 달리 일본 자위대와 미군은 평시든 유사시든 별도로 운용된다. 지휘 통제권이 완전히 분리돼 있다는 이야기다. 나아가 육해공 자위대 간에도 합동군으로서 유기적인 소통과 조율이 미흡하다는 평가를 받아왔다.

마이클 그린 전 백악관 국가안전보장회의 아시아 담당 선임보좌관은 2020년 1월 15일 전략국제문제연구소 대담회에서 이 문제를 공개적으로 거론했다.[12]

현재 주일미군과 자위대 간 협의는 존재하지만 연합 작전을 일체화할 수 있는 기관이 없습니다. 1950년대부터 필요성이 제기돼 창설된 한미연합사와 같은 상설 기구 논의가 필연적인 화두로 떠오를 것입니다.

그린 전 선임보좌관은 미일연합사령부 창설은 정치적으로 어려운 과제가 되겠지만, 비용이 적게 들고 연합 전력 간 상호 운용성 측면에서도 매우 효율적이라고 주장했다. 이런 의견은 그린 전 선임보좌관 혼자만의 주장은 아니다. 인도태평양해병대사령관을 지낸 월러스 그렉슨Wallace Gregson 전 미 국방부 아시아태평양 차관보도 "중국과 북한 모두 한반도를 넘어 직접 해상을 타격할 수 있는 능력을 고도화하고 있다"라고 말했다. 그러면서 통합된 작전 기구로서 미일연합사 창설은 시급히 현실화돼야 한다고 강조했다.

미일연합사령부 창설은 한반도에 구체적으로 어떤 함의를 가질까? 연합사는 기본적으로 두 나라의 유사시 작전 계획을 짜고 역할 분담을 하는 사령탑 역할을 한다. 한미연합사가 한반도 유사시 작계를 마련하듯 미일연합사도 유사시 유사한 역할을 할 것으로 전망된다. 문제는 일본이 상정하는 유사시 상황에 한반도 문제가 당연히 포함된다는 데 있다. 일본은《방위 백서》에서 자국 안보를 위협하는 나라로 남쪽으로는 중국, 서쪽으로는 북한, 북쪽으로는 러시아를 꼽아왔다. 이 중 유사시 무력 분쟁이 일어날 소지가 높은 나라로 중국과 북한을 지목했다. 특히 일본 정부는 그동안 한미연합사 체제 아래 일본의 목소리가 한반도 문제에 반영되지 않는 데 대해 노골적인 불만을 터뜨려왔다.

일례로 다카하시 스기오 일본 방위성 산하 방위연구소 정책시뮬레이션 실장은 2020년 1월 7일 허드슨연구소가 주최한 대담회에서 이 같은 입장을 분명하게 말했다.

북한 미사일의 사정거리 연장으로 인해 한반도와 일본은 단일 전장 지역 성격으로 전환되었습니다. 그러나 이 같은 위협이 반영되지 않는 역내 지휘 통제 구조는 미국민이 흔히들 하는 표현인 '대표 없는 과세' 상황과도 같다고 할 수 있겠습니다.

그는 북한의 미사일 사거리 연장으로 인해 일본은 더 이상 한때 후방 지역으로 간주되던 지역이 아니게 되었다고 강조했다. 일본이 한국과 동일한 전방 지역이라는 것은 한반도 문제가 일본에 직결되는 사안이라는 의미라고 주장했다.

실제로 일본《방위 백서》는 북한이 이미 일본 열도에 핵폭탄을 떨어뜨릴 수 있는 역량을 갖추고 있다고 명시함으로써 이 같은 논리의 정당성을 강조하기 시작했다. 이에 따라 일본의 우려를 한반도 전장 환경에 반영할 수 있는 지휘 통제 구조를 검토해 진정한 의미의

한미일 삼각 공조를 이끌어낼 것을 미국 측에 촉구했다. 다카하시 실장의 주장을 쉽게 풀이하자면, 일본은 향후 미일연합사를 매개체로 한반도 문제와 관련한 일본의 입장을 적극 반영해나가겠다는 이야기다. 앞으로 일본은 적 기지 공격과 같은 적극적인 공격 선택지부터 한국 내 일본인 피난 문제 등 후송 문제까지 협상 테이블에 올려놓을 수 있다.

아직까지 미일연합사 창설은 민간 또는 전직 관리들 사이에서 제기되고 있는 실정이다. 그러나 펜타곤 내에서도 이런 주장에 공감하는 의견들이 많다. 한 펜타곤 당국자는 익명을 전제로 "한반도 유사시 실제 일본의 개입을 불허한다는 것은 현실적으로 이치에 맞지 않는다"라고 밝혔다. 그는 "유엔사 후방 기지를 비롯해 미국 본토 증원군이 가장 먼저 거쳐 가는 곳도 일본"이라고 지적했다. 그러면서 "일본이 만일 체류 허가를 내주지 않을 경우 작전상 상당한 어려움이 발생할 수 있다"라고 말했다. 그는 또 "한국은 유사시 가능한 한 많은 도움을 필요로 할 것"이라며, "당장 전력에 도움이 되는 일본의 손길을 무시하는 것은 한국의 국익에도 도움이 되지 않는다"라고 주장했다.

일본은 우선 자국 육해공 자위대의 통합에 초점을 맞추는 것을 목표로 하고 있다. 2022년 말 국가 안전 보장 전략 개정안에 통합사령부의 설치를 명시했다. 《요미우리신문》에 따르면 방위성은 2024년에 육해공 자위대를 일원화해서 지휘할 수 있는 약 300명 규모의 통합사령부를 설치할 계획이다. 신문은 타이완 유사시에 대비한 미국과 공동 작전 계획 수립도 염두에 두고 있다고 보도했다. 특히 통합사령부는 미국 측과 타이완 유사시 전투에 휘말릴 가능성이 높은 난

2020년 1월 31일 미국 제31해병원정대와 일본 육상자위대 수륙기동단이 오키나와 인근 해안에서 연합 훈련을 실시했다. 일본은 명목상 해병대가 없지만 중국의 센카쿠열도 위협이 고조되면서 상륙 작전 부대인 수륙기동단을 2018년 창설했다.

출처: 펜타곤 국방영상정보배포서비스

세이제도 방위 계획 수립에 관여할 것이라고 덧붙였다.[13] 통합사령부의 성숙 여부에 따라서는 향후 더 높은 단계의 지휘 통제 구조인 미일연합사령부 창설까지 이어질 수도 있다.

한 가지 분명한 것은 미국은 한국이 원하든 원하지 않든 앞으로도 일본의 역내 역할 확대를 독려할 것이라는 점이다. 이는 미국의 《국방 전략서》에서 명시하고 있는 동맹의 부담 분담 역할 확대 관점에도 부합한다. 2순위 위협(북한)뿐 아니라 1순위 위협(중국, 러시아) 대처에도 기여해야 한다는 셈법은 일본이라고 예외는 아니라는 소리다. 미국의 역내 역할 확대 압박은 필연적으로 한반도 유사시 일본의 관여 문제와 연계될 수밖에 없다. 한국으로서는 이런 현실을 외면

할 것이 아니라, 철저하게 손익을 따져가며 일본의 역할 확대가 한반도에 미칠 영향을 검토해봐야 한다. 특히 향후 미일연합사가 창설될 경우 한미연합사의 작전 계획과 상충하는 부분은 없는지, 우리의 국익이 배제되는 상황이 발생하지는 않는지 면밀히 따져볼 필요가 있다.

한미-미일 역학 관계 정리 필요

가장 먼저 고민해야 할 부분은 전시 상황에서의 역학 관계다. 한반도 내 연합 전력의 지휘권은 한미연합사령관이 독점적으로 행사해왔다. 새로운 미일연합사령부가 창설된다면 한미연합사령관과 미일연합사령관 사이의 역학 관계 정리가 우선 필요하다. 한반도 유사시 미일연합사는 후방 지원을 맡게 될까? 그렇다면 어느 수준까지 지원하는 것이 한국의 국익에 가장 부합할까? 만일 북한이 일본을 공격하게 될 경우 미일연합사령관이 한반도 문제에 관여할 수 있는 범위는 어디까지인가? 한미연합사령부와 미일연합사령부 사이 의견 조정은 어느 조직이 하게 될까? 등 풀어야 할 문제가 산적해 있다.

세간에서 우려하는 자위대의 한반도 진출은 미일연합사가 창설되더라도 큰 문제가 되지는 않을 것으로 전망된다. 우선 한미일 간 전력 평가를 냉정하게 해볼 필요가 있다. 한국군과 주한미군의 전력은 지상전 위주로 편제돼 있다. 반면에 일본 자위대와 주일미군은 육상보다는 해상·공중 쪽에 주력하고 있다. 특히 일본은 향후 장거리·고정밀 타격 역량에 집중하겠다는 입장을 표명한 상태다. 유사시 한반도에 진출하지 않고 해상에서 또는 일본열도에서 쏘겠다는 방침을 명확히 한 것이다. 이와 관련해 펜타곤 관계자도 "일본의 육상자위대 규모는 15만여 명에 불과하다"라며, "그런 전력으로는 한반도 지상전에서 유의미한 역할을 기대하기는 어렵다"라고 밝혔다. 그렇다면 미일연합사의 한반도 유사시 작전 계획은 해상 또는 공중에서의 관여에 초점을 맞출 가능성이 높다. 다만 한국 정부는 북한을 한국의 부속 영토로 보기 때문에 일본의 원거리 타격도 사전 승인이 필요하다는 입장을 견지하고 있다. 그렇다면 미일 연합 전력이 구체적으로 어떤 형태로 한반도 유사시에 관여하게 될지에 대해서도 사전에 교통 정리할 필요가 있다.

한반도 유사시 작전 계획의 경우 오랫동안 한미연합사 독자 권한이었기 때문에 미일연합사와 어떻게 권한을 나눠 가질지가 초미의 관심사가 될 것이다. 한국으로서는 원래 갖고 있던 권한을 나눠주는 것이기 때문에 밑지는 장사로 비칠 가능성이 높다. 그러나 향후 한국 사회가 일본의 한반도 문제 관여를 어느 정도 용인해줄 준비가 된다면 역할 분담을 제대로 할 수 있는 기회가 될 수도 있다. 앞에서 거론했듯이 한미일이 모두 원점 선제공격을 지향하는 추세는 북한의 보복을 야기하는 '불확실성'을 증대하는 문제로 이어질 수 있다. 미일연합사의 존재는 일본이 적 기지 반격 능력 확보를 강행하려고 할 때 한국 측의 입장을 더 수월히 반영할 수 있다. 또 유사시 상황에 따라서는 일본이 그런 선택지를 강행하려고 할 경우 전제 조건을 요구할 수도 있다.

백가쟁명百家爭鳴의 도시 워싱턴D.C.에서는 매일 새로운 정책 제언이 쏟아져 나오고 이 중 극소수만이 채택된다. 그러나 미일연합사 창설 안은 3년이 넘는 세월 동안 꾸준히 제기되고 있다. 북한과 중국의 도발이 고조될수록 탄력을 받고 있는 것이다. 미국의 동맹 부담 분담 셈법과 맞아떨어진다는 점도 질긴 생명력의 요인이다. 한국이 이런 움직임을 예의주시할 필요가 있는 이유다.

📹 뉴스 쪼개기

"역사적인" 캠프 데이비드 정신의 함의

2023년 8월 19일 한미일 정상은 워싱턴D.C. 근교 캠프 데이비드에서 향후 세 나라의 연대를 강화하는 선언문 '캠프 데이비드 정신The Spirit of Camp David'을 발표했다. 미국이 그동안 가장 고대했던 역내 위협 대응에서 삼자 협력을 본격화하겠다는 약조를 반영했다. 특히 미국 언론은 지소미아 종료 사태처럼 한일 관계 정상화를 난제 중 난제로 여겨왔던 만큼 세 정상의 선언을 "역사적"이라고 치켜세웠다. 선언문은 북한의 위협에 대해서도 한국의 의중을 반영했다. 가령 선언문은 "미국은 대한민국과 일본에 대한 미국의 확장 억제 공약이 철통같으며, 모든 범주에서 미국의 역량으로 뒷받침되고 있음을 분명히 재확인한다"라고 강조했다. 또 북한의 완전한 비핵화 공약을 재확인하면서 북한의 탄도미사일 발사 위협, 사이버 위협 등에 대한 우려와 더불어 대응 조치를 강조했다.

하지만 우리가 주목해야 점은 이 선언문에서 북한 외의 아시아 역내 문제를 훨씬 포괄적으로 다루고 있다는 사실이다. '캠프 데이비드 정신'에 담긴 핵심 내용은 이 책에서 다룬 미국의 본심, '한반도를 넘어선 한국의 역할 확대'를 제대로 반영하고 있다. 중국 문제가 독립 변수고, 북한 문제는 종속 변수인 듯한 인상을 받는다. 실제로 선언문은 서문에서 "한미일 협력은 단지 자국민을 위해 구축된 파트너십이 아닌, 인도태평양 전체를 위한 것"이라는 점을 공개적으로 선언했다. 특히 중국의 남중국해 불법 해상 점유 문제, 심지어 그동안 한국이 언급을 꺼려왔던 타이완 문제까지 직접적으로 거론하고 있다. 선언문은 단순한 수사에 그치지 않는다. 군사 부문에서는 삼국 간 훈련을 연 단위로 실시하기로 했다고 공표했다. 한국 대통령실은 "3국 정상 간 최초로 다년간의 3자 훈련 계획 수립에 합의했다"라며 "한미일 안보 협력에 의미 있는 진전"이라고 평가했다. 특히 이 훈련을 육, 해, 공, 우주, 사이버를 망라하는 '다영역'에서 실시하기로 했다고 강조했다. '다영역 작전'이 중국의 '초한전' 교리에 맞서 태동한 개념인 만큼 어느 나라를 겨냥하고 있는지는 명약관화하다.

협력 증진을 위한 첫 3국 재무장관 회의 개최에 합의한 대목도 명백히 중국을 겨냥하고 있다. 반도체, 배터리를 포함한 핵심 공급망의 회복성, 기술 안보, 에너지 안보. 핵심 광물, 인공지능, 양자컴퓨팅 분야에서의 3국 간 협력을 강조했다. 모두 중국이 구사하는 기술전, 자원전, 사이버전에 대응하는 분야다. 이 밖에도 "허위 정보 대응을 위한 노력을 조율하기 위한 방안에 대해서도 협의할 것"이라고 덧붙였다. 이 역시 중국의 정보전에 맞선 대응 조치다. 앞으로 중국과의 대치 구도가 단순히 군사 영역으로 한정되지 않고 사이버전, 정보전, 무역전, 기술전 등 다방면으로 확대될 것임을 예고한 셈이다.

'캠프 데이비드 정신'은 분명 미국의 일방적 요구 사안만 반영된 것은 아니다. 가령 한국은 북핵 위협에 대한 미국의 확장 억제력 보장을 다시 한 번 끌어냈다. 다만 북한발 사이버·미사일 위협에서는 일본이 관여할 수 있는 빌미를 열어주었다. 한반도 문제에 자국의 목소리가 반영되지 않는 상황을 "대표 없는 과세"라고 주장해온 일본의 입장이 일부 반영된 것이다.

한편 한국은 이 선언문을 통해 중국과 직접적인 대치를 의미하는 '한반도 문제를 넘어선 역할 확대'에 적극 관여하겠다고 약속했다. 그동안 애써 이 문제에 모호한 태도를 취했던 것과는 분명 다른 행보다. 미국이 한반도 문제에 적극 관여하기로 약조한 만큼 그에 상응하는 역할 확대를 한국에 요구하고 있는 것이다. 역할 확대는 필연적으로 한미일 간 부담 분담 문제로 이어진다. 가령 남중국해나 타이완해협에서 무력 충돌 시 한국도 말뿐이 아닌 직접적인 기여를 해야 한다는 의미다. 그런데 이 문제에 대해 한국 정부는 이 선언이 어떤 새로운 국제법적 의무를 부과하지는 않는다고 밝혔다. 공동 위협이라고 하더라도 한 국가가 자국에 대한 위협이 아니라고 판단하면 반드시 자동 개입 의무를 지는 성격의 문서는 아니라는 설명이다. 실제로 '한미일 간 협의에 대한 공약'을 다룬 문서에는 이 공약이 "한미상호방위조약과 미일상호협력안전보장조약에서 비롯되는 공약을 대체하거나 침해하지는 않는다"라고 명시했다. 하지만 한미상호방위조약 체결 당시부터 적용 범위는 이미 한반도만이 아닌 아시아 전체를 아우르고 있다. 미국이 인도태평양 역내에서 직간접적인 위협을 받았을 경우 한국이 미국의 '위협' 범위를 자의적으로 해석할 공간은 좁다. 또 한국의 입장에 대한 미국의 해석은 다르다. 백악관은 2023년 8월 17일 회견에서 "3국 중 어떤 나라의 안보에 영향을 미치는 일련의 상황이나 위기가 발생할 경우 협의할 의무duty to consult에 서약pledge할 것"이라고 밝혔다.

분명한 것은 '캠프 데이비드 정신'은 미국 정부가 추진해온 동맹의 '부담 분담' 확대 요구를 한국 대통령이 공식적으로 받아들였다는 데 의의가 있다. '캠프 데이비드 정신'이 의무에 대한 서약이라면, 구체적인 행동 계획action plan이 앞으로 세 나라 실무자 간 협의의 장에서 핵심 화두가 될 것이다. 말로만 약속하고 정작 사안이 터졌을 때 꽁무니를 뺄 뒷공간이 줄어들었다는 이야기다. 미국의 부담 분담 요구에 대한 진지하고 철두철미한 준비가 필요한 시점이다.

5장

미중 패권 경쟁과

대한민국의 선택지

미국은 동맹에 선택을
강요하지 않는다?

미중 패권 경쟁이 격화되면서 공화당 정권이든 민주당 정권이든 미국 정부 당국자들이 으레 강조하는 문구가 있다 "미국은 절대로 동맹국들에 양자택일을 강요하지 않는다." 바이든 정권이 2022년 2월 발표한 인도태평양 전략 문서에도 이런 방침은 잘 드러난다. 백악관은 인도태평양 역내 국가들에 스스로 자주적인 결정을 내릴 것을 독려하고 있다. "인도태평양 역내 정부들은 억압에서 자유로운 정치적 결정을 독립적으로 내릴 수 있다"라고 명시했다.[1]

하지만 맥락을 읽는 것이 중요하다. 이면에는 선택한 결과 역시 스스로 책임지라는 뜻이 숨겨져 있기 때문이다. '미국이 원하는 선택을 하지 않을 경우 어차피 얻어맞을 것이 뻔한데…' 미국의 간접화법이 다소 교활하게까지 느껴진다. 이런 감정을 미국 정부 당국자에게 허심탄회하게 털어놓은 적이 있다. 그는 "한국을 부강하게 만든 자유, 개방, 번영이라는 공동가치에 기초해 판단하면 될 일"이라고 밝혔다. 미국을 바라보지 말고 '가치'와 '원칙'에 따라 행동하라는 주문이다. 이게 무슨 말장난이란 말인가? 그러나 이 답변에는 고도의 계산이 숨어 있다.

바이든 정권의 실세인 제이크 설리번Jake Sullivan 국가안선보상회의 보좌관과 커트 캠벨Kurt Campbell 국가안전보장회의 인도태평양조정관. 이 둘은 재야 시절인 2019년 외교 전문지《포린어페어스》에 미국이 왜 간접화법을 구사해야 하는지 그 이유를 밝혔다.[2]

두 사람은 미국과 구소련 사이에서 '양자택일'을 강요했던 냉전 셈법이 자본주의와 융합한 독재주의 중국에는 통하지 않는 접근법이라고 지적했다. 반중국 연대를 강요할 경우 미국이 자칫 '중국과 경쟁'할 때만 제3국에 관심을 보이는 것 같은 인상을 준다고 지적했다. 노골적인 '반중 연대'보다는 오히려 '자유주의' 등의 가치와 원칙을 내세워야 한다고 강조했다. 중국이 이런 가치에 반하는 행동을 취하고 있는 만큼 스스로가 판단할 수 있도록 하는 것이 명분에서도 유리하다는 설명이다.

역시 교묘하다. 가령 중국 내 삼성 반도체 공장 생산 시설을 사례로 들어보자. 단순히 중국과 경쟁하고 있기 때문에 현지 공장을 빼라는 접근법은 대중 무역 의존도가 높은 한국에 반발심만 불러일으킨다. 특히 미국과 비교하면 중국에 대한 위협 인식이 낮은 한국으로서는 선뜻 결정하기 어려운 선택이다. 그러나 반도체 공정에서 중국의 불투명한 행위가 안전성과 투명성의 원칙에 반한다고 지적한다면 어떨까? 이런 원칙에 반하는 나라에서 사업을 계속하는 한국에까지 오명을 씌울 수 있다. 또 동맹이지만 안전하지 않은 방식을 택했기 때문에 앞으로 삼성 반도체 수입에 제약이 있을 수 있다고 암시한다. 반면에 이런 원칙을 적극적으로 옹호하는 나라들 사이에는 더욱 연대를 도모한다. 한국이 중국에서 계속 사업을 하면 할수록 나머지 세계 시장에서 배제되는 결과를 낳는 것이다.

결국 이미 답은 정해져 있는 것이다. 다만 강요가 아닌, 스스로가 선택한 결과라는 점을 부각시킴으로써 '미국 탓'으로 돌리기 어렵게 만든다. 나아가 스스로 선택했기 때문에 냉전 시절처럼 미국 편을 들었다고 떡고물을 바라지도 말라는 뜻까지 내포하고 있다.

트럼프 정권 당시 중앙정보국장과 국무장관을 지낸 마이크 폼페이오는 지난 2021년 바이든 정권이 들어선 뒤 언론과 한 첫 인터뷰에서 두 정권의 차이를 이렇게 평했다.

대외 발신 메시지에서 트럼프 정권은 민주당 정권과는 달리 훨씬 직설적이었습니다. 돌려서 이야기하지 않았다는 말이죠. 수사가 거칠었을지는 모르나 우리가 무엇을 원하는지 적성국이든 우방국이든 확실하게 전달했습니다.

사실상의 양자택일을 거부할 경우

나는 당국자가 간접화법을 쓰면서도 미국이 원하지 않는 답을 택했을 경우 감당해야 할 결과까지 알려주는 취재 현장을 직접 겪어봤다. 2020년 6월 25일 나는 미국 국무부 경제성장·에너지·환경 담당 차관 키스 크라크Keith Krach가 주재하는 기자 간담회 현장에 있었다.[3] 그는 '간접화법'과 '직접화법'을 섞어 구사했다.

그날 주제는 중국의 '일대일로一帶一路, One Belt One Road'◆ 정책에 맞서는 미국 주도의 경제 인프라인 '경제번영네트워크Economic Prosperity Network, EPN'였다. 크라크 차관은 최근 한국 매체에서 미국이 양자택일을 압박하고 있다고 분석한 보도들을 인지하고 있다고 말했다. "한 가지 분명히 하고 싶습니다. 미국은 경제번영네트워크와 이 네트워크 밖의 국가[중국] 사이에서 회원국의 양자택일을 강요하지 않습니다"라고 강조했다. 그러나 본심을 바로 그다음 발언에서 드러냈다. "다만 경제번영네트워크 구상이 명확하게 내세우고 있는 상호 이익, 공정성 규범 기반 질서 등의 원칙을 준수하지 않을 경우 해당 회원국의 경제번영네트워크 참여를 배제할 수도 있습니다."

경제번영네트워크는 바이든 정부 출범 뒤 인도태평양경제프레임워크IPEF로 확대 개편된다. 그리고 선택을 주저하던 한국은 윤석열 정부 출범 직후인 2022년 5월 21일 한미 정상회담에서 공식적으로 가입을 선언한다.

그렇다면 미국이 원하지 않는 선택을 했을 경우 어떤 결과가 기다릴까? 2020년 영국은 중국 회사인 화웨이의 차세대 이동통신 5G 장비 도입을 놓고 미국과 갈등을 빚었다. 영국 정부는 도입하더라도 감시를 강화하면 괜찮다는 논리를 내세웠다. 값싼 화웨이 5G 장비의

◆ 시진핑 중국 국가주석이 2013년 최초로 제안한 경제권 구상. '실크로드 경제 벨트'('일대')와 '21세기 해상 실크로드'('일로')를 통해 동남아시아, 중앙아시아, 서아시아, 아프리카, 유럽을 잇는 인프라, 무역, 금융, 문화 교류 경제 계획으로, 포괄하는 나라만 62개국에 달한다.

매력을 무시할 수가 없었던 것이다. 그러나 미국 정부는 화웨이가 소프트웨어 개선을 통해 얼마든지 잠재적 악성 코드를 삽입할 수 있다며 원천 도입 금지를 요구했다. 영국이 끝내 도입을 강행하려는 태도를 보이자, 마이크 폼페이오 국무장관은 그해 1월 미국의 정보는 신뢰할 수 있는 통신망을 통해서만 전달돼야 한다며 확실한 조치를 취할 것이라고 경고했다.[4] 펜타곤도 영국의 화웨이 5G 장비는 군사력 동원 측면에서 장애가 된다며 F-35 전투기 판매 중단 가능성까지 거론했다. 결국 영국은 그해 7월 화웨이산 장비를 퇴출하겠다며 기존 입장을 번복했다.

미국은 왜 '경제 안보' 분야인 5G 장비와 전통적인 '군사 안보' 분야를 연계 짓는 것일까? 나는 2020년 5월 18일 F-35 제조사인 록히드 마틴사의 전직 고위 관계자를 만나 화웨이 5G 장비와 F-35 운용의 상관관계를 들을 수 있었다. 프랭크 캠벨Frank Campbell 미 공군 예비역 중장은 미국 합동참모본부 재정참모를 지낸 뒤 록히드 마틴사 부사장을 지낸 인물이다. 그는 F-35 운용 설계 핵심 개념은 스텔스 기술의 보호와 정보망의 안전성이라고 강조했다. 두 요소 중 어느 한쪽이라도 침해가 일어난다면 F-35의 안전성을 근본적으로 파괴할 것이라고 경고했다. 미군은 네트워크 중심 군대다. 개별 무기 파괴력보다는 무기 체계 간 연결망을 통해 더 큰 살상력을 발휘한다. 미군에서는 이런 개념을 '전력 승수force multiplier'라고 부른다.[5]

전력 승수란 임무 달성률을 높일 수 있도록 전투 부대에 투입하는 추가 역량이다. 전통적으로는 사기士氣나 정보 등의 요소가 해당하는데 조기경보기나 GPS 등의 자산 또는 기술과 전략의 조합도 포

2022년 8월 30일 남중국해 인근에 전개 중인 F-35B 스텔스 전투기.

출처: 펜타곤 국방영상정보배포서비스

함된다. 차세대 스텔스 전투기 F-35가 대표적인 '전력 승수' 무기다. 자체 전투력도 탁월하지만 목표물에 대한 정보를 주위에 배치된 다른 무기 체계에 실시간으로 전달한다. 자신이 직접 공격하지 않더라도 복수의 다른 무기 체계들이 타격할 수 있도록 유도하는 것이다. 그런데 미군 연결망에 취약점이 발견되면 한 개체에만 그치는 것이 아니라 그 개체와 연결된 모든 무기 체계에까지 영향을 미칠 수밖에 없다. 특히 영국과 미국은 유사시 정보망을 공유하는 긴밀한 동맹이다. 화웨이 5G 전산 장비에 의해 영국군이 해킹당하면 미군까지 피해를 입을 수 있다는 것이 미국 정부의 우려다.

한때 세간에서는 '미국에 노라고 할 수 있는 나라'라는 구호가

유행을 탔다. 일본 소니의 창업자 모리타 아키오盛田昭夫가 공저한 《'NO'라고 말할 수 있는 일본「NO」と言える日本》(1989)이 대표적이다. 그러나 소니의 전자 사업은 쇠퇴하고 일본은 잃어버린 30년이란 경제 침체기를 맞는다. 대안 없는 '노'는 철저하게 철퇴를 맞는다는 이야기다. 전임 트럼프 대통령의 과도한 방위비 분담금 요구의 경우 '노'로 버티는 것이 합리적이었다고 생각한다. 그러나 미국은 중국과 패권 경쟁하는 분야에서는 계속해서 강경한 '양자택일' 자세를 유지할 것이다. 철퇴를 맞지 않으려면 한국만의 비장의 카드를 갖고 있어야 한다.

미국은 2022년 10월 중국 내로 반입되는 첨단 반도체 장비 수출을 금지했다. 그러나 삼성전자와 SK하이닉스에는 예외적으로 1년을 유예해주었고 2023년에도 또다시 수출 통제 유예 연장 방침을 밝혔다. 삼성전자와 SK하이닉스는 전 세계 메모리 반도체 생산량 1, 2위를 차지하고 있다. 삼성전자는 중국 시안 공장에서 낸드 생산량의 40퍼센트를, SK하이닉스는 중국의 우시 공장과 다롄 공장에서 D램과 낸드 생산량의 각각 40퍼센트와 20퍼센트를 생산하고 있다. 중국 내 반도체 공장을 빼라는 미국의 압박이 왜 삼성과 SK하이닉스 두 기업에는 미치지 않았을까? 압도적인 점유율 때문이다. 중국 공장이 문을 닫게 되면 피해는 고스란히 미국 소비자에게도 돌아간다. 미국이 양자택일을 강요해도 빠져나갈 수 있는 비장의 카드를 갖고 있는 셈이다.

한국에서도 '미국에 노라고 할 수 있는 나라'가 이른바 '국뽕'의 선전 구호로 통한다. 그러나 '노'를 외치기 전에 비장의 카드를 갖추고 있는지부터 철두철미하게 따져봐야 한다. 손익 계산을 철저하게 하기 시작한 미국인만큼 예전처럼 '아량'을 갖고 봐주는 시대는 이미 저물었기 때문이다.

'한반도 천동설'에 갇힌 대한민국

"자기 땅에 발을 붙이고 눈은 세계를 보라!" 김정일 위원장이 생전 김일성종합대학교에 보낸 친필이다. 상상력은 직접적인 경험을 통해 확대될 수 있다. 직접 만나서 만지거나 보거나 듣지 못하니 외부 세상은 자신이 만들어낸 또 다른 '자아'일 뿐이다. 한반도를 중심으로 세상이 돌아가는 이른바 '한반도 천동설'의 원류다. 그런데 북한과는 비교할 수 없이 개방적이고 자유로운 대한민국도 '한반도 천동설'에서 자유롭지 못하다.

2021년 3월 워싱턴D.C.의 대표적인 싱크탱크 전략국제문제연구소 행사장. 바이든 행정부에 제출한 한미 동맹 관계 제언 보고서를 대외에 공개한 날이다. 주요 저자 명단에는 존 햄리John Hamre 전략국제문제연구소 소장, 빅터 차Victor Cha 전략국제문제연구소 한국석좌, 조지프 나이Joseph Nye Jr. 하버드대 석좌 교수, 빈센트 브룩스 전 주한미군사령관 등 굵직한 명사들로 가득했다. 보고서 내용에 대해 설명하

김일성종합대학교 전자도서관 입구에 붙어 있는 김정일 친필.
출처: 북한 조선중앙TV

던 햄리 소장은 작심한 듯 목소리를 높였다.

한국은 스스로가 변해야 합니다. 그저 한반도와 가까운 이웃의 일에만
사로잡혀 있어서는 안 됩니다. 한국은 세계에서 10번째로 큰 규모의 경
제를 갖고 있습니다. 약한 국가인 것처럼 행동해서는 안 됩니다.

햄리 소장은 "한국의 취약성은 협소한 상상력에서 비롯된 것"이
라며, 역할 확대를 주문했다. 존 햄리 소장은 클린턴 정권에서 국방
부 부장관을 지내고, 오바마 정권 인수팀에서 국방 정책을 총괄한 민
주당의 큰손이다. 워싱턴D.C. 조야에서 그의 발언은 상당한 무게를
갖고 있다. 미국 연방정부 소속 기자로서 현장에 있었지만 한국인으
로서 낯 뜨거웠다. 너무나 뼈를 때리는 지적이었기 때문이다.

주한미군 배치 태세 전환을 제언한 미국육군참모대학교 보고서 입수 과정에서도 '한반도 천동설' 기운을 강하게 느꼈다. 앞에서 언급했듯이 관련 보고서는 당시 미국 국방장관이 직접 작성을 지시한 것으로 당장 정책에 반영될 수 있는 성격의 문서였다. 혹시나 하는 마음에 보도 직후 알고 지내던 한국 국방부 고위 관계자에게 기사를 전달했다. 얼마 안 지나 서울에서 연락이 왔다. 보고서 원문을 공유해줄 수 있느냐는 내용이었다. 급박함이 느껴졌다. 하루 뒤 문자가 왔다. 김 기자 덕분에 군 최고 지휘부 앞에서 선제적으로 발표를 할 수 있었다며 감사를 표했다. '아니, 한국 국방부 수뇌부는 관련 보고서의 존재조차 몰랐단 말인가!'

사실 미국육군참모대학교 연구진은 수개월 전에 이미 보고서 작성을 끝내놓은 상태였다. 서문에는 주미일본대사관 무관들을 대상으로 비공개 설명회까지 개최했다고 나와 있었다. 혹시나 하는 마음에 한국대사관 무관부에 문의해봤다. 일본대사관 무관들을 대상으로 한 비공개 설명회 개최는 물론이고 보고서 존재 자체도 몰랐다. 한마디로 내가 한국 무관부가 해야 하는 역할을 대신해준 것이다. 주저자인 미국육군참모대학교 네이선 프레이어 교수에게 따져 물었다. 한국도 똑같이 중요한 동맹인데 왜 일본 측에만 사전 설명회를 개최했느냐고. 그의 답변을 듣고 힘이 빠졌다. 당초 주미일본대사관 쪽에서 이 문서의 존재를 파악하고 끈질기게 사전 설명회 개최를 요청했다고 한다.

현장에 없는 한국의 눈과 귀

정치의 도시 워싱턴D.C.에서는 주말 빼고 매일 주제별 각종 소모임이 열린다. 가끔 고위 당국자도 이런 자리에 얼굴을 드러내 정책의 전후 맥락을 설명한다. 그런데 인도태평양과 관련한 주제를 다루는 소모임에서, 그것도 미국의 고위 관리 또는 의원이 참석하는 현장에서 항상 자리를 지키는 것은 일본, 중국, 타이완 정부 관리들이다. 대다수가 백인인 모임에서 아시아인은 손에 꼽힌다. 행사 뒤 명함을 교환해 대조해본 결과다. 하얀 정복을 입은 일본 해상자위대 소속 무관도 종종 나타난다. 그러나 적어도 내가 참석한 각종 소모임에서 한국 관리를 만난 적은 단 한 번도 없다.

한번은 중국의 '일대일로'의 약탈적 이면을 치밀하게 분석한 보고서[6]가 워싱턴D.C.에서 화제가 되었다. 18년 동안 전 세계 165개 나라에서 중국이 진행 중인 1만 3427건의 사회 기반 시설 프로젝트의 자금 흐름을 추적한 내용으로 자금 규모만 8430억 달러에 이른다. 미국 윌리엄앤드메리대학교College of William & Mary 산하 연구소 에이드데이터AidData가 2021년 9월 발간한 이 보고서는 영국 BBC, 미국 CNN, 《뉴욕타임스》 등에도 대서특필되었다. 개발도상국에 자금을 융통해주고 높은 이자율을 받아먹는 중국의 고리대금업 실체를 처음으로 수치화한 것이다.

3개월 뒤 일본 대사관 지인으로부터 이 보고서를 작성한 저자와 같이 식사를 하지 않겠냐는 제의를 받았다. 일본 외교관은 보고서 내용에 대해 미국 정부가 큰 관심을 보이고 있으며, 유럽연합EU 쪽에서도 저자들에게 설명회 개최를 요청했다고 말했다. 자신도 도쿄에 보고하기 위해 안면을 틀 겸 저자를 초대한 것이라고 했다. 당초 한국 외교부 관계자와 같이 만나려고 했지만 반응이 시큰둥해 대신 나를 초대했다고 덧붙였다.

보고서 작성을 총괄한 브래드 파크스Brad Parks 윌리엄앤드메리대학교 교수는 백악관에 초청받아 직접 당국자들에게 관련 내용을 설명했다고 말했다. 그는 중국이 개발도상국 내 고위험-고수익high risk-high return 산업을 표적으로 삼아 집중적으로 공략해왔다고 말했다. 한국, 미국, 일본 등 공적개발원조Official development assistance, ODA 기금 공여국들이 투자를 꺼리는 분야를 집중 파고든 것이다. 개발도상국들이 특정 사업을 추진하려면 중국 말고는 딱히 돈을 빌릴 수 없는 상황을 노려 고금리 융자를 해왔다는 설명이다. 말 그대로 세계를 상대로 한 사채업이다. 중국 당국의 인프라 자금 융자 사업의 공통된 특징은 보증금을 중국 중앙은행(중국인민은행)에 예치하도록 유도하는 데 있다고 파크스 교수는 말했다. 돈을 빌리는 개발도상국은 만일 기한 내 융자금을 갚지 못할 경우 중국 중앙은행에 예치한 보증금을 동결한다는 이면 계약에 서명했다고 한다. 이 때문에 스리랑카는 2016년 중국의 대규모 차관을 도입해 건설한 함반토타 항구 운영권을 99년간 중국 국영 기업에 넘겨주었다.

파크스 교수는 가장 심각한 문제는 개발도상국들이 예치해놓은 보증금이 동결되지 않도록 중국의 차관을 갚기에 급급하다는 데 있다고 말했다. 그 결과 유럽, 미국, 일본, 한국 등이 제공하는 저금리 공적개발원조 기금은 부채 상환이 계속 지연되었다. 중국이 예치금을 지렛대로 상환 압박을 하면 공적개발원조를 제공한 나라들이 돌려받아야 할 부채가 우선순위에서 더욱 밀린다는 의미다. 중국은 고금리 융자로 개발도상국에 갑질을 할 수 있는 칼자루를 쥐게 되는 셈이다. 단순히 돈 갚는 문제에 그치는 것이 아니다. 중국이 부채를 지렛대로 내정이나 외교에 간섭할 수 있는 빌미를 제공해주기 때문이다.

나와 자리를 함께한 일본 외교관의 표정이 어두워졌다. 일본은 세계 4위의 공적개발원조 기금 공여국이기 때문이다. 그렇다면 한국은 이 문제에서 자유로울까? 한국의 원조 규모는 2019년 기준 25억 달러로 30개 개발원조위원회Development Assistance Committee, DAC 회원국 가운데 15위를 기록했다. 일본보다는 낮지만 무시할 수 없는 규모다. 파크스 교수에게 한국 정부 측에서는 별도로 설명 요청이 없었는지 물었다. 온다면 응하겠지만 아직까지 별도의 요청은 없었다고 한다. 파크스 교수가 설명한 전후 맥락 가운데 가장 흥미로운 대목은 미국 정부의 반응이었다. 미국 국무부와 펜타곤은 해당 보고서의 원자료 raw data 공유와 계산 방식matrix을 요청했다. 그는 증거 자료 수집에 노력을 들였다며 공개된 자료, 개발도상국과 중국 정부의 문서 등 파편화된 자료를 엮는 데 상당한 시간이 소요되었다고 말했다. 때로는 중앙정보국 등 정부 기관보다 민간 전문 기관의 결과물이 더 뛰어날 수 있다는 점을 증명한 셈이다.

파크스 교수와 헤어진 뒤 180쪽에 달하는 보고서 내용을 다시 읽어봤다. 한국 정부가 관심 있을 만한 '북한'에 대한 상세한 자료 분석이 포함된 점이 눈에 띄었다. 북한은 2000년에서 2017년 사이 아시아 국가 중 중국이 가장 많은 차관을 제공한 나라로 분류되었다. 규모는 약 71억 7000달러로 추정되었다. 전체 순위에서도 이라크 다음으로 2위를 기록했다. 정말로 한국 정부가 남북 경협에 관심을 갖고 있다면 중국이 막후에서 어떤 영향력을 발휘하고 있는지부터 공부해야 하지 않을까? 미국, 일본, 유럽연합 등 각국 정부가 해당 보고서의 원자료와 계산 방식을 손에 넣으려고 혈안인 것처럼 수면 아래에서 치열한 정보전을 치르고 있어야 한다. 해외 건설 수주 사업을 주력으로 하는 한국 기업 입장에서도 정부의 정보력 부재는 치명적이다. 가령 한국 기업이 제3국에서 중국 기업과 수주 경쟁에서 우월한 평가를 받더라도 중국 정부의 사채 압박 때문에 탈락하는 최악의 상황에 대처할 준비가 되어 있는가?

나중에 이 문제를 두고 한국 외교부 내 지인에게 하소연했다. 사연을 듣자 그는 한숨을 푹 쉬었다. 그러면서도 "어쩔 수 없다"는 자조 섞인 답변을 이어갔다. 한국 외교는 현장 정보를 있는 그대로 반영해서 보고가 올라가는 것이 아니라, 윗사람이 원하는 정보를 물어오는 방식이 관행이 되었다고 한다. 특히 청와대에서는 북한 관련 정책 의제만 선호하기 때문에 그 외 정보 보고는 잘린다고 고백했다. 윗사람이 원하는 의제가 아닌 사안을 추적하려고 해도 눈치 보이고, 그럴 여유도 없다고 말했다.

사정이 이렇다 보니 기사를 내보낸 뒤 웃어넘기기에는 불편한 경험을 자주 겪었다. 미국의 유의미한 국방 정책 특종 기사가 나올 때마다 서울의 국방부, 통일부, 외교부 당국자들에게서 전후 맥락을 묻는 연락이 오는 것이다. 심지어 기사에 반영된 것 외에 미국 당국자가 어떤 말을 했는지 물어보기까지 한다. 사전에 현장에서 맥락 파악이 안 되었기 때문에 기사를 쓴 당사자에게 물어보는 것이다. 그것

2019년 주미일본대사였던 스기야마 신스케(오른쪽)는 도널드 트럼프 대통령의 최측근인 재러드 쿠슈너와 최소 일주일에 한 번은 만난다고 나에게 밝혔다.

도 미국 연방정부 소속 언론사(VOA) 기자에게.

워싱턴D.C.에서는 각국이 미국의 관심을 받기 위해 수면 아래서 치열한 로비전이 벌어진다. 2019년 7월 당시 스기야마 신스케杉山晋輔 주미일본대사가 주관하는 행사에 초청받아 그와 사적으로 대화를 나눈 적이 있다. 그는 트럼프 대통령의 최측근인 사위 재러드 쿠슈너Jared Kushner와 일주일에 적어도 한 번은 반드시 만난다고 자랑삼아 이야기했다. 재러드 쿠슈너는 당시 백악관 수석고문으로 재직하면서 미중 정책, 중동 외교 등 굵직한 사안에 모두 깊이 관여하고 있었다. 그러나 내가 주목하는 것은 윗선의 '직통 라인'보다는 실무자들의 현장 파악 정보력이다.

미국식 표현 가운데는 'wishful thinking'(희망 사항, 희망적 사고)이라는 관용구가 있다. 자기가 바라보고 싶은 것에만 몰두한다는 뜻이다. 밑에서 물어온 생생한 정보가 위로 유입되지 않는 구조는 한국을 '한반도 천동설'에 빠뜨리는 근본 요인이다.

언론이 국격: 일본에도 밀리는 한국 정보력

한국 언론이 서양과 구별되는 특징 중 하나는 출입기자 제도다. 대통령실 출입기자, 법원 출입기자, 경찰청 출입기자 등 각자의 전담 구역에서 취재 당사자들과 밀접한 관계를 맺는다. 출입기자단에 가입된 언론사 기자는 당국자들로부터 각종 보도자료와 간담회 등 편리한 혜택을 받는다. 민감한 사안의 경우 공개 기자회견이 아닌 '백브리핑'이라고 불리는 제도를 통해 전후 맥락을 파악할 수 있다. 굳이 현장을 가지 않아도 기자실에 앉아서 당국자의 설명을 들을 수 있다. 이런 관언유착 환경에서는 기자의 칼날 역시 무디어지기 마련이다.

미국도 형식적으로는 출입기자 제도를 유지하고 있다. 그러나 출입기자단이라고 해서 돌아오는 혜택은 거의 없다. 또 기자실에 붙어 있다고 해서 당국자가 알아서 정보를 물어다 주지도 않는다. 대신 워싱턴D.C. 도시 전체가 커다란 아고라(광장)다. 당국자들, 의원들이 자신의 정책 의제를 팔러 직접 광장에 나온다. 불특정 다수의 군

펜타곤 기자회견장의 일상. 질문을 따내기 위한 경쟁이 치열하다.

중이 몰려들기 때문에 질문 경쟁 역시 치열하다. 마치 농구 코트 위에서 공중볼을 잡기 위해 몸싸움을 벌이는 듯하다. 자신의 질문이 채택될 수 있도록 하는 데 혈안이다. 날카로운 질문일수록 판매자의 의도, 상품의 가치가 명확해지기 때문이다.

질문 길이는 40초가 넘지 않는다. 하지만 그 짧은 찰나에 많은 것이 결정된다. 당국자와의 만남은 일회성이 아니다. 좋은 질문을 던지는 사람일수록 눈도장이 찍힌다. 이번에 좋은 답변을 얻어내지 못해도 당국자는 질문을 던진 사람, 소속 매체는 기억한다. 다음 기회에 질문을 얻어내기 쉬워진다. 질문 내용은 그 사람이 얼마나 사안에 대해 공부했는지를 파악하는 척도다. 청중 속에는 기자만 있는 것이 아니다. 전직 관리, 의회 관계자, 외국 대사관 관계자, 군산 복합 업체 등 다양한 이해 당사자가 섞여 있다.

좋은 질문은 워싱턴D.C. 내 인맥 형성의 첫걸음이다. 행사가 끝난 뒤 말을 걸어오는 사람들도 있다. "좋은 질문이었다. 나는 A 상원의원 보좌관인데 한국의 핵무장 여론에 대해 조금 더 상세히 알고 싶다. 언제 시간 내달라." 내가 직접 겪은 일화다.

현장에 없는 한국, 빈자리는 일본이 차지

주목받는 질문은 일본 기자들 사이에서 자주 나온다. 대체로 어눌한 영어 발음이지만 특정 사안에 대한 역사적 배경 지식 없이는 나올 수 없는 순도 높은 질문이 많다. 이와 비교해 한국 언론이 다루는 미국발 외교 안보 뉴스는 대다수가 북한 관련 이야기에 편중돼 있다. 가장 큰 차이는 현장 취재 없이 그대로 외신 기사를 베껴서 보도하는 관행이다.

2019년 8월 워싱턴D.C. 내 주요 싱크탱크들은 미국의 중거리 미사일 배치 전망을 앞다투어 다루었다. 미국이 러시아와 맺은 중거리 핵전력조약INF에서 탈퇴하고, 사거리 500~5500킬로미터 중거리 미사일을 실전 배치하겠다고 선언한 직후였다. 다만 아직 보유하지 않았기 때문에 개발하는 데 시간이 걸린다. 예산 배정, 배치 장소가 초미의 관심사로 떠올랐다. 앞서 존 볼턴 백악관 국가안보보좌관은 한국, 일본, 호주를 지목하며 미국의 중거리 미사일 배치 유력 후보지로 거론한 바 있다. 논란이 일자 미국 백악관이 나서 "아직 개발 단계여서 어디에 배치할지는 정해진 것이 없다"라고 해명하기도 했다.

싱크탱크 전략예산평가센터Center for Strategic and Budgetary Assessments, CSBA에서도 향후 적절한 예산 배정 규모를 놓고 열띤 간담회를 열었다. 일본 기자들은 미국의 중거리 미사일 배치 가능성에 대해 당국자에게 집중 문의했다. 주일미군에 배치될 경우 미군과 일본 지휘 통제 구조 이원화 문제 등 유사시 실제로 일본이 갈등에 휘말릴 수 있는 쟁점 사안을 세세히 짚었다. 그러나 한국 언론은 현장에 없었다. '4~5년으로 예상되는 무기 개발 기간 때문에 안심하고 있는 걸까?' 서울과 베이징의 직선거리는 약 946킬로미터. 중거리 미사일 배치 최적의 조건이다. 배치된다면 대북 방어용 무기인 사드와는 비교도 할 수 없는 사회적 파장이 예상되는 사안이었다. 그러나 일본 매체들과는 달리 직접 현장에 나와 한국의 관점을 당국자에게 피려하는 한국 언론은 찾아보기 어려웠다.

주한미군사령관의 충격 발언, 파악도 못 한 한국 언론

한국 특파원들은 종종 VOA 기자들에게 기사가 언제 올라가는지 문의를 한다. 서울 시간으로 마감이 임박하자 초조해진 것이다. VOA 기사는 한국어로도 올라가기 때문에 베끼기 쉽고 굳이 현장에 가는 수고로움도 덜 수 있다. 이런 관행 때문일까? 한국 언론은 자국 안보에 큰 영향을 미칠 수 있는 정책 내용을 눈 뜨고 놓칠 뻔했다.

2021년 3월 10일 하원 군사위원회에서는 주한미군사령관을 대상으로 청문회가 열렸다. 청문회는 보통 3~4시간을 훌쩍 넘긴다. 한국 언론사들은 한반도 관련 당국자가 출석할 때마다 청문회 내용을 전부 듣고 기사를 쓰기보다 미리 공개되는 당국자의 사전 서면 질의 답변서에 의존해 기사를 송고한다. 이 같은 기사 작성 방식 때문에 청문회가 한창 진행 중일 때 벌써 한국에서는 기사가 나온다. 내용은 뻔하거나 상투적이다. 북한의 진화하는 위협에 대한 평가 또는 한미 동맹 강화 방안 등. 그러나 정작 중요하고 민감한 내용은 의회 질의 과정에서 돌발적으로 나온다. 청문회를 끝까지 지켜봐야 하는 이유다. 당시 주한미군사령관으로 재직하던 에이브럼스 대장은 북한에 대한 미사일 방어를 강화하는 방안을 묻는 의원의 질의에 이례적인 답변을 내놓았다.

미사일방어청은 현재 3개 특정 역량을 개발하는 과정에 있습니다. 이미 하나는 이곳(한국)에 있습니다. 다른 2개는 올해 안에 전개돼 우리의 탄도미사일 방어 능력을 상당히 끌어올릴 것입니다.[7]

'2개 특정 역량 연내 한반도 추가 전개'라니! 사드 배치를 둘러싸고 한국 사회가 얼마나 민감했는지 겪어본 사람이라면 주한미군사령관 발언의 파급력을 짐작할 수 있을 것이다. 인터넷에 올라온 기사를 찾아봤다. 미국 매체는 한반도가 주요 의제가 아니기 때문에 다루지 않았다. 한국 언론은? 이미 4시간 전에 기사를 마감한 터라 이 중요한 발언이 나왔는지조차 파악 못 한 상태였다. 특종이었다.

내가 쓴 기사가 올라오자 한국 언론은 그제야 발등에 불이 떨어졌다. 제2의 사드 사태를 예견하는 언론에서부터 주한미군사령관이 모호하게 말한 특정 역량의 실체를 추측하는 언론까지 온갖 기사가 난무했다. 얼마나 파급 효과가 컸던지 주한미군사령부 공보실에서 다음 날 한국 국방부를 찾아와 직접 기자들과 간담회를 열었을 정도였다.

현장에 가지 않고 베껴 쓰기에 의존하는 관행 때문에 놓쳤을 '특

2016년 11월 1일 이순진 한국 합참의장(왼쪽)과 빈센트 브룩스 한미연합사령관이 괌에 배치된 사드를 둘러봤다.

출처: 펜타곤 국방영상정보배포서비스

종성' 기사가 얼마나 많았을까? 상상만으로 아찔하다. 2019년 4월 12일에는 《중앙일보》 뉴욕 특파원이 〈뉴욕의 최저임금 인상 그 이후〉라는 제목의 칼럼을 썼다. 미국 《월스트리트저널》의 사설을 그대로 베낀 것으로 드러나 국제적인 망신을 톡톡히 당했다. 그러나 해당 기자만 정직 처분을 당했을 뿐 베껴 쓰기 관행은 여전하다.

이른바 '따옴표' 저널리즘의 문제는 무엇일까? 내가 생각하는 국익은 미국의 의중을 가장 잘 파악하는 데 있다. 상대가 어떤 패를 갖고 있는지 알아야 전략을 세울 수 있기 때문이다. 그러나 한국 언론은 현장에 없기 때문에 서울에 있는 데스크들의 '상상력'에 따라 내용이 좌우된다. 미국 A 당국자나 B 의원이 어떤 맥락에서 관련 정책을 이야기했는지는 중요하지 않다. 그저 우리가 믿고 싶은 이야기를 강화하기 위해 외신을 취사선택 인용하는 것이다. 관언유착 풍토 때문일까? 자기가 바라보고 싶은 것에만 몰두하는 'wishful thinking' 문제는 비단 한국 공무원 사회에만 국한된 것이 아니다.

전문성 결여: "한국 언론은 북한 마니아"

간혹 한국 언론이 현장에 나타나더라도 질문 주제는 언제나 '북한'에서 크게 벗어나지 않는다. 이를 두고 펜타곤 관계자는 나에게 "한국 언론은 북한 마니아"라고 평가했다. 그는 같은 아시아권인 일본 언론과 비교했다. "일본 언론은 주일미군 외에도 우주 협력, 다국적 연합 훈련, 중동 문제, 사이버 등 광범위한 주제를 물어보는데 한국은 한반도를 크게 벗어나지 않습니다." 나는 "북핵을 머리에 이고 사는 한국과 떨어져 있는 일본이 같을 수가 있나요?"라며 웃어넘겼다. 그러나 속으로는 울고 있었다. 그만큼 공부하지 않는다는 방증이기 때문이다.

한국 언론 입장에서는 '북한'만큼 쉬운 질문도 없다. 다른 사안은 역사적 맥락 파악, 미국의 의도, 향후 한국에 미칠 영향을 새로이 공부해야 하기 때문이다. 일본 언론은 왜 다를까? 일본의 지상파 뉴스를 보다보면 유달리 눈에 띄는 장면이 있다. 가장 시청률이 높은 밤 9시 황금 시간대에 '국제 뉴스' 보도 시간을 상당히 많이 할애한다. 스포츠 뉴스가 시작하기 전 짤막하게 다루는 한국과는 차이가 있다. 중동, 남미, 아프리카 등 일본 시청자에게는 다소 거리가 먼 현장도 자주 꼭지로 다룬다. 또 AP 등 외신을 베껴서 일본어로 번역해 내보내는 것이 아니라 직접 인터뷰를 하고 일본의 시각으로 시청자에게 전달해준다. 혹자는 외부 세계에 대한 호기심이 가득한 "섬나라 근성"이라고 폄하한다. 잊지 말자. 한국은 자원이 빈약한 수출 주도형 국가로 분단으로 인해 '반도'의 특성을 잃어버린 지 반세기가 지났다는 사실을.

실제로 내가 현장에서 알게 된 일본 A 언론사 특파원은 미국의 인도태평양 전략과 관련해 지식이 해박했다. 미국 정부 장학금인 풀브라이트 장학생 출신으로 국제관계학 명문인 조지타운대학교 대학원까지 졸업했다. 별도로 시간을 내 미국의 싱크탱크 허드슨연구소에서 인도태평양 시대 일본의 역할을 주제로 논문도 발표했다. 미국에서 '경제 안보'와 같은 새로운 정책이 나올 때마다 그는 끊임없이 공부했다. 한국 특파원 기자 C에게 이런 일본 언론의 실상을 전해주었다. 그러자 배울 필요가 있다고 공감하면서도 "한국과 일본은 특파원을 파견하는 규모 면에서 차이가 있다"라고 말했다. 또 현실적인 관점에서 한국 특파원 제도는 지금까지 국내에서 고생한 노력에 대한 '포상' 개념에 가깝다고 말했다. 특히 워싱턴D.C.에 파견된 공무원, 주재원, 특파원은 한국 사회의 '위너'(승자)에 해당한다고 말했다. 미국까지 와서 어차피 돌아가면 다시는 안 볼 현지 취재원을 만들기보다 위너 그룹 내에서 관계를 돈독히 하는 것이 입신양명에 더 효율적이라고 강조했다.

기자라는 직업군은 1차, 2차 세계대전 당시 스파이로서 역할을 톡톡히 했다. 세기의 스파이로 평가되는 리하르트 조르게Richard Sorge는

2차 세계대전 당시 구소련 정보 당국 소속으로 독일 국적 신문사 기자로 위장해 일본제국 수뇌부를 대상으로 정보를 염탐했다. 조르게가 구축한 첩보망은 일본이 구소련이 아닌 미국 진주만을 공습할 것이라는 첩보를 빼내는 데 결정적인 역할을 했다. 이를 근거로 구소련은 일본 관동군을 막고자 극동에 배치한 정예 부대들을 빼내 독일과 맞설 수 있게 되었다. 이 병력은 모스크바 공방전에 투입돼 동부 전선에서 독일군을 패퇴시키는 데 큰 역할을 했다. 다만 조르게는 이내 신분이 발각돼 처형당했다. 조르게는 본질적으로는 '스파이'였다. 그러나 그가 마음 놓고 활동할 수 있었던 것은 '기자'였기 때문이다.

세계대전이 발발한 시대에 조르게 기자는 '당'을 위해 첩보를 빼낸 반면, 이 시대 기자들은 '국민'의 알 권리를 위해 정보를 수집한다. 그러나 속내를 읽을 수 있도록 상대에게 최대한 접근하는 방식에서는 큰 차이가 없다. 다만 조르게의 날카로운 시선이 상대의 심장부를 겨누었다면, 적지 않는 수의 한국 특파원은 '미국 땅에 발을 붙이고 눈은 서울만 바라보고 있다.' 국민을 '한반도 천동설'에 빠뜨리게 하는 또 다른 근본 요인이다.

파이브아이즈
가입 설레발

"같은 동맹군인데 왜 우리만 정보 공유에서 소외되고 있는지 강하게 따지고 보고하라는 지시다." 17년 전 아프가니스탄 바그람 공군 기지. 한국군 영어통역병으로서 복무했던 나는 미군이 특정 군사 정보를 공유하지 않았던 사실 때문에 상관에게 혼났다. 그러나 미군 측에 따져도 돌아온 것은 "필요한 정보만 준다"라는 일방적인 답변이었다. 그 순간 동맹에도 서열이 있다는 사실을 뼈저리게 느꼈다. 당시 내가 속했던 다산부대(공병단)-동의부대(의료지원단)는 국제안보지원군 ISAF 사령부 예하 후방 지원 부대로 간주돼 작전·정보 분야 핵심 정보 공유 대상에서 배제되었다.

최근 미국 싱크탱크에 계신 멘토에게 이 일화를 공유했더니 당연하다는 반응이었다. 그는 "미국은 전통적으로 정보 누설에 대한 두려움을 갖고 있고, 필연적으로 동맹국, 우방국도 신뢰도에 따라 정보 공유에 차등을 둔다"라고 말했다. 미국 중심의 서열 구조에서 단연 최고 혜택 국가군은 영국, 캐나다, 호주, 뉴질랜드다. '5개의 눈'이란 뜻의 파이브아이즈Five Eyes는 미국을 중심으로 영국, 캐나다, 호주, 뉴질랜드가 맺은 첩보 동맹이다. 미국은 가장 민감한 정보를 이들 4개 나라에 가장 우선적으로 공유한다. 이 때문에 많은 미국의 동맹과 우방은 '파이브아이즈' 클럽 문지방 앞에서 서성인다. 독일과 일본 그리고 한국이 대표적이다.

하지만 2차 세계대전 때인 1941년 창설된 이 조직에 추가로 가입된 국가는 전무하다. 사실상 앵글로색슨족◆만 가입을 받는 인종주의 클럽이라는 비난까지 나온다. 그런데 2021년 9월 1일 미 의회에서 나온 한 가지 이례적인 움직임 때문에 한국 언론이 들썩였다. 미국 하원의 정보 · 특수작전 소위원회에서 2022년도 국방수권법안National Defense Authorization Bill에 한국과 일본, 독일, 인도를 파이브아이즈에 추가하는 방안을 검토하라는 내용이 들어갔기 때문이다. 이 법안은 다음 날 미국 하원 군사위원회에서 찬성 57표 반대 2표로 통과되었다. 우선 이 움직임의 의미를 파악하기 위해서는 미국 의회가 어떻게 법안을 통과시키는지에 대한 이해가 필요하다. 미국 국방수권법NDAA은 한 해에 편성되는 미국 국방 예산을 담고 있다. 국방의 중요도 때문에 다른 법안들과는 달리 그해에 무조건 통과해야 하는 것이 불문율이다. 하원과 상원이 각각 국방수권법안을 표결에 부쳐 통과시킨 뒤

◆ 5세기경 유럽 대륙에서 그레이트브리튼섬으로 이주한 게르만족의 일파. 잉글랜드인의 직접적인 기원이자, 영국의 식민지였던 미국, 캐나다, 호주 뉴질랜드 사회의 주류를 차지하는 혈통이다.

파이브아이즈 회원국과 각국 주요 첩보기관은 다음과 같다. 미국: 중앙정보국Central Intelligence Agency, CIA, 영국: 영국비밀정보국Secret Intelligence Service, SIS, 캐나다: 캐나다안보정보청 Canadian Security Intelligence Service, CSIS, 호주: 호주비밀정보국Australian Secret Intelligence Service, ASIS, 뉴질랜드: 뉴질랜드안보정보청New Zealand Security Intelligence Service, NZSIS.

양원이 만나 서로 다른 내용을 조정해 하나의 통일된 법안으로 만든다. 이후 대통령의 서명을 받으면 법으로 정식 발효된다.

　한국 언론에서는 파이브아이즈 가입의 장밋빛 미래를 그리는 분석까지 나오던 시점이었다. 그러나 관련 법안 내용은 상원과의 법안 문구 조정 문턱조차 가지 못했다. 하원의 최종 국방수권법안에서 이미 인용되지 못하고 빠졌기 때문이다. 하원 전체 내부 토의에서 표결에 적절하지 못하다는 판단이 내려졌다는 의미다. 사실 관련 법안 내용 자체도 한국의 파이브아이즈 가입을 허가한다는 것이 아니었다. 국가정보장이 국방부 장관과 조율을 거쳐 파이브아이즈에 한국,

일본, 인도, 독일을 추가할 수 있는지 여부를 검토하라는 지시였을 뿐이다.[8] 마치 가입이 거의 결정되었다는 식의 보도는 한국 언론의 설레발이었던 셈이다.

무엇이 부족했던 것일까? 정말로 인종주의의 벽에 가로막힌 것일까? 익명을 요구한 국방 당국자는 "한국의 경우 여전히 파이브아이즈 가입 수준에 이를 만큼 보안이 강하지 못하다"라고 지적했다. 그는 과거 보도되지 말아야 할 특정 한미 연합 훈련이 언론에 새어 나갔다는 사실을 지적했다. 이어 세계적인 첩보기관 모사드Mossad◆를 거느리고 있는 이스라엘이 파이브아이즈에 가입하지 못하는 이유도 일맥상통한다고 말했다. 이스라엘의 경우 냉전 시절에 때로는 구소련에도 민감한 정보를 넘겨주었다. 아무리 첩보 능력이 우수하다고 한들 '양다리 걸친' 과거 이력이 발목을 잡는다는 설명이다.

극복해야 하는 한국발 첩보의 협소성

내가 만난 익명의 정보 당국자는 한국발 첩보 범위의 '협소함'을 걸림돌로 들었다. 그는 대북 문제와 관련해서는 파이브아이즈도 한국의 첩보를 평가한다며, 실제 정보 교류도 이루어지고 있다고 말했다. 그러나 파이브아이즈는 더 넓은 세계, 특히 중국이나 러시아, 중동 관련 첩보를 생산하고 평가한다고 말했다. 그는 파이브아이즈의

◆ 이스라엘의 대외 첩보기관으로 정식 명칭은 정보특수작전국Institute for Intelligence and Special Operations이다. 이스라엘 정부의 적대 세력을 감시하고 파괴와 암살 납치 등 필요한 공작을 수행한다.

관계는 철저하게 주고받는 관계give and take라며, 한반도를 넘어선 정보 세계에서는 한국이 파이브아이즈에 기여할 정보의 질이 상대적으로 떨어진다고 말했다.

사실 파이브아이즈 가입에 목을 매는 것은 한국만이 아니다. 일본도 오랫동안 가입을 위해 대내외적으로 공을 들여왔다. 아베 신조 전 총리가 퇴임 직후인 2021년 7월에 출연한 유튜브 라이브 행사[9]를 보고 나도 모르게 무릎을 쳤다. 한 청중이 아베 전 총리에게 물었다. 2013년 지지율 하락의 위험을 감수하고 실제로 '국론 분열'까지 야기하면서 특정비밀보호법特定秘密保護法 통과를 추진한 배경이 무엇이냐고. 곰곰이 생각하던 아베 전 총리가 입을 열었다.

가령 미군과 관계된 기밀이 누설될 경우 일본 내부의 기밀 누설보다 미치는 파급 효과가 더 큽니다, 지금까지 이 같은 사태를 방지하기 위한 법안이 있었지만 각각 별도로 운용하고 있는 점이 이상하다고 판단했습니다. 기밀 보호와 관련한 법률을 하나로 통일하는 것은 '여러 나라'. 특히 동맹국인 미국에 일본은 비밀을 잘 엄수한다는 인식을 주기 위해 반드시 필요한 조치였습니다. '일본이 기밀을 잘 지킨다면 중요한 기밀이더라도 일본에는 공유하자'는 그런 인식 말이죠.

특정비밀보호법이란 일본의 안전 보장에 관한 정보 중 특히 은닉할 필요가 있는 특정 비밀을 지정하고 누설 시 중대한 처벌을 가하도록 하는 법으로 2013년 통과돼 1년 뒤 발효되었다. 일본에서는 이 법안이 통과된 직후 이례적으로 전국 각지에서 대규모 아베 정권 규탄 시위가 일어났다. 언론 탄압에 악용될 수 있다는 것이 이유였다.

　아베 전 총리의 발언 중 '여러 나라'라는 단어에 귀를 쫑긋 세웠다. '혹시 아베 정권은 이미 2013년경부터 파이브아이즈 가입 야심을 시야에 놓고 특정비밀보호법을 추진했던 걸까?' 최근 이 법안에 관여했던 일본 정부 관계자를 통해 "그렇다"라는 확답을 받고 솔직히 놀랐다. 다만 이 관계자는 일본의 파이브아이즈 가입 가능성에 대해 "여전히 요원하다"라고 덧붙였다. 기밀 보호 준수를 위해 파이브아이즈 회원국들이 지금까지 정비한 국내 관련 법은 민수 산업 분야까지 포괄한다고 했다. 그러면서 아베 정권이 정치적 무리수까지 두며 발효한 특정비밀보호법은 다른 4개 나라 관련 법의 양과 비교하면 깔짝댄 수준이라고 했다. 파이브아이즈 회원국 가입을 허락받기 위한 법적 제도가 여전히 미흡하다는 지적이다. 그는 파이브아이즈와 비非파이브아이즈 사이 문턱은 방산-첨단 기술 제조 분야에서 확연히 드러난다고 말했다. 가령 미국 무기 제조에 들어가는 첨단 소재의 경우 파이브아이즈 회원국인 캐나다와 영국 회사의 제품군은 미국 정부가 자국 민수 기관의 것과 동일하게 취급해 별다른 보안성 검사 없이 통과시킨다고 설명했다. 그러나 동맹국임에도 일본 회사 제품들은 보안성 검사가 완료되는 데 수개월이 허비된다고 지적했다.

　일본의 파이브아이즈 가입을 위한 법 정비 노력은 한국에도 시사하는 바가 크다. 당초 일본 국회에서 특정비밀보호법이 통과될 당시 《산케이신문》을 제외한 대다수 일본 주류 언론은 언론 통제에 악용될 수 있다고 강도 높게 비판했다. 한국이 일본처럼 첩보 동맹 승격을 염두에 둔 법안 정비를 시도할 경우 앞서 청중이 아베 전 총리에게 제기한 '국론 분열'과 유사한 상황이 벌어지리라는 점은 명약관화하다. 물론 법안 악용 여부 검증은 언론인으로서 반드시 짚고 넘어가야 하는 문제다. 그러나 중국은 '초한전' 교리를 사용해 대놓고 언론 영역을 전장으로 간주하기 시작했다. 설사 정당하게 제기하는 정론일지라도 중국 등이 가하는 정보전-여론전의 그림자에서 온전히 비켜날 수 있을지 솔직히 자신 있게 답하기 어렵다.

혜택보다 의무를 먼저 따져봐야 한다

한편 혜택에는 의무가 따르기 마련이다. 파이브아이즈 가입 혜택에만 눈이 머는 일도 지양해야 한다. 파이브아이즈 동맹국의 특징은 미국이 뛰어든 전쟁에 모두 참전한다는 사실이다. 가령 아프가니스탄전쟁 당시 미군(2465명) 다음으로 가장 많은 전사자를 낸 나라가 영국(455명)과 캐나다(158명)다. 호주(41명)와 뉴질랜드(11명)도 꽤 많은 전사자를 기록했다. 최혜 대우를 받는 만큼 값을 치르고 있다는 소리다. 1장에서 다루었던 합동전영역지휘통제JADC2 사업◆에서 왜 미국이 파이브아이즈 회원국을 최우선 적용 대상으로 선정했는지도 설명이 된다. 미국과 함께 최전선에서 뛰는 국가들에 돌아가는 혜택인 셈이다. 그럼 의무를 방기하면 어떻게 될까?

앞에서 언급했던 것처럼 영국은 중국 화웨이의 차세대 이동통신 5G 장비 도입을 강행하려다 미국의 강력한 경고를 받았다. F-35

◆ 합동전영역지휘통제 사업은 다영역 작전을 구현하기 위해 각 군이 별도로 운용하고 있는 정보 수집 센서와 전술 통제망을 단일화하는 것을 목표로 한다.

전투기 판매 중단이라는 초강수를 들고나온 것이다. 그런데 한 가지 의아하지 않은가? 한국도 영국처럼 미국의 가까운 동맹이다. 게다가 이미 LG 유플러스를 통해 화웨이 5G 장비가 들어와 있는 상태다. 왜 미국은 영국에 한 것처럼 한국에는 강경하게 나오지 않았을까? 미국의 이중 태도는 파이브아이즈 가입 유무에 따른 것이다. 정보 공유의 밀접도가 가장 높은 만큼 영국의 보안이 뚫리면 미국에 미치는 피해가 그만큼 크다는 소리다. 반대로 말하면 한국은 영국만큼 미국이 관여하는 세계 문제에 부담을 지고 있지 않다는 의미가 되기도 한다. 국방·정보 당국자의 말을 종합해봤을 때 한국이 파이브아이즈 가입에 진심이라면 우선 북한 일변도의 위협 인식에서 탈피해야 한다. 미국의 시선에서 중요하다고 보는 거대 패권 경쟁의 상대, 특히 중국으로 위협 인식을 확대하는 용단이 필요하다. 한국의 파이브아이즈 추가 가입 가능성을 검토하라는 국방수권법안 내용을 유심히 살펴보자.

위원회는 파이브아이즈의 창설 이래 위협의 전체적인 모습이 상당히 바뀌었다는 점을 인지하고 있다. 현재 주요 위협이 중국과 러시아로부터 나오고 있다. 위원회는 거대 패권 경쟁에 직면해 파이브아이즈 국가들이 긴밀히 공조해야 하며, 가치를 공유하고 있는 다른 민주주의 국가들이 참여해 신뢰의 모임을 확대할 필요가 있다고 믿는다.
— 미 하원 정보·특수작전 소위원회, 2022년도 국방수권법안

소위원회의 법안에서는 거대 패권 경쟁(미국 대 중국·러시아) 관

점에서 한국 등 국가의 파이브아이즈 가입 가능성을 검토하라고 지시했다. 북한의 위협은 언급조차 되지 않는다. 특히 소위원회는 한국, 일본, 인도, 독일을 언급하면서 이 나라들이 거대 패권 경쟁에 기여할 수 있는 위치에 있는지도 검토하라고 강조했다. 우선 가입하고 보자는 심보는 통하지 않는다. 미국의 관점에서 대북 정보는 너무나 협소한 첩보 분야기 때문이다. 관건은 한국이 대중국 견제에 얼마나 기여할 수 있는지다.

그렇다면 한국 사회가 염원하는 파이브아이즈 가입에 대한 셈법도 바뀌어야 한다. 가입 혜택을 논하기 전에 한국은 기꺼이 대중국 견제 의무를 감내할 준비가 돼 있는지, 또 그런 의무를 국민에게 설득할 수 있는지 자문해야 한다. 중국으로부터 멀리 떨어져 있는 파이브아이즈 회원국들과 가까이 위치한 한국은 지정학적으로 다른 환경에 놓여 있다. 혜택과 의무 사이 손익 계산을 철저히 할 필요가 있다. 파이브아이즈가 철저하게 주고받는 관계라는 점에도 유념할 필요가 있다. 가입이 현실화되더라도 한국만이 갖추고 있는 고유 첩보 역량을 확보해놓고 있어야 한다. 단 이것은 북한을 넘어 중국, 러시아에 대한 독자 첩보 역량 확대를 의미한다.

제갈공명과
방구석 여포

"우리나라에서는 제갈공명과 같은 책략가가 나오기 어려운 구조입니다." 나는 한국에서는 제갈공명이 나오기 어렵다는 말의 진의를 워싱턴D.C.에 오고 나서야 피부로 느낄 수 있었다. 일본의 야치 쇼타로谷內正太郎는 한국 외교가에서 제갈공명으로 불리는 인물이다. 그가 입안한 인도태평양 구상은 한반도의 일제 피식민지 역사에 동정적이던 미국이 태도를 바꾸는 결정적인 계기가 되었다. 오바마 정권 초기에 일본을 나무라던 태도에서 '중국 문제로 발등에 불이 떨어졌으니 둘 다 그만 싸우고 미래를 바라봐!'로 순식간에 일변하게 된 것이다. 유효했던 점은 야치가 미국의 가장 가려운 부분을 읽어냈다는 데있다.

한국 고위 관리를 지낸 C 씨는 몇 년 전 나에게 한국 외교 안보가 처한 어려움을 진단해주었다. 그는 한국이 처해 있는 안보 환경보다 시급히 개선해야 할 점은 천재를 둔재로 만드는 인재 양성 구조를 인지하는 데 있다고 지적했다. 그는 멀리서 찾을 필요 없이 이웃 나라인 일본 사례를 참고할 필요가 있다고 말했다. 그도 야치 쇼타로를 일본의 제갈공명이라고 치켜세웠다. 야치 쇼타로는 아베 신조 총리 내각의 국가안전보장회의 초대 사무국장을 지낸 인물이다. 1969년 일본 외무성에 들어가 인사과장, 조약국 법규과장, 조약국장 등 주요 요직을 거쳤다. 정계를 거치지 않은 순수 정통 외교파다. 아베 총리가 인도태평양 전략을 버락 오바마 대통령에게 제시한 것도 그의 머리에서 나온 구상이다. 인도태평양 전략이 현재 미국의 최우선 외교안보 정책으로 추진되고 있다는 점을 고려하면, 이런 발상 전환이 일본 외교관의 머리에서 나왔다는 것은 특기할 만한 대목이다. C 씨는 "전체적인 밑그림을 그릴 수 있는 눈은 사회 초년병부터 길러야 한다"라고 말했다. 그러면서 "일본 외교부는 외교관들이 신참 때부터 자신의 전문 분야에서 역량을 쌓을 수 있도록 장려한다"라고 지적했다.

　한국 상황은 어떤지 물어봤다. 그는 한국은 "일류 인재를 뽑은 뒤에 둔재로 전락시키는 구조"라고 통렬하게 비판했다. "상전 눈치보기 급급한 데다 스스로 현안을 생각하도록 만들지 않는 폐쇄적 문화가 자리 잡았다"라고 지적했다. 그는 일례로 "일본 외교관들은 자신이 맡은 직무에 대해 철저한 공부를 병행한다"라고 지적했다. 외국 정부나 싱크탱크에서 나온 자료로든, 직접 만난 연락책을 통해서든 스스로 공부를 한다고 말했다. 이런 내용은 외교관이 작성하는 보고서에 반영되고, 이를 토대로 평가를 받는다고 덧붙였다. 반면 한국의 경우 "공관장이 중요하다고 간주하는 행사의 들러리 또는 지원 역할에 차출되기 바쁘다"라고 지적했다. 그러면서 "자기 전공 연구에 소홀해지는 경향이 있다"라고 말했다. C 씨는 "공직은 1~2년 만에 역량 차이가 나는 것은 아니"라고 말했다. 하지만 야치처럼 40년 이상 역량이 쌓일 경우 "두 나라 간 외교 역량 차이로 나타난다"라고 했다. 나는 최근 C 씨의 말을 검증하기 위해 외교부 운영 실태를 조사해봤다. C 씨의 말대로 한국 외교부에는 미래의 정책 과제를 선행 연구하고 제시하는 '기획 부처'가 존재하지 않는다. 기획조정실이 있기는 하지만 이곳은 예산 관련 부서다. 미래전략기획실 같은 향후 20년을 준비할 '참모부'가 없다. 이러니 앞에서 언급한 것처럼 현장에서 '주관'을 갖지 못하고, 대통령실이 시키는 대로 하는 땜질식 기능 부서로 전락하기 쉬울 수밖에 없는 구조다.

재외 공관의 수장이라고 할 수 있는 대사직은 대통령 당선에 상당한 도움을 준 비외교관 낙하산 인사로 채워진 지 오래다. 특히 문재인 정권 당시인 2018년부터 2019년 5월까지는 4강(미국, 일본, 중국, 러시아) 대사직이 전부 비외교부 출신 대통령 최측근 인사로 채워진 시기였다. 비외교관 출신 임명 자체는 다양한 시각을 반영할 수 있다는 측면에서 반드시 나쁜 것은 아니다. 일례로 주한미국대사에 임명되었던 해리 해리스Harry Harris도 군 출신이다. 그러나 한국의 비외교부 출신 인사들의 경우 특정 전문성보다는 보은 인사 성격이 강하다는 점에서 차이가 난다. 나는 윤석열 정부에서 정부 고위 관리로 임명된 A 씨에 대한 미국 현지의 평판을 들은 적이 있다. A 씨는 대학교수 출신으로 국제관계학 분야에서 한국의 권위자로 정평이 나 있는 인물이다. 그가 정부 고위 관리로 임명되자 평소 교류가 있던 미국 대학교수 여럿이 공통된 의견을 표출했다. "A 씨는 초창기에는 상당히 열심히 하더니 최근 들어서는 연구 실적이 별로 없다." 한 교수는 "A 씨가 참여하는 학회에 가보면 과거 발표 내용과 별로 달라진 것이 없다"라고 회고했다. 그러면서 "최근에 연구보다는 정치권 눈도장 받는 데 더 혈안이 돼 있는 것 같다"라고 주장했다.

'아는 만큼 보인다'고 했던가. 그러나 한국에서는 누구를 아는지에 따라 자신의 정책이 현실에 반영된다. 이래서는 제갈공명이 아닌 촉나라의 멸망을 부채질한 황호◆ 같은 인물만 배출될 수밖에 없다.

주요 선진국과 한국의 극명한 외교 인력 수 차이

한편 미군 군사학에서는 "양quantity 또한 질quality로서의 특성을 지닌다"라는 명언이 있다. 아무리 질적으로 우수한 군대를 갖추고 있어도 상대가 그런 역량을 상쇄하고 남을 수적 우위로 밀어붙이면 승리를 장담하기 어렵다는 의미다. 한국에서 제갈공명이 나오기 힘든 또 다른 이유는 다른 경쟁국과 비교해 압도적으로 빈약한 외교 인력 '숫자'에서 기인한다.

2023년 6월 일본 정부는 2030년까지 외교 인력 정원을 영국, 프랑스와 유사한 8000명 규모로 약 20퍼센트 늘리겠다는 계획을 발표

◆　촉나라의 환관. 오늘날 촉나라 멸망을 앞당긴 원흉으로 평가된다. 황호는 기민에 능하고 아첨을 잘해, 자신을 좋아하지 않는 이들의 관직 길을 막아버리거나 손해를 끼쳤다. 강유가 위나라의 침공 정보를 사전에 입수하고 방어 전략을 짜서 유선에게 건의했지만, 황호가 묵살하는 바람에 촉한은 제때 정비하지 못하고 위나라에 멸망당했다.

했다. 또 특정 국가나 지역을 장기적으로 담당할 전문직을 늘리겠다고 덧붙였다.[10] 현재 일본 외무성의 정원은 6604명이다. 다른 선진국들의 외교 인력을 보면 미국 3만 명, 러시아 1만 2000명, 프랑스 9000명, 영국 8000명, 독일 7000명 정도다. 일본 현지 매체들은 이런 증원의 원인으로 대중국 견제를 염두에 둔 외교 정책 수요 증가를 꼽고 있다. 특히 안전 보장상 중요한 위치에 소재한 동남아시아, 태평양 제도 국가들에 재외 공관을 신설하는 동시에 사이버, 정보, 경제 안보 분야 등 전문성이 높은 외교직을 확충한다는 계획이다. 중국의 '초한전' 교리에 대응할 수 있는 인재를 적재적소에 배치하겠다는 이야기다.

한국의 외교 인력 실태는 어떨까? 외교부와 국방부에 직접 정보 공개 청구를 했다. 확인 결과 2023년 6월 기준 외교부 정원의 총원은 2501명이다. 이 중 외교관은 2194명, 일반직은 273명이다. 무관의 경우 53개국에 77명이 주재 중이다. 무관까지 합치면 2578명인 셈이다. 현재 일본 정원의 약 40퍼센트, 절반에도 못 미치는 수치다. 게다가 2019년 총원 2405명에서 5년 동안 불과 1.03배밖에 증가하지 않았다. 가장 큰 이유는 예산 때문이다. 2019년부터 2023년까지 약 5년 동안 전체 정부 예산 대비 외교부 예산은 0.6퍼센트 밑에 머물고 있다. 다른 정부 부처 예산보다 가중치에서 떨어진다는 이야기다. 한정된 인력에 제한된 예산을 갖고 전 세계를 상대해야 하는 것이 한국 외교가 처한 현실이다.

제갈공명은 과로사가 의심되는 인물이다. 한번은 촉나라에서 온 사신에게 위나라의 사마의가 제갈공명이 어떻게 지내는지 근황을 물었다. "음식은 조금만 먹고 일은 많이 하며食少事煩 저녁에 늦게 잔다고 촉나라 사신이 답했다. 그러자 사마의는 제갈공명이 오래 살지 못할 것이라고 예언했고, 제갈공명은 끝내 오장원에서 향년 53세로 목숨을 잃었다. 한국의 신참 또는 중견 외교관들은 제갈공명과 같은 책사가 되기도 전에 탈진증후군을 겪는다. 일례로 문재인 정부 당시 중국에 교육 연수를 간 외교관들마저 사실상 업무에 복귀하는 일이 벌어졌다. 시진핑 국가주석의 한국 방문을 성사시키기 위해 공산당 관리들과 접촉하라는 지시가 떨어졌기 때문이다. 총동원령이 내려지는 관례는 인력 부족에서 기인한 측면이 크다. 이런 환경에서는 신참 또는 중견 외교관들이 제대로 공부하거나 전략적인 사고관을 함양하기 어렵다.

문재인 정부 시절 한국에서도 제갈공명으로 불리던 인물이 있었다. 햇볕정책을 설계한 문정인 청와대 통일외교안보 특별보좌관이다. 그는 '한반도 중재자론' 설계에도 관여했다. 또 대통령의 스승이자, 미국에서 박사 학위 취득 뒤 현지에서 교편을 잡아 미국통이라는 평가도 받았다. 그리고 이내 주미대사직에 올랐다. 그러나 미국은 임명을 강행할 시 거부권을 행사하겠다며 끝내 반대했다. 우리끼리는 '제갈공명'으로 통했던 인물이지만, 미국의 관점에서는 '방구석 여포'였던 셈이다. 한국 안에서만 위풍당당했을 뿐이다. 아베의 책사로 평가해준 야치와는 전혀 다른 대우다.

두 사람의 차이는 미국 속내를 얼마나 잘 파악했는지에서 갈렸다고 본다. "Show me the money(내게 돈을 보여줘)"를 외치는 상대를 설득할 카드를 내밀 수 있느냐가 책략가의 실력이다. 워싱턴D.C.

공식 상징화는 장미꽃의 일종인 '아메리칸 뷰티American Beauty'다. 다만 많은 이들은 '벚꽃'을 상징화로 꼽는다. 매년 3월이 되면 일본 도쿄와 비교될 정도로 대규모 벚꽃 축제가 성황리에 열린다. 이 벚꽃의 기원은 약 200년 전 일본대사관이 워싱턴D.C.에 심은 묘목들이다. 1854년 매튜 페리 제독이 일본을 강제로 개항한 이래 일본대사관은 대규모 벚나무 심기를 장려해 미국의 환심을 사는 데 노력해왔다. 2차 세계대전 당시 이 벚나무들을 불살라야 한다는 반일 여론도 일었지만 결국 살아남았다. 그리고 이제는 아예 미국 수도에서 양국 동맹의 상징으로 자리매김하고 있다. 장기적으로 착착 일을 진행시키는 일본 외교의 무서움을 잘 보여주는 대목이다.

지소미아 논란 당시 나는 한국에 온정적인 미국의 고위 관리로부터 솔직한 답변을 들었다. "한국과 일본의 대미 로비력 차이는 분명히 존재합니다. 일본과 갈등이 일어날 경우 나처럼 한국에 우호적인 의견을 갖고 변호해줄 수 있는 사람은 아직 소수에 불과합니다." 이런 차이는 결국 사람과 사람 간 교류 횟수에서 발생한다고 생각한다. 현장에 한국 관리, 기자가 당장 없더라도 큰 차이가 발생하는 것은 아니다. 그러나 상대는 누가 왔는지, 어떤 내용을 질문했는지 기억한다. 결정할 것이 너무나 많아 항상 바쁜 미국으로서는 평소에 안면을 튼 인물의 말에 조금이라도 더 주의를 기울일 뿐이다.

우리는 진정 상대의 속내를 읽고 5년, 10년 뒤의 미래를 준비하고 있는가? 지난 4년간 워싱턴D.C.에서 느낀 경험으로는 이웃 국가 일본뿐 아니라 타이완과 비교해도 한국은 자기주장만 외치는 아이로밖에 비치지 않는다. 세계에서 가장 가난했던 나라에서 이제는 세계 10번째 규모의 경제를 이룩했지만 한국은 여전히 70년 전의 접근 방식으로 미국을 대하는 경향이 있다.

그러나 이제 미국은 2차 세계대전 이후 자유주의의 혜택을 받은 나라들이 모두 '어른'처럼 자기 몫을 해주기를 요구하고 있다. 이 관점의 변화를 빨리 파악하지 못하면 더 큰 비용 청구서가 날아들 수 있다. 내가 오랫동안 잠을 뒤척이던 이유다.

글을 마치며

"우리나라라니! 여기는 미국 연방정부 기관입니다. 표현을 삼가해주시길 바랍니다."

VOA 아침 발제회의에서 한국을 우리나라라고 말했다가 코리안-아메리칸 출신 동료 기자에게 핀잔먹었다. 서러웠지만 이를 악물었다. 워싱턴D.C.에서 보낸 약 4년은 그렇게 타인의 눈으로 한국을 바라보는 나날들이었다. 하루하루가 '아我'와 '비아非我'의 투쟁이었다. 이 과정에서 한국을 객관적으로 바라볼 수 있는 눈을 기르게 되었다. 정파적 이해관계가 아닌, 세계 속의 한국 위치를 보게 되었다. 하지만 여전히 많은 국내 언론은 '한반도 천동설'에서 헤어나오지 못하고 있다. 특히 지난 4년여간 VOA 펜타곤 출입기자를 지내며 한국과 미국 사이에 시각 차가 큰 현안들이 많다는 점을 깨달았다. 핵 억제력, 주한미군의 역할 변화 등 앞으로 파장이 클 정책 의제가 산적해 있다. 인식 차이는 불필요한 오해와 마찰을 낳는다. 나는 미국이 정확히 어떤 속내를 갖고 있는지 알리고자 이 책을 쓰기로 결심했다.

나는 도널드 트럼프 정부 시절 워싱턴D.C.를 마음껏 취재할 수 있었다는 점에서 매우 운이 좋았다고 생각한다. 마이크 폼페이오 국무장관도 회고했듯이 트럼프 정부야말로 미국민의 본심을 가장 직설적으로 드러낸 정권이었기 때문이다. 방위비 분담금 협상, 동맹의 부담 분담 압박 문제 등이 대표적인 사례다. 반면에 바이든 행정부는 본래 미국이 취했던 '간접화법'의 정부로 돌아왔다. 특정 발언에 대한 문맥을 파악하는 것이 중요해졌다. 이런 때일수록 미국에 대한 평소 학습량과 현장 인맥이 결과의 차이를 만들어낸다. 하지만 여전히 현장보다는 서울의 의중이 더 중요한 한국 언론-정부 인사들의 움직임에 걱정이 앞서는 것도 사실이다.

미국의 심중을 꿰뚫고 간접화법에 담긴 진실을 이해하기 위해서는 시선을 서울이 아닌 워싱턴D.C. 현장에 조금 더 집중해야 한다. 정권이 교체되었어도 미국민의 속내는 그대로다. 미국은 한국이 한반도를 넘어선 역할을 해주기를 원한다. 필연적으로 대중국 견제에 함께해주기를 바란다.

책에서 다룬 '발사의 왼편'과 같은 용어는 최근 한국 사회에서도 빈번히 사용하기 시작했다. 하지만 막상 미국에서 직접 겪어보니 똑같은 단어라도 그들이 사용하는 문맥적 의미와 한국이 받아들이는 의미 사이에는 미묘한 차이가 존재했다. 가령 '발사의 왼편'은 원점 선제공격이라는 의미지만, 미국은 중국의 도련선을 돌파할 수 있는 수단이라는 점에 무게를 두고 있다. 반면에 한국은 오로지 북핵 대응 수단 차원으로만 의미를 한정 짓는다. 2022년 3월 치러진 대한민국 20대 대통령 선거에서는 '핵공유제'가 큰 화두가 되었다. 한국에서는 핵공유제를 마치 미국이 보유한 핵무기의 용도를 '이래라저래라' 쉽게 지정할 수 있는 제도처럼 여겼다. 반면 비용을 따지기 시작한 미국에서는 유럽의 핵공유제조차 자신들이 온전히 부담해야 하는 골칫거리로 전락한 마당에 한국의 핵공유제는 또 다른 혹 덩어리일 뿐이었다. 이런 차이를 해석할 줄 아는 문해력이야말로 미국 의중을 파악하는 원동력이다.

윤석열 정부는 '글로벌 중추 국가'를 한국이 나아가야 할 지향점으로 내세웠다. 동맹국의 역할 확대를 원하는 미국으로서는 반가운 구호다. 하지만 구호만으로는 까다로워진 미국의 입맛을 충족시키면서 우리 국익을 지켜나가기 어렵다. 특히 70년 전 한국은 몸집이 왜소했지만 이제는 세계에서 10번째 국력을 가진 나라로 성장했다. 삼성 스마트폰, 현대·기아 자동차, 한국산 세탁기와 TV 홍수에 빠져 사는 미국 유권자도 이를 잘 알고 있다. '어린아이'처럼 응석을 부려도 되는 시대는 이미 지난 것이다. 지금까지는 안보 분야에서는 전적으로 큰형님 미국이 시키는 대로 발을 맞추는 2인3각 경기를 했다면, 이제 미국은 한국의 몸집이 커진 만큼 이웃 나라 일본과 함께 3인4각을 해서라도 미국의 부담을 분담해주기를 원하고 있다. 물론 목적은 역내 최대 위협인 중국 견제다. 어려운 양자택일의 기로에 선 대한민국으로서는 상대의 속내를 꿰뚫지 않고서는 2인3각 또는 3인4각 경기에서 질질 끌려다니기만 하는 신세로 전락할 수밖에 없다.

분명한 사실은 시간은 미국과 중국 사이에서 우리를 기다려주지 않는다는 것이다. 그리고 이미 선택을 강요받는 그 지점에 와 있다. 한국이 애써 외면하기에는 미국도 더 이상 여유가 없어졌다. 양자택일의 요구가 직접화법을 쓰든 간접화법을 쓰든 청구서처럼 밀려오고 있다. 엘브리지 콜비 전 부차관보 등 이 책에 등장한 많은 전현직 펜타곤 관리들은 한국의 '중립'을 '적대'와 동일시했다. 반면에 중국은 '작은 나라가 어찌 큰 나라의 뜻을 거스를 수 있느냐'라며 반세기 만에 조공 관계를 연상케 하는 듯한 강경 대외 행보를 취하고 있다. 어설픈 '중립'을 표방했다가 망국의 길로 들어선 대한제국 말기 청일전쟁과 러일전쟁의 국제 정세가 연상된다. 다만 이번 양자택일의 순간은 과거와는 사뭇 다른 양상이다. 더 이상 미국 편을 든다고 해서 자동적으로 떡고물이 떨어지지 않는다. 미국이 내세우는 '동맹 부담 분담' 논리는 대중국 견제 참여가 '선택'이 아닌 '의무'임을 전제로 하고 있기 때문이다.

우리가 미국의 한국 보호 근거로 줄곧 주창해왔던 '한미 간의 혈맹'을, 이제는 거꾸로 미국이 70여 년 전 미국 젊은이들이 한국을 위해 피 흘린 대가에 대한 정당한 요구의 근거로 내세운다. 미국의 이런 셈법을 모르고 협상장에 나갔다가는 우리가 감당하기 힘든 과도한 부담을 지게 될 수 있다. 미국 편을 들더라도 우리 국력에 걸맞은 '공정한' 부담이어야 한다. 이 대목에서 미국과의 협상 역량 제고와 철저한 대비가 필요하다. 나로서도 마땅한 대책이 있는 것은 아니다. 다만 '한반도 천동설'을 우선 깨뜨리는 것이 제대로 된 전략을 세우는 첫 번째 길이라고 생각한다. 거대 담론인 'What'에 매몰되어 실행 방안인 'How'를 준비하는 데 소홀해선 안 된다. "악마는 디테일에 있다"라고 한다. 'What'에서 'How'로 시점을 옮기는 첫걸음을 미국 본심 읽기로 시작하자고 제안하는 것이다.

대한제국 말기와는 다르게 우리도 미국이나 중국에 휘둘리지 않을 비장의 카드가 제법 있다. 삼성전자와 SK하이닉스 반도체의 저력, 러시아-우크라이나전쟁 여파로 세계가 다시 보게 된 한국 방위산업의 기술 역량과 수출 역량 등 협상 테이블에 올릴 수 있는 만만찮은 카드가 존재한다. 또 미국은 간과하고 있지만, 핵을 머리 위에 이고 있는 한국으로서는 북한 문제가 결코 0.5 위협일 수 없다. 우리에게는 미국 셈법에서는 0.5인 위협이 1조차 아닌 전부일 수 있다. 조금이라도 판을 우리 쪽에 유리하게 짜려면 우선 미국이 가장 원하는 것이 무엇인지를 철저히 파악해야 한다. 이 책은 '간접화법'을 쓰는 미국 정부의 입장을 미사여구를 모두 뺀 채 분석했다. 독자들에게 더 쉽게 미국의 속내를 파악할 수 있게 하기 위함이다. 책 서두에서 언급했듯이 내가 겪은 4년간의 경험과 통찰이 대안 담론 형성에 조금이나마 기여할 수 있다면 하는 바람이다.

끝으로 '고 윤장호' 하사에 대한 마음의 부채도 이 책을 마무리하는 시점에서 어느 정도 덜 수 있게 되었다. 18년 전 바그람 공군 기지 내 한국군 막사 앞, 그의 운구 행렬에서 흘러나왔던 구슬픈 애국가가 아직도 뇌리에서 울려 퍼진다. 국내에서는 해외 파병 부대의 즉각 철수 요구와 반미·반패권 운동이 격화되는 계기가 되기도 했다. 하지만 그의 "숭고한 희생을 잊지 않겠다"던 목소리는 세월의 힘을 못 이기고 세상에서 사그라져만 갔다. 반면에 '머나먼 나라' 아프가니스탄에서 싹트기 시작한 동맹의 '부담 분담' 논리는 미국 외교 안보 정책을 좌지우지하는 핵심 셈법으로 굳어졌다. 이 '부담 분담'의 실체를 우리는 한 번 겪고 잊었지만, 미국은 우방과 동맹에 양자택일을 강요하는 무기로 더욱 정교하게 다듬고 있다.

이 책을 계기로 고 윤장호 하사의 희생이 지닌 중요한 함의를 되새길 수 있다면 죽음의 현장을 지켜봤던 아프가니스탄 파병 다산부대 8진 옛 전우로서 더 바랄 것이 없겠다. 이 책을 고 윤장호 하사께 바친다.

감사의 글

워싱턴D.C.의 여정에는 많은 이들의 축복과 가르침이 있었다. 특히 인생의 멘토이신 랜드연구소 브루스 베넷 박사님의 가르침이 없었 다면 미국의 속내를 더 객관적으로 바라보지 못했을 것이다. 베넷 박 사님과 대화한 시간만 따진다면 한 학기 20학점을 꽉 채워서 지난 4 년을 보낸 느낌이다. 그의 지도에 큰 감사와 은혜를 느낀다.

또 빈센트 브룩스 전 한미연합사령관님께도 귀한 경험담과 조언을 나눠주신 데 대해 큰 부채 의식을 느낀다. 특히 브룩스 사령관님과 여러 차례 진행한 면담 과정에서 그가 단순히 미국의 군인이 아닌 전직 한미 연합사령관으로서 양국의 가교 역할을 수행했다는 사실을 알게 되었다. 방위비 분담금 협상 등 어려운 사안에 브룩스 전 사령관님을 비롯한 원 로들의 역할이 없었더라면 주한미군 철수와 같은 파국이 발생했을지도 모른다. 한국은 이런 가교 역할을 할 수 있는 인재를 아끼고 관리해가야 한다.

월러스 그렉슨 전 국방부 동아시아태평양 차관보님께는 자칫 간과할 수 있는 미일 관계를 한반도 그리고 동북아 관점에서 투영할 수 있는 혜안을 얻었다. 특히 전 인도태평양해병대사령관으로서 그의 경험담과 통찰은 미국의 인도태평양 전략을 다각도로 이해하는 데 큰 도움이 되었다.

또 다른 멘토인 아산정책연구원 고명현 박사님께도 아낌없는 지지와 조언 그리고 통찰을 나눠주신 데 대해 감사드린다. 박사님의 조언으로 쉽지 않았던 미국행을 결정하게 되었다. 외롭고 힘든 길이었지만 그럴 때마다 박사님의 위로가 전진할 수 있는 큰 용기를 북돋아주었다.

펜타곤 외에도 미국 대중의 시각을 투영하고 있는 의회를 제대로 파악할 필요가 있다. 의회 동향 파악에서 크나큰 도움을 받았던 두 사람에게 감사의 인사를 올리고 싶다. 우선 일본 유학 시절부터 인연을 맺어 워싱턴D.C.에서 정착에 도움을 주고 항상 지지를 아끼지 않는 미국 의회 의원보좌관 김주은 박사님께 깊은 사의를 표한다. 또 현지 기자들 가운데 의회 최신 동향을 가장 잘 파악하고 있는 VOA 의회 전문기자인 이조은 씨의 조언도 잊을 수 없다. 이조은 기자 덕분에 취재 과정 그리고 책 집필 과정에서 전체적인 미국의 의중을 파악할 수 있었다. 또 워싱턴D.C. 정착에서도 많은 조언과 도움을 받았다. 감사의 인사를 전하고 싶다.

D.C.에서의 삶이 항상 순탄했던 것만은 아니다. 가장 어려운 시기에 용기와 희망을 그리고 기도를 아끼지 않은 박선우 장로님, 이예순 권사님 부부께도 고마움을 표하고 싶다. '나'의 이야기를 '우리'의 이야기로 승화하는 과정은 결코 쉽지 않았다. 원석과 같은 이야기의 가치를

알아봐주고 세상에 내놓기까지 글을 다듬고 호흡을 함께 맞춰준 박윤우 대표님을 포함한 도서출판 '부키' 식구들에게도 고마움을 전하고 싶다.

내가 새로운 도전을 시작하는 데 대해 선배로서 아낌없는 지지를 보내주신 주용중 TV조선 대표님과 윤정호 본부장님, 강상구 부장님께도 사의를 표한다. '한반도 천동설'이라는 개념을 사실상 처음 정립하고, 우리 외교가 처한 현실을 허심탄회하게 들려주신 김성훈 외교부 참사관님께도 감사함을 표하고 싶다. 바쁜 와중에도 집필에 많은 도움을 준 김영훈 변호사와 임희종 서기관에게도 고마움을 전한다. 또 처음 쓰는 책인 만큼 먼저 겪어본 선배로서 조언을 아끼지 않은 이승주 기자께도 깊이 감사드린다. 또 자신의 일처럼 책 제목을 같이 고민해준 최원석 형님에게도 사의를 표한다. 워싱턴D.C.에서 연을 맺고 일본의 최근 동향에 대해 많은 조언을 아끼지 않은 강기애 후배님에게도 감사한다.

마지막으로 지난 4년간 미국으로 떠난 부족한 아들을 위해 한시도 기도를 그치지 않으신 어머니와 아버지, 그리고 기도를 보태주신 가족과 친지들께도 깊은 감사를 드린다.

미주

1장

1 Neta C. Cawford, "The U.S. Budgetary Costs of the Post-9/11 Wars," Brown University Watson Institute International & Public Affairs, Sept 1st, 2021.

2 Department of Defense, *2018 National Defense Strategy of The United States of America: Sharpening the American Military's Competitive Edge*, 2018.

3 US Congress, "Testimony Before the Senate Armed Services Committee Hearing on Implementation of the National Defense Strategy by Elbridge A. Colby: Director of the Defense Program, Center for a New American Security," Jan 29th, 2019, pp. 8-9.

4 The Heritage Foundation, *2023 Index of U.S. Military Strength*, 2023, pp. 330-331.

5 Department of Defense Office of the Under Secretary of Defense (Comptroller), *National Defense Budget Estimates for FY2023*, July, 2022.

6 Bob Woodward, *Rage*, 2020, p. 191.

7 Mark Esper *A Sacred Oath*, 2022, pp. 547-549.

8 김동현, 〈미 국방부 "주한미군 근로자 임금 지불 수용… 한국도 협상서 유연성 보여야〉, VOA(Voice of America), 2020년 6월 3일. https://www.voakorea.com/a/korea_korea-politics_us-korea-1/6031815.html.

9 Mark Esper *A Sacred Oath*, 2022, pp. 548-549.

10 챠오량, 왕샹수이 지음, 이정곤 옮김, 《초한전》, 교우미디어, 2021, 139쪽.

11 같은 책, 13쪽.

12 China Aerospace Studies Institute Blue Path Labs, *PLA Rocket Force Organization*, Oct 24th, 2022.

13 김동현, 〈북한 등 적성국 대처 위해 통합성 강화… 합동전영역지휘통제 도입 절실〉, VOA , 2021년 3월 30일. https://www.voakorea.com/a/korea_korea-politics_us-officials-former-officials-threat-assessment-jadc2/6057406.html.

14 Michael D. Swaine, Jessica J. Lee Rachel Esplin Odell, *Toward an Inclusive & Balanced Regional Order: A New U.S. Strategy in East Asia*, January 2021, Quincy Institute for Responsible Statecraft.

15 류지복, 〈美국방차관 "한미 작전계획은 북한과 다른 도전 감안해 발전"〉, 연합뉴스, 2021년 12월 9일. https://www.yna.co.kr/view/AKR20211209014600071?section=search.

16 김동현, 〈미 합동군, 역대 최대 모의 전쟁훈련 개시… "다영역작전 교리 통합에 방점"〉, VOA, 2020년 9월 16일. https://www.voakorea.com/a/korea_korea-politics_valiant-shield-multi-domain-operation-mdo/6040604.html.

17 김동현, 〈미 육군 미래사령관 "주한미군에도 다영역작전 적용… 장거리 타격역량 등 접목"〉, VOA, 2021년 1월 26일. https://www.voakorea.com/a/korea_us-army-future-commander-project-convergence-usfk-implications/6055416.html.

2장

1 US Department of Defense, *Military and Security Developments Involving People's Republic of China 2022: Annual Report to Congress*, p. 94.

2 Federation of American Scientists, "Estimated Global Nuclear Warhead Inventories, 2023." https://fas.org/initiative/status-world-nuclear-forces/.

3 박현주, 〈김정은, "절대로 핵 포기 없다"… 선제 핵 공격 법제화했다〉, 《중앙일보》, 2022년 9월 12일. https://www.joongang.co.kr/article/25101056#home.

4 Minnie Chan & Kristin Huang, "Is China about to abandon its 'no first use' nuclear weapons policy?," Feb 7th 2019, *South China Morning Post*. https://www.scmp.com/news/china/military/article/2184577/could-china-abandon-its-no-first-use-nuclear-weapons-policy.

5 김동현, 〈미 국방 부차관보 "북한, ICBM 역량 증진 추진"〉, VOA, 2020년 9월 3일. https://www.voakorea.com/a/korea_korea-politics_norkor-enhances-icbm-capabilities/6039046.html.

6 Tim Lister, "Putin floats possibility that Russia may abandon 'no first use' nuclear doctrine," December 9th 2022, CNN. https://edition.cnn.com/2022/12/09/europe/russia-putin-nuclear-weapons-intl/index.html.

7 U.S. Strategic Command, "USSTRATCOM Analytic Agenda 2023 Research Questions," 2023.

8 Bennett, Bruce W., Kang Choi, Myong-Hyun Go, Bruce E. Bechtol, Jr., Jiyoung Park, Bruce Klingner, and Du-Hyeogn Cha, *Countering the Risks of North Korean Nuclear Weapons*, RAND Corporation, 2021.

9 백나리, 〈방한하는 미 군비통제 특사 "중국의 핵·미사일 증강 대응 논의"〉, 연합뉴스, 2020년 9월 26일. https://www.yna.co.kr/view/AKR20200926011600071.

10 防衛省, 《令和元年版防衛白書》, 第I部 わが国を取り巻く安全保障環境, 第3節 朝鮮半島, 2019. https://www.mod.go.jp/j/publication/wp/wp2019/pdf/R01010203.pdf.

11 김동현, 〈오노데라 전 일본 방위상 "미-일 북한 미사일 인식 차 우려… 한국, 지소미아 유지해야"〉, VOA, 2019년 10월 16일. https://www.voakorea.com/a/5125298.html.

12 김지현, 〈한국 핵무장 67% 찬성, "美 이익 따져 한반도 개입" 54%〉, 《한국일보》, 2023년 1월 2일. https://m.hankookilbo.com/News/Read/A2022122712090002350.

13 전주영, 〈尹 "韓 핵무장 마음먹으면 1년 이내에도 가능" 하버드大 연설〉, 《동아일보》, 2023년 5월 1일. https://www.donga.com/news/Politics/article/all/20230501/119082056/1.

14 "Transcript: Donald Trump Expounds on His Foreign Policy Views," March 26th, 2016, *The New York Times*. https://www.nytimes.com/2016/03/27/us/politics/donald-trump-transcript.html?smid=tw-nytpolitics&smtyp=cur.

15 Council For A Livable World, "Presidential Candidates: Joe Biden: Questionnaire and Answers on nuclear weapons," June, 2019. https://livableworld.org/presidential-candidates-joe-biden/.

16 US Senate, Armed Services Committee Advanced Policy Question for Dr. Mark T. Esper Nominee for Appointment to be Secretary of Defense, July 16th, 2019, p. 45.

17 김동현, 〈미국, F-35전투기서 신형 전술핵폭탄 투하 첫 적합성 실험 성공〉, VOA, 2020년 11월 24일. https://www.voakorea.com/a/korea_korea-politics_first-f35b61-12/6048637.html.

18 김동현, 〈미 국방부 부차관보 "해상 순항미사일, 한반도 전술핵 대안으로 논의 중… 핵 탑재 가능하고 이동 용이"〉, VOA, 2019년 5월 24일. https://www.voakorea.com/a/4930244.html.

19 Paul K. Kerr, Mary Beth D. Nikitin, "Nuclear-Armed Sea-Launched Cruise Missile (SLCM-N)," Congressional Research Service(CRS), Updated December 16th, 2022, pp. 1-2.

20 US Department of Defense, *Report of the Secretary of Defense Task Force on DoD Nuclear Weapons Management*, December, 2008.

21 김동현, 〈미 국방대학 보고서 "한·일과 핵무기 공유협정 체결 고려해야"〉, VOA, 2019년 7월 30일. https://www.voakorea.com/a/5020180.html.

22 이슬비, 〈유승민 "나토식 핵공유 필요"… 강경화 "전혀 검토 안해"〉, 《조선일보》, 2019년 7월 31일. https://www.chosun.com/site/data/html_dir/2019/07/31/2019073100117.html.

23 National Archive and Records Administration (NARA), "Top Secret (Declassified): Memorandum for the Secretary – Asian Nuclear Support Arrangement Against the Chinese Nuclear Threat," April 21st, 1965.

24 National Archive and Records Administration (NARA), "Eisenhower-Norstad meeting," November 5th, 1959, FRUS 1958-60 7(1):498.

25 National Archive and Records Administration (NARA), "NSC meeting," November 12th, 1959, ibid. pp. 508-509, 514.

26 National Archive and Records Administration (NARA), "Notes of meeting between State Department officials and outside consultants," November 6th, 1957, DP/ GCM/3/Strictly Confidential-N-P (1)/DDEL.

27 Max Boot, "Opinion: Should South Korea go nuclear? That's a decision for Seoul, not Washington," April 24th 2023, *The Washington Post*. https://www.washingtonpost. com/opinions/2023/04/24/south-korea-ponders-nuclear-weapons-program/.

28 Jennifer Lind and Daryl G. Press, "South Korea's Nuclear Options: As Pyongyang's Capabilities Advance, Seoul Needs More Than Reassurance from Washington," April 19, 2023. *Foreign Affairs*. https://www.foreignaffairs.com/united-states/south-koreas-nuclear-options-north-korea-deterrence.

29 Congressional Budget Office (CBO), "Projected Costs of U.S. Nuclear Forces, 2021 to 2030," May, 2021.

30 조재연, 〈주한미군 사령관 "서울 포기? 대꾸할 가치 없어… 방위공약은 철통"〉, 《문화일보》. 2023년 5월 30일.

31 Department of Defense, *2022 National Defense Strategy of United States of America: Including the 2022 Nuclear Posture Review and the 2022 Missile Defense Review*, p. 433.

32 이철재, 박용한, 〈[단독] 美 "괌서 날아온 폭격기 비용 대라" 韓에 1억달러 요구〉, 《중앙일보》, 2019년 10월 30일. https://www.joongang.co.kr/article/23619037#home.

3장

1 安倍晋三, 《安倍晋三回顧録：知られざる宰相の「孤独」「決断」「暗闘」》, 2023, pp. 366-377.

2 John Bolton, *The Room Where IT Happened: A White House Memoir*, 2020, pp. 358-360.

3 Mark Esper, *A Sacred Oath*, p. 545, 2022.

4 김동현, 〈[인터뷰: 브룩스 전 사령관] '사드 장비교체, 진화하는 북한 위협 대응… 계속 방어

무기로 남을 것〉, VOA, 2020년 6월 3일. https://www.voakorea.com/a/korea_korea-politics_brooks-thaad/6031813.html.

5 David E.Sanger, William J. Broad, "U.S. Strategy to Hobble North Korea Was Hidden in Plain Sight," March 4th , 2017, *New York Times*. https://www.nytimes.com/2017/03/04/world/asia/left-of-launch-missile-defense.html.

6 David E. Sanger, *The Perfect Weapon: War, Sabotage, and Fear in the Cyber Age*, 2018.

7 김동현, 〈미 합참차장 "북한 미사일 계속 진화 중⋯ 발사 전 무력화 전략 추진"〉, VOA, 2021년 2월 24일. https://www.voakorea.com/a/korea_korea-politics_vice-chairman-jcs-north-korean-missile-capability-left-launch/6056441.html.

8 유용원, 〈北핵미사일 무력화시킬 작전명 '발사의 왼편'〉, 《주간조선》, 2022년 2월 22일. http://weekly.chosun.com/news/articleView.html?idxno=18963.

9 Department of Defense, *(Declassified) Report to Congress: Declaratory Policy, Concept of Operations, and Employment Guidelines for Left-of-Launch Capabilities*, May 10th, 2017.

10 김동현, 〈미 육군장관 "다영역작전 핵심 요소는 위치⋯ 향후 미군 재배치 셈법에도 반영"〉, VOA, 2020년 10월 7일. https://www.voakorea.com/a/korea_korea-politics_us-armysecretary-mdo-forceposture/6043285.html.

11 Ian Bowers & Henrik Stålhane Hiim, "Conventional Counterforce Dilemas: South Korea's Deterrence Strategy and Stability on the Korean Peninsula," *International Security*, Vol 45. No.3 (Winter 2020/21), p. 12.

12 Franz-Stefan Gady, "Lockheed Martin Wins Contract Modification for Japan Aegis Ashore Batteries," March 9th 2020, *The Diplomat*. https://thediplomat.com/2020/03/lockheed-martin-wins-contract-modification-for-japan-aegis-ashore-batteries/.

13 김동현, 〈"일본 이지스어쇼어 도입철회 배경에 북·중 위협 진화⋯ 공격역량 확보 명분"〉, VOA, 2020년 7월 14일, https://www.voakorea.com/a/korea_korea-politics_japan-defense/6032794.html.

14 길윤형, 장영희, 정욱식,《미중 경쟁과 대만해협 위기: 남북한은 동맹의 체인에 연루될 것인가》, 갈마바람, 2022.

15 防衛省,《令和4年版防衛白書》, 第I部 わが国を取り巻く安全保障環境, 第3節 朝鮮半島, 2022.

16 髙橋杉雄,《ミサイル阻止に関する安全保障政策」をめぐる論点整理 －高まるミサイル脅威への対処のために－》, 2020. 10. 29, 防衛研究所.

17 Mike Pompeo, *Never Give an Inch: Fighting for the America I Love*, 2023, p. 37.

18 Bob Woodward, *Rage*, 2020, p.80.

19 유용원, 〈한국은 현무, 미군은 에이태킴스 주력… 1500발 이상 보유〉, 《조선일보》, 2022
년 6월 7일, . https://www.chosun.com/politics/politics_general/2022/06/07/
WA4XSGYLR5DMLPLKWVM4747ROU/.

20 Colin Clark, "VCJCS Selva: North Korea Hasn't Demonstrated Key Tech to Nuke US
Yet," January 30. 2018, *Breaking Defense*. https://breakingdefense.com/2018/01/
vcjcs-selva-north-korea-hasnt-demonstrated-key-tech-nuke-us-yet/.

21 Ian Bowers, Henrik Stålhane Hiim, "Conventional Counterforce Dilemas: South
Korea's Deterrence Strategy and Stability on the Korean Peninsula," *International
Security*, Vol 45. No.3 (Winter 2020/21).

22 防衛省, 《令和4年版防衛白書》, 第I部　わが国を取り巻く安全保障環境, 第3節　朝鮮半島,
2020.

23 권혁철, 〈한미일, 북미사일 '경보 정보 공유 체계' 올해 안에 가동한다〉, 《한겨레》, 2023년 6
월 4일. https://www.hani.co.kr/arti/politics/politics_general/1094580.html.

24 김동현, 〈"북·중·러 궁극적 목표는 미군 역내 진입 차단… 주한미군기지 생존성 높여야"〉,
VOA, 2020년 10월 23일. https://www.voakorea.com/a/korea_korea-politics_forward-
ops-base-missile-defense/6045096.html.

25 김동현, 〈미 태평양공군사령관 "북중러, 인도태평양 안정 위협… 영프 역내 역할 확대"〉,
VOA, 2021년 6월 5일. https://www.voakorea.com/a/korea_korea-politics_us-pacaf-
commander-dprk-prc-russia-threat-assessment/6059224.html.

26 윤동빈, 〈남북통신선 복원 전후로 주한미군 F-16 신속전개 훈련〉, TV조선, 2021년 7월 29
일. http://news.tvchosun.com/site/data/html_dir/2021/07/29/2021072990070.html.

27 김동현, 〈미 국방부 "B-52 폭격기 본토 재배치, 전략 변화 일환"〉, VOA, 2020년 4월 21일.
https://www.voakorea.com/a/korea_korea-politics_b52-relocation/6030731.html.

28 Mark Esper, *A Sacred Oath*, 2022, p. 566.

29 Ibid. pp. 552-553.

30 김동현, 〈미 육군장관 지명자 "중국과의 경쟁에 초점… 역내 항구적 주둔 반드시 필요"〉, VOA,
2021년 5월 14일. https://www.voakorea.com/a/korea_korea-politics_senate-
committee-army-secretary-nominee-hearing-force-posture-china/6058673.html.

4장

1 전경웅, 〈북한과 무기 거래, 유엔이 금지했는데… 北 열병식에 중국 소총·방탄복·위장복?〉, 뉴데일리, 2022
년 4월 27일. https://www.newdaily.co.kr/site/data/html/2022/04/27/2022042700171.
html.

2 United States Senate, "Stenographic Transcript before the Subcommittee on
Strategic Forces Committee on Armed Services: To Receive Testimony on Missile

Defense Policies and Programs in Review of the Defense Authorization Request for Fiscal Year 2020 and the Future Years Defense Program," April 3rd, 2019.

3 Nasser Karimi, "UN arms embargoes on Iran expire despite US objections," October 19, 2020, AP. https://apnews.com/article/tehran-middle-east-iran-united-nations-united-states-6b6600decc0436b0aa52578fc7bfa374.

4 Alexander Ward, "Russia seeking munitions from North Korea, Kirby says." March 30th 2023, *Politico*. https://www.politico.com/news/2023/03/30/russia-seeking-munitions-from-north-korea-00089672.

5 이주영, 〈'한·중관계 불똥 튈라'… 청와대 "미국과 중국 모두 중요한 나라"〉, 《경향신문》, 2021년 5월 24일. https://www.khan.co.kr/politics/president/article/202105241821001.

6 〈中距離弾見送り, 日米の役割分担見直し…台湾有事へ連携強化カギ〉, 《読売新聞》, 2023. 1. 23. https://www.yomiuri.co.jp/politics/20230123-OYT1T50008/.

7 Mark F. Cancian, Mathew Cancian, Eric Heginbotham, *The First Battle of the Next War: Wargaming a Chinese Invasion of Taiwan*, Center for Strategic & International Studies (CSIS), January 9th 2023.

8 Collin Kahl, "Senate Armed Services Committee Advance Policy Questions for Dr. Colin Kahl Nominee for Appointment to be Under Secretary of Defense for Policy," March 4th, 2021.

9 Nathan P. Freier Mr., John Schaus, and William G. Braun III, *An Army Transformed: USINDOPACOM Hypercompetition and US Army Theater Design*, July 17th, 2020.

10 Mark Esper, *A Sacred Oath*, 2022, pp. 564~565.

11 김동현, 〈"유연성 강조 재배치 셈법, 악화된 주한미군 운용 환경도 작용"〉, VOA, 2020년 10월 27일. https://www.voakorea.com/a/korea_korea-politics_usfk-strategic-flexibility-implications/6045440.html.

12 김동현, 〈워싱턴 일각서 미-일 연합사령부 필요성 제기〉, VOA, 2020년 1월 16일. https://www.voakorea.com/a/5247243.html.

13 〈陸海空3自衛隊を一元指揮, 「統合司令部」を市ヶ谷に来年度創設へ…台湾有事に備え〉, 《読売新聞》, 2023. 6. 30. https://www.yomiuri.co.jp/politics/20230629-OYT1T50242/.

5장

1 The White House, "Indo-Pacific Strategy of The United States," February 2022, p. 8.

2 Kurt M. Campbell, Jake Sullivan, "Competition Without Catastrophe: How America Can Both Challenge and Coexist with China," August 1st, 2019, *Foreign Affairs*.

3 김동현, 〈미 국무차관 "한국은 중국 보복의 대표적 피해국"… 대중국 단결 촉구〉, VOA, 2020년 6월 26일. https://www.voakorea.com/a/korea_korea-politics_us-china-1/6032371.html.

4   김동현, 〈폼페이오, 영국 화웨이 도입에 공개적 불만… 루드 차관 "한국에도 지속 경고"〉, VOA, 2020년 1월 30일. https://www.voakorea.com/a/korea_korea-politics_pompeo-huawei/6028827.html.

5   김동현, 〈미 국무·국방 장관이 강조한 '전력승수' 함의는?… "신뢰성 확보된 연결망 통합이 핵심"〉, VOA, 2021년 3월 16일. https://www.voakorea.com/a/korea_korea-politics_force-multiplier-alliance-network/6056995.html.

6   Malik, A., Parks, B., Russell, B., Lin, J., Walsh, K., Solomon, K., Zhang, S., Elston, T., S. Goodman. *Banking on the Belt and Road: Insights from a new global dataset of 13,427 Chinese development projects*, Williamsburg, VA: AidData at William & Mary, 2021.

7   김동현, 〈에이브럼스 한미연합사령관 "미사일방어핵심역량, 올해 안에 한반도 전개"〉, VOA, 2021년 3월 11일. https://www.voakorea.com/a/korea_korea-politics_usfk-commander-missile-defense/6056867.html.

8   US House Subcommittee on Intelligence and Special Operations, H.R.4350-FY22 National Defense Authorization Bill, pp. 32-33.

9   N高等学校·S高等学校 政治部, 〈安倍晋三 前総理大臣による特別講義 ～私はなぜ政治を志したのか？〉, 2021. 7. 15. https://www.youtube.com/watch?v=pJWT8M569ME.

10 〈外交官を30年に2割増目標 政府, 英仏並み8000人に 対中念頭, インド太平洋担当拡充「法の支配」など共有推進〉, 《日本経済新聞》, 2023. 6. 28. https://www.nikkei.com/news/print-article/?R_FLG=0&bf=0&ng=DGKKZO72280240X20C23A6PD0000.